완비영성록

영성의 모든 것
완비영성록

초판 1쇄 인쇄 2025년 07월 21일
초판 1쇄 발행 2025년 08월 08일

신고번호 제313-2010-376호
등록번호 105-91-58839

지은이 완비(頑虪)

발행처 보민출판사
발행인 김국환
기획 김선희
편집 현경보
디자인 김민정

ISBN 979-11-6957-370-2   03200

주소 경기도 파주시 해올로 11, 우미린더퍼스트@ 상가 2동 109호
전화 070-8615-7449
사이트 www.bominbook.com

- 가격은 뒤표지에 있으며, 파본은 구입하신 서점에서 교환해드립니다.
- 이 책은 저작권법에 의하여 보호를 받는 저작물이므로 무단 전재와 복사를 금합니다.

완비 영성록

영성의 모든 것

완비(頑圕) 지음

사후세계와 깨달음의 원리

죽으면 끝일까?

무엇을 깨달아야 하나?

추천사

 죽은 뒤에 나는 어디로 가는가? 그 질문 하나로 시작된 이야기가 있다. 이 책 『완비영성록』은 우리가 흔히 '영성'이라는 이름 아래 신비롭게 포장해 두었던 세계를, 생생한 삶의 체험을 통해 해부한 한 인간의 기록이다. 이 책은 소설도 신화도 아니다. 그저 작가가 직접 보고 듣고 만지고 아파하며 통과한 '눈에 보이지 않는 세계'의 생생한 보고서다. 그래서 오히려 소설보다 더 놀랍고, 종교보다 더 직접적이며, 철학보다 더 구체적이다.

 책은 35세에 심장마비로 느꼈던 죽음과 함께 시작된다. 죽은 줄도 모르고 방 안을 떠돌던 한 남자는 자신을 보고 웃는 '귀신무리들'을 만나고, 본능적인 불쾌함과 공포 속에서 어떤 남자를 따라가다 '저승사자 사무실'에 도착하게 된다. 이 황당한 이야기 속에서 독자는 어느새 현실과 비현실의 경계가 허물어지는 것을 경험하게 된다. 그러나 한 번의 체험으로 끝날 것 같았던 영계와의 접속은 그 이후로도 계속된다. 유체이탈, 귀접, 사형수 귀신의 목조름, 전생의 연인과 원수, 빛과 검은 방, 그리고 도(道)의 중심에 도달하는 '먼지'의 깨달음까지 완비는 끊임없이 의식 너머로 진입하고, 거기서 돌아온다.

이 책이 특별한 이유는 바로 그것이다. 저자는 구도자도, 스님도, 신부도 아니다. 그는 연구원이었고, 과학을 신봉하던 이성이 강한 남자였다. 그랬던 그가 수십 년에 걸쳐 '영혼이 몸을 떠나는 체험'을 반복하면서, 신앙이나 관념이 아닌 실질적인 영적 변화의 과정을 기록한 것이다. 이것이 바로 『완비영성록』이 갖는 압도적인 매력이다. 눈에 보이지 않는 것에 대해 "믿어야 하니까 믿는다"는 접근이 아니라, 직접 보고 듣고 겪고 분석하여 "알게 되었기 때문에 쓴다"는 태도, 그것이다.

책 속에서는 어릴 적부터 나타났던 '검은 형체'에 대한 공포, 자취방에서 만난 귀신들, 모텔에 몰려드는 영적 존재들, 죽은 친구의 부모, 아내의 전생 이야기, 어린 여자아이 귀신의 '아빠'라는 부름, 그리고 무엇보다도 강렬하게 다가오는 '하얀 방'과 '검은 방'의 묘사가 압권이다. 하얀 방은 순수의 공간이자 의식이 녹아드는 곳이며, 검은 방은 도(道)의 본체인 '먼지' 하나가 존재하는 공간이다.

이 먼지는 곧 성령이자 '참나'이며, 모든 존재의 원천이다.

저자 완비는 자신의 체험을 통해 고대 경전 도덕경, 화엄경과의 연결점을 짚어낸다. 도덕경 4장의 "和其光 同其塵(빛을 조화시키고 티끌과 하나 된다)"을, 그가 직접 '빛을 조절하여 먼지와 일체가 되는 삼매의 과정'으로 해석하는 대목은 특히 인상적이다. 이것은 신비를 텍스트화한 것이 아니라, 텍스트를 실체로 회복시킨 순간이다. 또한, 그는 윤회, 전생의 업, 가족 간의 인연에 대해서도 깊은 통찰을 들려준다. 아내를 보면 알 수 없이 분노가 올라오는 이유를 알기 위해 검은 방의 먼지에 집중했고, 그 안에서 전생에 '전쟁터로 나간 아들'을 끝끝내 기다리다 죽은 아버지로서의 자신을 보게 된다. 그 아들이 바로 현생의 아내였던 것이다. 저자는 이 장면을 통해 전생이 현생의 갈등을 치유하는 가장 실감나는 구체적 해답임을 말한다.

죽음 이후가 궁금한 사람, 영적 체험이 있는 사람, 명상과 의식 확장에 관심 있는 사람, 불교와 도교 경전에 더 가까이 다가가고 싶은 사람, 그리고 무엇보다 삶에 지쳐 '보이지 않는 의미'를 찾고 싶은 사람들. 『완비영성록』은 이 모두에게 한 사람의 체험을 통해 공감할 수 있는 시간을 준다. 그리고 이 체험은 다만 지금까지 우리가 보지 못했던, 그러나 분명히 '존재하는' 세계임을 강조한다.

이 책 『완비영성록』을 읽는다는 것은 작가와 함께 저 너머의 세계로 여행을 떠나는 것이다. 그리고 그 끝에서 우리는 모두 묻게 될 것이다.

"나는 지금 무엇을 깨달아야 하는가?"

2025년 7월
편집위원 **김선희**

프롤로그 : 만남

 35살. 적지도 많지도 않은 나이지만 그래도 이렇게 일찍 죽는 건 좀 아닌 것 같았다. 삶이 딱히 재밌지도 않았지만 그렇다고 일찍 죽고 싶은 마음이 있는 것은 아니었다. 엄마가 재혼하고 찬밥 신세였던 난 성인이 되자마자 독립을 했다. 알바를 하며 생활비를 벌었고, 다행히도 엄마의 도움으로 대학을 마칠 수 있었다. 졸업 후 작고 평범한 회사에 들어가 나름대로 성실하게 살았고, 아직 젊기에 미래에 대한 큰 걱정은 없었다.

 나는 아마도 심장마비로 죽은 것 같았다. 평범한 얼굴에 몸은 비대하고 내성적인 성격이라 왕래를 하며 가까이 지내는 사람은 없었다. 허름한 단칸방에 혼자 살며 회사와 집만 오가는 다람쥐 쳇바퀴 도는 삶이 전부였다.

 그날은 잘 때 가슴이 조금 답답했는데, 잠에서 깨어보니 몸도

가뿐하고 컨디션도 나쁘지 않았다. 주위는 어두웠다. 아마도 어스름한 이른 새벽인 것 같았다. 불을 키려고 몸을 일으켜 스위치를 눌러보았지만 손에 만져지지 않았다. 당황하여 꿈이라고 생각한 순간, 아래를 내려다보니 누워있는 내가 보였다.

'뭐지? 영화에서 보던 것처럼 내가 유체이탈이 된 건가?'

나는 너무 깜짝 놀라서 어찌할 바를 모른 채 그냥 이렇게 우두커니 있을 수밖에 없었다.

날이 밝아오자 휴대폰은 회사에서 걸려오는 전화로 불이 나기 시작했다. 그러나 스위치가 만져지지 않는 것처럼 휴대폰을 잡을 수가 없었다. 안절부절 못하며 집 밖으로 나가 볼까 생각도 했지만 강렬한 아침 햇살 때문에 나갈 엄두가 나지 않았다. 나는 내 몸으로 들어갈 수도 없었고 이렇게 하루 종일 방 안에만 있어야 했다. 곧 내가 죽었다는 것을 깨닫게 되자 절망과 회환이 몰려왔다. 그러나 한편으로 죽음이 이렇게 쉽게 찾아올 수 있다는 것에 안도감이 들기도 했다. 내가 평소에 알던 죽음은 괴롭고 극단의 고통이 따라올 것이라고 생각했는데, 적어도 내게는 아니었다. 젊은 나이에 죽은 것이 억울한 마음이 들기도 했지만 이내 죽음을 받아들일 수밖에 없었다. 그나마 다행인 것은 죽음이 끝이 아니라는 것이었다. 죽음에 대한 막연한 공포가 있었어도 아직 나는 젊고 죽음이 오기까지는 시간이 많이 남아있을 것이라 생각했다. 죽음이 닥쳐오면 그때 가서 고민하면 될 일이라고 억지로 망각하고는 했다. 그러나 죽음은 예고도 없이 불쑥 찾아왔고, 이렇게 죽었음에도 불구하고 사라짐이나 소멸이 아니라, 계속해서 움직이고 생각할 수 있는 어떤 존재가 되어 있었던 것이었다.

저녁이 되어서야 조심스럽게 밖으로 나가 보았다. 사람들은 내가 있는지조차 몰랐다. 줄지어 퇴근하는 사람들 틈에 끼어 큰 사거리까지 나가보았다. 큰 사거리 모퉁이에는 남자 서너 명이 몰려 있었는데 그들은 날 쳐다보며 자기네들끼리 시시덕거리고 있었다. 단번에 저들도 나처럼 죽은 사람들이라는 것을 알 수 있었다. 반가운 나머지 그들에게 가서 인사를 했다.

"아… 안녕하세요. 저 혹시 돌아가신 분들이신가요?"

그들은 날 보고 웃기 시작했다. 그중 한 명이 말했다.

"여기 신참 한 명 왔구먼."

"형씨는 언제 죽었어?"

"아… 예. 오늘 새벽에요."

"오! 완전 신참이네?"

내 존재를 알아봐 주는 그들이 반가울 수밖에 없었고 난 궁금한 것들을 물어보았다.

"전 이제 뭘 어떻게 해야 하나요?"

"형씨, 아직 죽은 게 실감이 안 나지? 죽으면 끝인 줄 알았는데 아니니까 신기해? 형씨는 이제 귀신이 된 거야."

옆에 있는 다른 아저씨가 말을 이어갔다.

"당황하지 마. 우리랑 같이 다니면 돼. 다 알려줄게."
그들은 한마디씩 거들기 바빴다.
"어떡하긴 뭘 어떻게 해? 그냥 우리랑 있으면 되지."
"그런데, 제 몸이 아직 방 안에 있어요."
"걱정하지 마. 누군가 치우겠지. 가족이 있을 거 아냐?"
"전 가족이 없어요. 연락 안 하고 지내는 엄마가 있긴 하지만…"
"어이구. 그럼 푹푹 썩겠구먼. 낄낄낄."

이들의 말은 나를 더욱 혼란스럽게 했다. 내가 죽었는데 이제 뭘 어떻게 해야 하는지 이들은 말을 빙빙 돌리기만 할 뿐 정확한 답변을 주지 않았다. 하여튼 같이 있게 해준다는 말에 안심할 뿐이었다. 그러나 이 사람들은 그렇게 친근감이 느껴지지는 않았다. 분위기는 어두웠고 오래전에 죽어서 그런지 여유가 느껴지긴 했으나, 어딘가 음침하고 스산했다.

낮에는 방에서 꼼짝 않고 누워있는 내 몸을 바라보며 있었고, 밤에는 사거리에 나가 그들과 어울렸다. 그러던 어느 날 방에 돌아와 보니 내 몸이 사라져 있었다. 나는 놀라서 그들에게 물어보았지만 그 사람들은 별일 아니라는 듯 말했다.

"차라리 일찍 발견된 게 다행이네. 휴대폰 벨소리가 계속 울렸다며? 그럼 집주인이나 회사 직원들이 들어와 봤겠지. 어차피 놔두면 썩어 문드러질 몸, 차라리 일찍 발견되어 화장이라도 할 수 있으면 좋지. 뭘 그렇게 아쉬워해!"

듣고 보니 맞는 말이라 뭐라 대꾸할 수 없었다. 이때 다른 아저씨가 끼어들었다.

"너무 걱정하지 말고 우리랑 좋은 곳에 가자."

"좋은 곳이요? 어디요?"

"아, 저기 먹자골목 뒤에 새로 생긴 모텔이 있는데 그곳이 요즘 죽여줘."

그들은 서로 좋아라 하며 낄낄거리기 바빴다. 그러던 중 한 명이 진지한 말투로 타이르듯 얘기했다.

"야, 그만하고, 형씨는 이제 갈 길을 가야지."

"가긴 어딜 가? 우리랑 같이 돌아다니면 되지."

이 무리들은 언제나 사거리 모퉁이에 있었다. 마치 자기네들의 아지트 같았다. 인원이 다 모이면 '오늘은 어디를 갈까?'라면서 더 좋은 곳의 정보를 서로 나누곤 했다. 이들이 주로 가는 곳은 모텔이나 사우나다. 사람들의 눈에는 우리들의 모습이 보이지 않았고 목소리도 듣지 못했다. 그러니 이들은 젊은 남녀들의 은밀한 행위를 거리낌 없이 보았고 서로 품평하기 바빴다. 그러다가 마음에 드는 여자를 발견하면 그 여자의 집까지 따라갔다. 그렇게 애인 1, 애인 2, 번호를 매겨가며 자랑하기 바빴다. 육체는 없지만 영혼체의 상태로 점찍어 놓은 여자를 범하기도 하였다. 이렇게 성적 욕구를 해소하면 식욕을 채우기 위해 사람이 뜸한 편의점이나 24시간 영업하는 식당을 갔다. 당연히 육체가 없으므로 직접 음식을 먹지는 못했지만, 음식의 기운만이라도 느끼려고 애썼다. 실제로

배가 고프지는 않았다. 습관적으로 음식이나 술을 탐한다는 것이 맞을 것이다. 만약 살아있는 상태라면 이들의 행위는 범죄이며 해서는 안 되는 일이었다. 당혹스러우면서도 도저히 이해가 되지 않았다. 떨떠름해 있는 나에게 이들은 대수롭지 않게 말했다.

"죄책감 가질 필요 없어. 처음엔 나도 그랬지만 적응되면 괜찮아. 사람들은 우리가 옆에 있는지도 몰라. 너는 총각이잖아? 맘에 드는 아가씨는 찾았어? 결혼도 못하고 죽었는데 억울하지도 않냐?"

이들은 소극적인 내 행동을 탐탁해하지 않았다. 이렇게 밤만 되면 이 사거리 모퉁이에 모여서 어젯밤에 겪었던 경험담을 떠벌이는 것이 일상이었다.

이때 이들은 횡단보도를 걸어오는 어떤 남자를 가리키며 말했다. 이들의 째려보는 표정에서 적대감이 느껴졌다.

"야. 저놈 온다."

난 저 중년의 남자가 누구냐고 물어봤다.

"저놈은 우리가 여기에 있는 걸 알아. 또라이 같은 놈이지. 자기는 영원히 살 줄 아나?"

옆에 있던 다른 아저씨가 말을 거들었다.

"형씨는 우리랑 같이 다니기 싫으면 저 인간을 따라가 보던가. 낄낄낄."

이들은 저 남자를 잘 알고 있는 것 같았다. 내가 자신들과 섞이는 게 쉽지 않다고 생각했는지 나보고 저 남자를 따라가 보라고 했다. 그 남자는 우리 쪽을 흘깃 보고는 자기 갈 길을 가고 있었다. 정말로 우리가 여기 있는 것을 아는 것 같았다. 나는 무리와 작별인사를 하고 그 남자를 따라가 보기로 했다. 이 남자는 걷다가 내가 뒤에 따라가는 걸 알고 있기라도 한 듯 몇 번을 돌아보곤 했다. 그러나 내 모습이 보이는 것 같지는 않았다. 흔히 볼 수 있는 40대 중반의 배 나온 아저씨였다. 외모로 봐서는 어떤 특별한 능력이 있거나 신비한 기운이 느껴지지는 않았다.

"아, 그렇게 해서 이 사람을 알게 됐다고?"
"네. 선생님도 이분을 잘 아세요?"
"잘 알지. 나랑 몇 번 만나서 얘기도 나누고 했지."

저승사자는 내가 어떻게 여기를 왔고 어디서 이 남자를 만났는지 내게 묻고 있었다. 이 남자와 꽤 친분이 있는 듯 보였다. 어쨌든, 난 이 남자의 소개로 이곳 대학병원 장례식장에 있는 저승사자 사무실에 올 수 있었고, 무사히 영계로 갈 수 있게 되었다. 저승사자는 고개를 절래 절래 휘저으며 말하길 이 남자는 영계의 문제아라고 했다. 아마도 무슨 사연이 있는 것 같았다.

이 남자의 이름은 완비다.

목차

추천사 • 4
프롤로그 : 만남 • 8

01. 어린 시절 • 22
02. 유체이탈 경험 • 27
03. 사형수 귀신 • 33
04. 동기의 아버지 • 36
05. '영혼백육'과 유체이탈 • 41
    유체이탈의 장점 • 51
    유체이탈의 부작용 • 53

06. 놀이터 귀신들 • 57
07. 처녀귀신 • 63
08. 회사에 오는 귀신들 • 67
09. 귀신의 정의 • 71
10. 경쟁 • 75
11. 여자아이 • 83
12. 하얀 빛의 방 • 87
13. 할머니와의 만남, 2012년 • 97
14. 할머니와 막걸리, 2015년 • 103

15. 검은 방, 2015년 • 109

16. 전생을 보다 • 124

    70대에 떠나보낸 아들 • 124

    20대에 가입한 단체 • 129

    30대에 만난 대학원 동기 • 132

    타인의 전생 • 137

17. 영계에서의 환생 직전 겪는 일 • 144

18. 저승사자, 2015년 • 150

19. 35세 청년 • 158

20. 쓰다듬는 손의 정체, 2015년 • 164

21. 무당을 만나다, 2016년 • 168

22. 강아지 '앤디' • 176

23. 조상님들과 가방, 2018년 • 180

24. 제사 • 187

25. 외삼촌을 만나다 • 192

26. 앙드레 신선, 2018년 • 196

27. 영계에서의 단기 알바 • 205

28. 이사만 가면 • 211

29. 네 잘못이 아니란다 • 219

30. 고요히 강가에 앉아서, 2024년 • 223

31. 카르마의 무서움 • 230

32. 유교 • 235

33. 절대적 사랑, 세속적 사랑 • 246

34. 절대적인 하나 • 251

    도(道) 체험하기 • 251

    '무아상태'에 이르는 길 • 253

하얀 방 • 258

검은 방과 먼지 • 272

도(道)의 다른 명칭과 무색 • 278

도(道)와 의식 • 282

깨달음의 순서 • 286

도(道)의 범위 • 292

전능과 신통 • 298

자면서 도(道)에 이르는 방법 • 300

35. 명상의 부작용 • 302

무의식 세계 • 302

유체이탈의 종류 • 306

36. 영성이 올라가면 생기는 변화(유도자) • 311
37. 도(道)에 맞게 산다는 것 • 324
38. 유사 영성 • 327
39. 영성과 거리가 먼 사람들 • 334
40. Q&A • 336

글을 마치며 • 350

그림 목차

[그림 1] '영혼백육'의 도식화 • 41
[그림 2] 유체이탈의 도식화 • 44
[그림 3] 머리 내부 영혼의 위치 • 45
[그림 4] 태권브이와 태권브이를 조종하는 '훈이' • 46
[표 1] 뇌파의 분류 • 48
[그림 5] 전생에 화살 맞은 팔 • 135
[그림 6] 이번 생의 규정 • 148
[그림 7] 종갓집 제사상 • 181
[그림 8] 되찾은 가방 • 185
[그림 9] 도(道)에서 파생되는 요소들 • 249
[그림 10] 무아상태 • 254
[그림 11] 숙면과 하얀 빛 • 257
[그림 12] 하얀 방 앞, 빛을 보는 단계 • 259
[그림 13] 하얀 방 앞의 도식화 • 260
[그림 14] 검은 방 앞(玄之又玄) • 272
[그림 15] 검은 방 • 273
[그림 16] 지혜의 빛 • 275
[그림 17] 도(道)의 본체 • 277
[그림 18] 도(道)의 다른 명칭 • 279
[그림 19] 프리즘을 통과한 빛 • 281
[그림 20] 도(道)에 접속된 모습 • 283

[그림 21] 의식 끊어짐 현상 • 284
[그림 22] 빛을 봄 • 287
[그림 23] 빛과 합일 • 288
[그림 24] 빛의 중심 • 288
[그림 25] 검은 방 • 289
[그림 26] 먼지의 발견 • 290
[그림 27] 먼지 확대해보기 • 291
[그림 28] 먼지와 합일 • 292
[그림 29] 수련체계 • 293
[그림 30] 삼라만상에 존재하는 도(道) • 314
[그림 31] 윤회 시 영혼육의 변화 • 319

완비영성록

사후세계와 깨달음의 원리

죽으면 끝일까?

무엇을 깨달아야 하나?

01
어린 시절

1975년이었을 것이다. 내 나이 세 살 때였고, 한 허름한 집의 단칸방이었다. 내 앞에는 누워있는 할아버지와 그 옆에서 울고 있는 아빠가 있었다. 할아버지는 딱 봐도 임종이 얼마 안 남은 것 같았다. 입에서는 계속해서 누런 가래가 뿜어져 나왔고 아빠는 울면서 그것을 모두 닦아내고 있었다. 그 방에는 할머니, 엄마, 삼촌들과 고모도 있었고 모두 슬프게 울고 있었다. 나는 어떠한 감정도 없이 앉아서 그 장면만 바라보고 있었다. 슬픔과 절망으로 뒤덮인 무거운 공기가 방 안을 채우고 있었다. 이 장면이 내가 태어나서 처음으로 느낀 죽음이었다. 너무 어려서인지 죽음이라는 게 그렇게 슬퍼 보이지 않았다. 아마도 죽음이라는 것 자체를 모르기에 그랬을 것이다. 아장아장 걸음마를 뗀 세 살짜리가 죽음이 무엇인지 알 리가 없었다. 그러나 이 광경은 아직까지 강렬하게 내 뇌리에 남아있다. 커서 안 일이지만 할아버지는 그날 고혈압으로 인한 뇌출혈로 돌아가셨다.

이때는 엄마, 아빠, 나 이렇게 세 식구가 셋방살이를 하고 있을 때였다. 주인집에는 나와 동갑인 아들이 있었고, 우리 둘은 같이 놀기도 했지만 장난감 하나로 죽어라 꼬집고 싸우기도 했다. 주인집 부부는 아이가 없어서 남편 형제의 아들을 양자로 얻어 키우고 있었다. 조선시대 얘기 같지만 이때도 이렇게 사는 집이 있었다. 그러니 집주인 부부에게 이 아들이 얼마나 귀하고 예뻤을까.

그날은 집 앞 흙더미에서 함께 흙장난을 하며 놀고 있었는데, 누군가 주인집 아들을 안고 가버렸다. 나만 홀로 남아 계속 흙장난을 하고 있었다. 그렇게 이 주인집 아들은 영영 없어졌다. 너무 어릴 때라 이후로 내게 남아있는 기억은 주인집 엄마가 울면서 아들을 찾아다니는 것밖에 없다. 납치가 된 것인데 결국은 경찰도 주인집 아들을 못 찾고 그렇게 종결이 되었다. 이 아이의 이름을 아직도 기억하고 있다. 차라리 죽었으면 주인집 부부는 마음속에라도 묻을 텐데, 생사도 모르니 얼마나 한이 되었을까. 납치범이 그 아이가 아니라 나를 안고 갔더라면, 나는 지금 이 글을 쓰지 못했을 것이다. 지금도 이때를 생각하면 많은 생각과 감정이 교차한다.

1980년대 초였을 것이다. 초등학교 3, 4학년까지 난 잠자는 게 두려웠다. 잘 때마다 검은 형체들이 보였고 내게 말을 걸어왔다.

"요놈. 귀엽게 생겼구나!"

"오늘은 널 잡으러 왔다. 요놈!"

나는 본능적으로 공포감이 밀려와 엄마 옆에 꼭 붙어서 잤다. 그런데도 안방까지 따라와 날 노려보곤 했다. 옆에서 곤히 자고 있는 엄마를 깨우기가 미안해서 혼자서 전전긍긍하기만 했다. 이불을 얼굴까지 푹 뒤집어쓰고 땀을 뻘뻘 흘리면서도 너무 무서워서 얼굴 아래로 이불을 내릴 수 없었다. 엄마는 이불 속에서 꼼지락거리는 나 때문에 잠을 못 잔다고 혼내기만 했다. 차마 이런 상황을 엄마에게 말할 수 없었다. 꼴에 남자라고 약한 모습을 보이기 싫었나 보다. 그런데 이런 무서운 공포도 오래되다 보니 나름대로 해결 방법을 찾아내게 되었다. 엄마가 세상 모르고 잘 때, 살짝 엄마의 손을 잡고 자는 것이다. 손을 잡기만 하면 신기하게도 검은 형체는 내게 오지 않았다. 그러나 엄마가 잠들 때까지 기다려야만 하는 단점이 있었다. 잠에 빠지기 전에 잡거나 잠이 막 들려고 할 때 잡으면 여지없이 혼나기 때문이다. 이때는 이 무서운 검은 형체가 정확히 무엇인지 몰랐다.

초등학교 5학년 때, 같은 반 친구들과 이야기를 나누다가 가위눌리는 경험담을 서로 자랑하듯이 늘어놓곤 했다. 난 가위눌리는 경험보다는 검은 형체에 대해서 주로 말했는데, 친구들도 의외로 많은 경험들을 쏟아냈다. 한 친구는 가위에 눌리면 처음 보는 어떤 아저씨가 창문으로 자꾸 들어오려 한다고 말했다. 그것도 매일 밤마다. 자기는 잠자는 게 너무 두렵다고 하소연했다. 이 친구의 표정과 말투에서 정말로 고통받고 있다는 것이 느껴졌다. 안방에 들어가서 엄마 손 잡고 자라고 했지만 진짜로 그렇게 했는지는 모르겠다. 가위눌리는 것과 함께 우리는 꿈에 동네를 날아다니거나 높은 건물에서 떨어지는 얘기도 신나게 했었다. 모두가 비슷한 경험들을 공유하고 있다는 게 신기할 따름이었다.

시간이 흘러 1993년에 난 지방에 있는 대학에 들어갔고 이듬해 할머니께서 위암으로 돌아가셨다. 할머니는 할아버지께서 돌아가신 우리 집에서 함께 지내셨다. 그러다 보니 할머니와의 정도 많이 쌓였었는데, 한 1년 병원에 계시는 동안 통통하셨던 할머니의 뼈만 앙상하게 남은 모습을 보고 충격을 받았었다. 알아보기 힘들 정도로 마른 할머니의 모습에 놀란 나는 선뜻 다가갈 수 없었다. 한동안 나의 이런 마음과 행동에 죄책감을 갖고 살아야만 했다. 나이만 스무 살이지 아직 마음은 어른이 되지는 못했던 것이다. 그 당시 내게 죽음이란 것은 깊게 생각하기 싫고 불편한 그 어떤 것일 뿐이었다.

할머니께서 돌아가신 지 1년 후, 난 집에 와서 내 방에서 자고 있었다. 잠이 막 들려던 찰나 갑자기 익숙한 할머니의 목소리가 들렸다.

"완비야."

나는 깜짝 놀라 일어나서 "예, 할머니." 하고는 거실로 나가 보았다. 거실에도 안 계셔서 부엌으로 가보았다. 부엌에서 거실로 나오며 깨달았다.

'아, 할머니는 작년에 돌아가셨지? 내일이 기제사라 오늘 오신 건가?'

오랜만에 들은 할머니의 목소리가 너무도 생생해서 작년에 돌아가셨다는 것도 잊고 있었다. 난 방으로 돌아와 멍하게 앉아만 있었다. 내가 헛것을 들은 걸까? 아니면 할머니의 영혼이 정말로 오신 걸까? 영혼이란 게 진짜로 있는 걸까?

02
유체이탈 경험

●

대학시절 자취방에서 자고 있었다. 중간에 잠에서 깬 것인지 선잠을 자고 있었는지는 모르겠지만, 방 안에 내가 누워있는 발밑에 누군가가 앉아있었다. 검은 형체의 모습이었지만 나를 바라보고 있는 것은 분명했다. 나도 누운 채로 고개만 들어 그 검은 형체를 쳐다보았다.

검은 형체는 내 얼굴을 확인하는 것 같았다. 본능적으로 공포감이 일었지만, 내 방 안에 알 수 없는 미지의 존재와 단둘이 있다는 불편함이 더 컸다. 어릴 때 보았던 검은 형체와 동일했다. 검은 형체는 느낌으로 보아 분명 남자였고, 나이도 어느 정도 있어 보였다.

다음날 내 옆방에 있는 친구가 시골집으로 급하게 내려갔다는 소식을 들었다. 이 친구의 아버지께서 돌아가셨다고 했다. 아마도 돌아가신 친구 아버지의 영혼이 아들을 보기 위해서 온 것 같았다. 자취 건물이라 방들이 다닥다닥 붙어있어서 내 방을 아들 방으로 잘못 알고 들어온 것 같았다. 내 얼굴을 확인하는 행동을 통해 이런 짐작이 가능했다.

이 사건 이후로 나에게 이상한 현상이 나타나기 시작했다. 잘 때마다 그때 보았던 검은 형체가 떠올라서 그런지, 선잠상태에서 무의식적으로 내 주변에 검은 형체가 있는지 확인하는 습관이 생긴 것이다. 지금까지 이 버릇은 없어지지 않고 있다. 분명 내 육체는 누워있지만, 내 의식은 깨어서 머리만 살짝 들어 올려 주변을 둘러보는 것이다. 머리만 살짝 들어 올린다는 것은 내 영혼이 머리에서 얼굴까지만 빠져나와 주변을 확인한다는 뜻이다. 나는 이런 현상을 '가유체이탈'이라고 이름 붙였다. 진짜 유체이탈과는 확연한 차이가 느껴진다. 잠잘 때마다 습관적으로 하는 행위로 전조증상 같은 건 나타나지 않았고 의지대로 할 수 있었다. 주변에 아무도 없으면 안심하고 잠을 푹 잘 수 있고, 뭔가 있거나 느낌이 이상하면 그날 잠은 설치게 된다. 이러다 보면 갑자기 머리에서 엄청난 진동이 느껴지며 어떤 터널을 빠져나오듯 쑤욱 하고 의식이 위로 올라오게 된다. 진동은 머리만 느껴질 때도 있고 온몸으로 느껴지기도 한다. 이것이 진짜 유체이탈의 전조현상이다. 그리고 눈을 떠보면 내 눈은 천장과 맞닿아 있다는 것을 알게 된다. 몸이 평소처럼 재빠르게 움직여지지 않고 마치 우주공간에서 유영하는 듯한데, 간신히 몸을 돌려 아래를 보면 자고 있는 내 모습이 보였다.

이러한 현상은 20대 초반 내내 발생하기 시작했으며, 눈을 뜨면 항상 천장 위에 딱 붙어있는 나를 발견하게 되었다. 이렇게 공중에 둥둥 떠 있는 또 다른 내 몸은 내가 생각하는 대로 움직여진다는 것도 알게 되었다. 날고 싶으면 날 수도 있고 걷고 싶으면 걸을 수도 있었다.

하루는 좁은 내 방을 벗어나고 싶어 벽에 가까이 가자 내 몸이 그 벽을 아무런 장애 없이 통과할 수 있다는 것도 알게 되었다. 그래서 벽을 통과하여 다른 자취방들이 보이는 복도까지 가보았다. 다음날은 자취방들을 감싸고 있는 두껍고 큰 아치형의 유리를 통과해서 바깥을 볼 수도 있었다. 이런 식으로 몸에서 빠져나온 나는 조금씩 활동반경을 넓혀가기 시작했다. 자취촌을 날아다니기도 하고 친구가 있는 자취방에도 가보았다. 자유롭게 날아다닐 때면 어릴 때도 이렇게 동네를 날아다녔던 기억이 떠오르곤 했다. 이러다가 문득 내 몸으로 돌아가지 못할 수도 있다는 공포감이 몰려올 때면 이내 몸으로 복귀되어 있었다. 이런 현상은 꼭 잠자기 시작할 때만 생기는 것은 아니었고, 새벽에 잠에서 깬 선잠상태에서도 발생했다.

그날은 새벽에 평소와 다름없이 자취방 주변을 날아다니다가 우연히 건물 옆에 비스듬히 세워져 있던 자전거를 1톤 트럭이 밟고 지나가는 현장을 목격했다.

'어? 저 자전거는 선배 자전건데?'

자전거 바퀴는 휘어져서 더 이상 굴러갈 수 없게 되었다. 아침이 되어 선배가 날 깨우러 방에 왔다.

"완비야, 일어나."

난 눈을 비비며 선배에게 말했다.

"아참! 형. 형 걸어가야 돼."

"왜?"

"형 자전거 고장 났어."

"뭔 소리야. 어젯밤에도 멀쩡하게 타고 와서 잘 세워뒀는데. 아직도 잠에서 덜 깼나 보네. 얼른 정신 차리고 일어나. 나 먼저 간다."

선배는 문을 닫고 나간 지 얼마 안 되어 다시 방문을 벌컥 열면서 소리쳤다.

"야, 네가 자전거 타다가 부셨어?"

이 상황을 어떻게 설명해야 할지 난감했다.

"아니 새벽에 잠깐 밖에 나갔었는데 어떤 트럭이 형 자전거 밟고 그냥 지나갔어."

"아씨! 그럼 트럭을 잡았어야지."

이렇게 영혼이 내 몸을 나와서 바깥을 맘대로 날아다니고 돌아다니는 현상이 유체이탈이라는 것을 알게 된 것은 학교 도서관에서 읽은 책에서였다. 수업이 끝나면 곧장 도서관으로 가서 관련

서적을 찾아 읽기 바빴다. 귀신, 유체이탈, 수맥 관련 서적들을 읽으면서 내게 일어나는 현상을 이해하기 시작했다. 내게 일어난 이런 괴현상이 내게만 일어나는 게 아니라서 안도감이 들었고 내 몸에서 빠져나가는 것은 다름 아닌 바로 내 영혼이란 것도 알게 되었다. 그러나 이런 현상이 너무 자주 일어나서 생활하는 데 불편해지기 시작했다.

숙면을 취하기 어렵다는 것이 가장 큰 이유였는데, 특히 시험기간에 생체리듬이 깨져 무척 힘들었다. 내 다리와 책상다리를 끈으로 묶고 자보기도 하고 숙면을 취하려 일부러 몸을 혹사해서 잠을 청하기도 했다. 그러다 보니 다크써클이 생기고 점점 진해져 갔다. 친구들은 "화장하고 다녀?"라며 놀려댔다. 그러나 때로는 도움이 되는 일도 있었다.

대학 3학년 가을밤이었다. 그날도 평소와 다름없이 자취방에서 이른 잠에 들어 유체이탈을 즐기고 있었다. 자취방이 있는 건물을 나와 골목을 날아다니고 있었는데, 어디서 많이 본 여자가 서 있는 것을 발견했다. 그 여자는 같은 과 동기였다. 친한 사이는 아니었지만 뭐랄까 호감만 갖고 있는 그런 친구였다.

'저 친구가 여길 왜 왔지? 설마 날 보러 온 건가? 다른 친구들 보러 왔겠지.'

이렇게 생각했지만, 이내 그녀의 마음이 읽혔다. 그녀도 나를 생각하고 있는 것이었다. 나는 얼른 몸으로 복귀했다. 자취방에서 나와 슬리퍼를 질질 끌며 나갔다. 그녀는 날 보고 깜짝 놀라는 표정을 지었다. 난 모른 척하고 말을 걸었다.

"여긴 어쩐 일이야? 친구 찾으러 왔어?"

"아니. 실은 완비 씨가 이곳으로 이사했다고 해서 혹시나 하는 마음에 그냥 와본 건데…"

"그럼 날 보러 온 거야?"

"응. 그런데 내가 여기 서 있는 모습 보고 나온 거야?"

"아니. 그냥 느낌이 꼭 누가 날 찾아온 것 같아서. 하하…"

"희한하네. 내가 여기 있는 걸 어떻게 알았지? 하여튼 이곳까지 왔는데 허탕 치지 않아서 다행이다."

사실을 말해주고 싶었지만 이상한 사람 취급당할까봐 그냥 이렇게만 말하고 말았다.

"저녁은 먹고 온 거야?"

"아니. 그냥 밥 생각도 없고 독서실에 있다가 심심해서 와본 거야."

"그렇구나. 그럼 바람이나 쐬러 갈까?"

그녀는 지금의 내 아내가 되어있다.

하여튼, 이때까지 내게 일어난 유체이탈 경험은 나만의 즐거움이자, 내가 평범한 다른 사람들과 구별되는 좀 특별한 존재라는 우월감을 주었다. 몇 년 후, 사형수 귀신을 만나기 전까지는.

03
사형수 귀신

●

   1997년도에 대학원에 진학했다. 새로운 자취방을 알아보는데 용돈을 아낄 요량으로 정말 허름하고 싼 자취방을 얻었다. 무엇보다 내가 공부하는 연구실과 가까워서 좋았고, 월 5만 원이라니 거의 공짜나 다름없었다. 나이는 20대 중반으로 넘어가는데 아직도 부모님께 용돈을 받는 입장에선 최선의 선택이었다.

   그러던 어느 날, 자려고 누웠을 때 잠이 솔솔 들려는 찰나에 습관적으로 주변을 둘러보았다. 그때, 갑자기 누군가 내 목을 쥐고 사정없이 흔들기 시작했다. 너무 깜짝 놀라기도 했고 숨이 턱 막혀 정신을 차리기 힘들었다. 그리고 내 의사와 상관없이 전혀 몸을 움직일 수 없었다. 나는 너무 무서워서 비명을 지르며 간신히 잠에서 깨어났다. 그리곤 얼른 불을 키고 비 오듯 흐르는 식은땀을 닦으며 생각했다.

'악몽인가? 가위에 눌린 건가?'

가위에 눌리는 현상치고는 너무 생생하고 강했다.

이 존재는 거의 1년 동안 내 방에 와서 이런 식으로 나를 괴롭혔다. 꼭 잠자기 전 선잠상태에서 습관적으로 주변을 둘러볼 때, 살짝 몸에서 빠져나온 내 영혼체의 목을 가차 없이 낚아채어 조르거나 빙빙 돌리거나 패대기치듯 했다.

내가 고통에 몸부림치며 간신히 물어보았다.

"누구세요? 도대체 제게 왜 이러세요?"

날카롭고 악의에 찬 목소리가 들려왔다.

"난 억울하게 사형 당했어. 그러니 너도 당해봐."

정말로 어처구니가 없었다. 자신이 억울하게 사형당해 죽은 걸 왜 아무 상관 없는 나에게 와서 이렇게 해코지를 하는 것인가. 정말로 날 고통으로 몰아넣는 것은 내가 자취방에 가기가 싫다는 것이었다. 연구실에서 밤늦게까지 있다가 퇴근할 때면 언제나 이 생각으로 괴로워했다. 다른 동료들은 즐겁게 퇴근을 하지만 난 퇴근을 자꾸만 주저하고 연구실에서 남은 일이나 다른 일을 하며 일부러 밤새는 날이 많아졌다. 자취방에 가서 그 사형수 귀신에게 시달릴 바에야 불편하더라도 연구실 간이침대에서 자는 게 더 나았다.

오랜만에 자취방에 가면 여지없이 나타나 날 괴롭혔다. 시뻘건 눈으로 죽일 듯이 내 목을 조르기만 했다. 그렇다. 이 남자의 눈은 정말로 빨간색이었다. 그리고 내 목을 잡은 채 사정없이 돌린다.

눈앞에 뱅뱅 돌아가는 천장 형광등을 보면서 무력한 내 자신이 너무 싫었다. 물론 실제 몸이 돌아가는 게 아니라 유체이탈된 내 영혼체가 돌아가는 것이다. 몸으로도 들어가지 못하고 그 사람 손아귀에 잡혀 밖으로도 도망치지 못한다. 그러면서 여긴 자기 집이라 했다.

"얼른 여기서 나가. 더 이상 내 집에 오지 마."

"아니 계약기간이 남아있는데…"

이때 실제로 귀신과 대화를 처음 해보았고 이러다가 죽을 수도 있겠다는 생각이 들었다. 이런 무서운 경험이 처음이어서 더 끔찍한 두려움으로 다가온 것 같았다. 이때의 경험이 너무 가혹해서 그런지 이 일을 겪은 이후로 무섭다고 소문난 공포영화를 봐도 아무렇지가 않았다. 공포영화만큼은 영화의 재미를 느낄 수 없었다.

사형수 귀신에게 시달림을 당한 후 처음으로 유체이탈하는 나의 능력이 싫어지기 시작했다. 새로운 모험을 앞두고 있는 보이스카우트 소년의 설렘은 더 이상 없었다. 유체이탈은 더 이상 내게 신기함도 즐거움도 주지 못했다.

04
동기의 아버지

대학원에는 총 4명의 동기가 있었다. 이중 홍일점이 있었는데, 이 친구는 예쁘고 성격도 좋아서 주변에 좋아하는 남학생들이 많았다. 힘든 대학원 생활 동안 이 친구와 서로 의지하며 지냈다.

이 당시 난 지금의 아내와 사귀고 있었지만, 이 친구를 볼 때마다 보호본능 같은 감정들이 생겨서 잘 대해주었다. 이런 점들이 현재 아내인 여자친구의 눈에는 못마땅하게 여겨졌었던 것 같다. 새벽에 연구실 업무가 끝나면 이 친구를 집까지 바래다주었고, 힘든 일이 있을 때마다 내 일처럼 위로해주고 감싸주면서 많은 정이 쌓였다.

이 친구와 관련된 끔찍한 고통의 경험이 있다. 이 친구의 아버지는 이 친구가 고등학생 때 돌아가셨다. 어느 날 이 친구는 내일이 자기 아버지 기일이라 혼자서 아버지 산소에 간다고 했다. 난 걱정스럽게 말했다.
"너 혼자 그 먼 시골까지 가겠다고?"

난 순수한 마음으로 같이 가주겠다고 했고 간단하게 제수용품을 사서 같이 길을 나섰다. 버스를 몇 번 갈아타고 한적한 정류장에 내려 시골길을 걷다 보니 길옆에 산소가 보였다. 돗자리를 펴고 그 친구는 절을 했고 잠시 정적이 흘렀다. 그러면서 눈물도 살짝 비쳤다. 친구 아버님이니까 나도 별 생각 없이 인사드린다는 의미로 절을 했다. 분위기는 나름 엄중하면서 슬펐다. 이런저런 자신의 어릴 적 이야기와 아버지와의 추억 등의 얘기를 나누다 우리는 자리를 정리하고 무사히 출발했던 장소에 도착했다. 늦은 밤이라 그 친구 집까지 바래다주고 내 방으로 돌아왔다. 마음 한편엔 친구를 위해 좋은 일을 했다는 왠지 모를 뿌듯함을 느끼며 잠을 청했다.

문제는 지금부터 생기기 시작했다. 잠이 막 들려고 할 때 갑자기 머리맡에서 모터 돌아가는 날카로운 기계음이 나기 시작했다. 순간, '아 사형수가 또 내게 왔나?' 그렇게 또 그 원혼이 온 줄 알고 긴장하고 있었다. 아니나 다를까 갑자기 내 목을 틀어쥐고 사정없이 흔드는 영혼이 보였다. 그런데 그 사형수 원혼이 아니었다.
'사형수 원혼의 친구인가?'

이제는 귀신들에게 동네북이 된 것 같았다. 모든 것을 체념하고 내게 가해질 고통을 기다리고 있을 때, 그 영혼이 내게 말했다.

"네 놈이 감히 내 딸을 꼬드겨?"

지금도 이 목소리가 선명하게 기억난다. 헉! 바로 그 친구의 돌아가신 아버지였다. 아 정말, 지면으로 표현할 수 없는 답답함과 고통이 몰려왔다.

"전 그런 사이가 아니라고요. 켁켁."

"아니긴 뭐가 아냐. 네까짓 놈이 내 딸을 어떻게 해보려고? 이런 나쁜 놈!"

이 친구의 아버님은 어떤 말을 해도 듣지 않으셨고 괴롭히기를 멈추지 않으셨다. 너무 고통스러워 내 눈에 눈물이 그렁그렁 맺히기 시작했고 이내 산소에 간 것과 절한 것을 후회했다. 친구 아버님의 괴롭히는 강도는 사형수 귀신보다 훨씬 더 강했다. 딸을 지키겠다는 집념과 의지가 느껴져서 그런지 더욱 고통스럽게 느껴졌다. 친구 아버님은 괴롭히기를 잠깐 멈추고 씩씩거리면서 내게 물으셨다.

"너 내 딸 보고 야한 생각 몇 번 했어?"

"두 번이요."

"아니 이 새끼가 거짓말을 해? 지금까지 많이 했잖아?"

영혼상태라 거짓말이 통하지 않는다. 이게 무슨 막장 드라마란 말인가. 난 울면서 죄송하다는 말을 반복했고 앞으로는 절대로 따님 앞에 나서지 않겠다고 약속을 하고 나서야 간신히 풀려날 수 있었다. 28년이 지난 지금 생각해보면 충분히 그때 아버님의 입장이 이해가 된다. 사귀는 여자친구도 있으면서 굳이 산소를 동행하고 마치 남자친구인 것처럼 자신에게 절도 했으니, 충분히 오해를 살 만한 일이다. 아니 근데 혈기 왕성한 20대 청년이 좀 야한 생각을 할 수도 있지 뭐 그런 것까지 꼬치꼬치 캐묻고 괴롭히는지 좀 우습기도 했다. 이때 사형수 귀신과 더불어 너무 세게 망자에게 당해서 그런지 이 일이 있은 후 소화불량과 구토 증상으로 고생해야만 했다.

얼마 후, 연구실 회식이 있어서 삼겹살과 술을 많이 마신 후 난 그 자리에서 펑펑 울기 시작했다. 내가 당한 일이 너무 억울한 것도 있었고 이 일에 대해 누구에게도 말을 하지 못한다는 답답함도 한몫했기 때문이었다. 공교롭게도 IMF로 집안 사정이 안 좋아진 것까지 겹쳐서 진짜 너무도 힘든 시기였다. 즐거운 회식 분위기는 나로 인해 어색해졌고, 난 토기가 쏠려 밖으로 나와 옆 놀이터 벤치에 앉아 피자 한 판을 크게 그리고 있었다. 머리가 빙빙 도는 것이 마치 귀신들에게 괴롭힘을 당할 때와 비슷하다고 느끼고 있을 때, 누군가가 내 등을 토닥토닥 두드려 주었다. 이 친구였다.

"아냐. 나 괜찮아. 등 두드리지 마."

나는 벤치에 앉아서 거친 호흡을 가다듬었다. 옆에는 걱정스러운 듯 바라보는 동기가 같이 앉아있었다.

"완비야, 너 대학원 생활이 힘들구나!"

"아! 뭐 다들 힘들지. 나만 힘드나."

동기에게 현재 내가 겪고 있는 상황을 설명할 수 없었다. 또 어디선가 동기의 아버님이 보고 있을 것만 같아 주변을 둘러보았다.

하여튼, 이때는 너무 힘든 시기였다. 지금 생각해도 몸서리가 쳐진다. 이게 무슨 전생까지 얽힌 운명의 막장 드라마일까. 이 동기는 나중에 전생을 보고 안 것이지만 나와는 전생의 인연도 있었다.

한창 혈기 왕성한 나의 20대는 잘 알지도 못하는 망자들에게 괴롭힘을 당하고 여자친구로부터 날마다 추궁당하는 신세로 점철되던 시기였다. 여자친구는 동기 아버님과 마찬가지로 내가 동기를 좋아한다고 생각하는 것 같았다. 이 일을 알고 있는 사람은 나와 지금의 아내를 포함해 딱 3명만 알고 있고, 당사자인 그 친구도 모르는 이야기다. 그 친구가 이 글을 본다면 알게 될지도 모르지만, 아마 안 믿을 것이다. 하지만 지금 난 그 친구의 아버님을 좀 만나보고 싶다. 물론, 딸 가진 아버지의 마음을 모르는 것은 아니지만, 그때 왜 나를 그렇게 심하게 괴롭혔는지 묻고 싶다. 당신의 따님은 지금 결혼해서 아들딸 낳고 잘 살고 있는데,

'전 그때 얼마나 힘든 시기를 보내고 있었는지 아시기나 했나요?'

그러나 한편으로는 매일 찾아오던 사형수 귀신이 그 이후로 안 보이는 걸 봐서는 친구 아버님이 쫓아내신 것 같기도 하다. 내가 너무 당한 것만 생각했나 보다. 이 부분은 정말 감사하게 생각한다.

05
'영혼백육'과 유체이탈

사람의 구조는 크게 '영(靈), 혼(魂), 백(魄), 육(肉)'으로 구분할 수 있다. 영(靈)과 혼(魂)은 정신 부분을 담당하고, 백(魄)은 육체를 움직이는 기운에 해당한다. 그러므로 백(魄)은 육체성을 띠고 있으며, 우리 몸을 유지하고 지탱하는 역할을 한다.

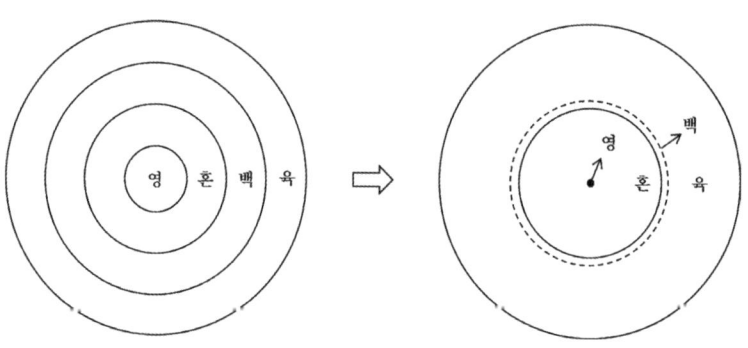

[그림 1] '영혼백육'의 도식화

위에서 왼쪽의 그림은 영, 혼, 백, 육을 단순하게 도식화한 그림이다. 그러나 실제로 우리가 느끼는 영, 혼, 백, 육의 상태는 오른쪽 그림과 흡사하다. 혼(魂) 안에 위치한 영(靈)은 찾기가 쉽지 않다. 종교적으로 이 영(靈)을 찾기 위해 무던히 애쓰기도 한다. 반면에 백(魄)은 몸을 움직이는 기운이라 금방 알아차릴 수 있다. 밥을 몇 끼만 먹지 않아도 기운이 빠져 몸을 움직이기 어려워진다. 그러므로 혼(魂)은 백(魄)에서 올라오는 배고픔의 신호를 감지하고 음식을 섭취해야 한다는 생각을 하게 되는 것이다. 따라서 백(魄)은 육체에 종속되며 혼(魂)에 포함되지는 않는다.

영(靈)은 두 가지 뜻이 있는데 영혼, 성령, 영감 등과 같이 절대적인 신(神)과 같은 의미로 쓰이는 경우와 영매, 영가, 영계와 같이 귀신이나 저승을 의미할 때가 있다.

혼(魂)은 내가 나라고 생각하는 의식으로 '자아'를 의미하기도 하고, 다른 것들과 분별될 수 있는 나만의 특성이나 특징을 말하기도 한다.

영(靈)은 전지전능과 자유자재의 특징을 갖고 있으나 생각하는 기능은 없다. 오로지 '절대적 사랑'이라는 일방적인 메시지만을 뿌려준다. 따라서 영(靈)은 생각하는 능력의 유무로만 따지면 그냥 멍한 상태에 가깝다. 생각과 감정, 느낌에서 오는 모든 정보를 취합하고 분석하는 지적 능력은 오로지 혼(魂)에서만 가능하다. 이 혼(魂)을 만들어낸 것이 영(靈)이다.

영(靈)은 혼(魂)인 내가 비로소 영(靈)에 접속해서 합일되어야만 전지전능의 의미를 알 수 있다.

영(靈)은 우리말로 하면 '얼'이고, 혼(魂)은 '넋'이다. 예를 들어 '얼빠진 놈'이라 하면, 얼과 넋 중에서 얼(靈)이 빠져버렸기 때문에 넋(魂)만 남아있어서 지혜가 없이 제대로 일처리를 못하고 부산한 행동만 하는 사람을 일컫는 것이고, '넋 놓고 뭐하냐?'라는 표현은 넋(魂)을 놓아버려서 얼(靈)만 남아있는 상태로 멍하게 있을 때 하는 말이다.

그러나 실제로 영(靈)과 혼(魂)은 각각 다른 성향을 갖고 있지만, 하나로 되어 있어서 분리할 수는 없다.

흔히 '혼'을 말할 때는 앞에 '영'이 생략된 채 쓰는 경우가 많다. 마찬가지로 '백'을 말할 때도 뒤에 '육'을 줄여서 쓰곤 한다. 혼비백산(魂飛魄散)이란 표현은 사람이 죽으면 혼(魂)은 날아가고 백(魄)은 땅에 묻혀 흩어진다는 의미인데, 엄밀히 따지면 '영혼비백육산'이라 해야 할 것이다.

이러한 영(靈)과 혼(魂)은 한 세트라 떼려야 뗄 수 없는 관계다. 그래서 붙여서 '영혼'이라 하는데, 유체이탈이란 이 영혼이 내 몸에서 분리되는 현상을 말한다.

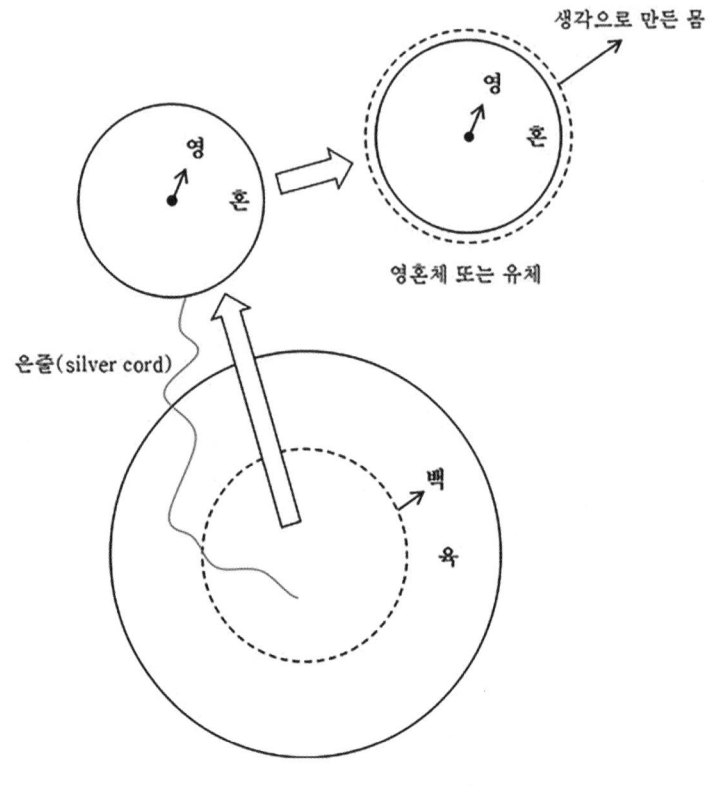

[그림 2] 유체이탈의 도식화

몸 밖으로 나간 영혼은 기본적으로 미세한 육체(에너지체)를 갖고 있고, 이 육체를 생각만으로도 만들 수 있는데, 이것을 영혼체 또는 유령과 같다 하여 유령체라 한다. 이 유령체를 줄여서 '유체'라 하고, 이 유체 또는 영혼체가 몸 밖으로 이탈하는 것을 유체이탈(幽體離脫)이라 한다.

몸에서 이탈된 영혼은 얼굴의 미간과 은줄(silver cord)로 연결되어 있어서 언제든지 몸으로 다시 복귀할 수 있다. 은줄은 의식하면 볼 수 있지만, 유체이탈 시 대부분 신경 쓰지 않아도 된다. 유체이탈의 과정은 죽음의 과정과 동일하다. 은줄의 유무로 유체이탈인지 죽음인지 판별할 수 있다. 죽은 사람의 영혼은 은줄이 없다.

몸 안에 존재하는 영혼은 대략적으로 백회와 미간 사이에 존재할 것으로 추측한다. 즉, 영혼은 뇌 안에 존재하며 뇌를 지배하고 움직인다. 뇌를 다치면 영혼도 뇌를 제대로 컨트롤할 수 없게 된다. 감정 영역을 다치면 실제로 감정 조절이 안 되고, 운동 영역을 다치면 몸에 해당하는 부분을 사용할 수 없게 된다.

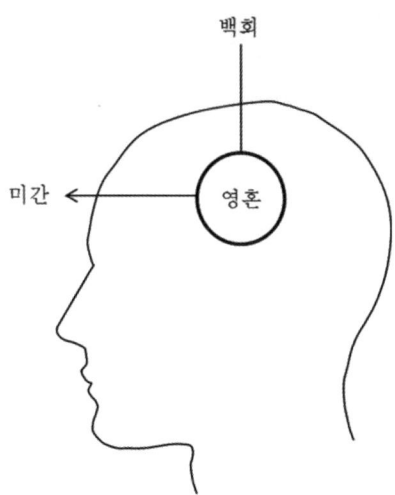

[그림 3] 머리 내부 영혼의 위치

극단적 예로 치매환자인 경우, 기억력 및 인지능력이 쇠퇴하나, 사후 치매환자의 몸에서 나온 영혼은 멀쩡하다. 마찬가지로 혼수 상태에 있는 환자도 의식이 없는 것처럼 보이지만, 사후 영혼은 정상으로 돌아온다. 로보트 태권브이를 예로 들면, 태권브이의 몸체는 우리의 육체와 같고, 이 태권브이를 조종하는 사람은 '훈이'다. 즉, 우리의 영혼은 '훈이'와 같은 역할로 육체를 조종하는 것이라 할 수 있다.

[그림 4] 태권브이와 태권브이를 조종하는 '훈이'

치매를 포함한 여러 정신질환의 경우, 환자가 가족을 알아보지 못하거나 공격성을 보이기도 하는데, 이것은 영혼의 문제가 아니라 영혼을 담고 있는 뇌의 문제이다. 태권브이를 조정하는 것은 '훈이'임을 잊지 말자. 태권브이가 같은 편을 공격해도 인간의 뇌에 해당되는 기계의 오작동이지 '훈이'가 그렇게 시킨 게 아니다.

영혼이 몸을 빠져나오는 통로는 미간으로 머리에 굉음을 동반한 심한 진동을 느낀 후 빠져나오곤 한다. 이때의 느낌은 마치 어두운 터널을 빠져나오는 듯한데, 죽음의 과정도 이와 동일하다.

심한 진동은 굉음을 동반하며, 마치 모터가 돌아가는 소리나 그라인더로 갈아내는 소리가 들리기도 하고, 공사장에서 많은 양의 철근을 한꺼번에 바닥에 떨어뜨리는 소리와 같이 '우당탕 탕탕' 하는 시끄러운 소리로 들리기도 한다. 이러한 진동과 소리는 뇌에 고착되어 있는 영혼이 뇌에서 분리되어 밖으로 나오기 전에 일어나는 전조증상이다. 이러한 현상은 유체이탈을 할 때 발생할 수도 있고, 발생하지 않을 수도 있다.

유체이탈을 해서 몸 밖으로 나오면 주변이 어스름하고 탁하게 보인다. 육체에서 느끼던 오감도 훨씬 둔감해진다. 반면에 황홀한 느낌과 전체적인 사랑의 감정을 일시적으로 느끼기도 한다. 전체적인 사랑이란 이 세상 모든 것이 사랑으로 이루어졌다는 느낌이다.

잠을 자거나 명상하는 행위를 통해 뇌파의 변화를 관찰하면, 어느 시점에 유체이탈이 되는지 조금 더 명확하게 파악할 수 있다. 뇌파는 뇌의 진동수 즉, 뇌의 주파수이다. 뇌파는 뇌신경 사이에 신호가 전달될 때 생기는 미세한 전류의 흐름으로 뇌의 수많은 신경에서 발생한 전기적 신호가 합성되어 나타난다. 이때 미세한 뇌 표면의 신호를 전극을 이용하여 측정하고 증폭한 신호를 의미한다.

유체이탈은 잠을 자려고 할 때나 잠에서 깰 때, 또는 명상할 때 주로 일어나며, 뇌파로 분석해보면 약 7Hz 영역에서 일어난다. 7Hz 상태가 비몽사몽, 선잠상태, 렘수면 상태이다. 이 주파수에서 가위눌림, 진동, 유체이탈, 최면 등이 일어난다. 또한, 온갖 환각상태를 경험하기도 하는데, 갑자기 누군가가 "야~" 하고 소리치기도 하고, "아무개야~" 하면서 이름을 부르기도 하고, 무서운 형상의 얼굴이 보이기도 하고, 그 얼굴이 뭉개지거나 쪼개지거나 한다. 여기서 뇌파가 살짝 더 내려가면 무의식 상태로 빠지면서 꿈을 꾼다.

뇌파 분류	주파수[Hz]	파형	설명
베타파	13 ~ 30	〰〰〰	깨어있는 상태
알파파	8 ~ 12	〰〰〰	편안함, 이완상태
세타파	4 ~ 7	〰〰	선잠, 렘수면 상태
델타파	0 ~ 4	─╱╲─	깊은 숙면, 혼수 상태

[표 1] 뇌파의 분류

그런데 이 7Hz 부근에는 숨어있는 복병이 있다. 바로 수맥이란 놈이다. 지표면 아래 흐르는 수맥은 전자기파를 발생하며, 지구 공진 주파수(슈만 공진 주파수 7.83Hz)와 만나 상호 작용하여 지상에 있는 사람의 뇌파도 교란시킨다는 것이다. 때로 서로 주파수가 같게 되면 증폭이 되어 파동의 세기가 강해지게 되는데, 이것을 공명 또는 공진 현상이라고 한다. 공명현상이 발생하면 파동의 진폭 크기가 두 배(3dB) 커지고, 이 커진 놈이 잠잘 때, 뇌파가 7Hz 이하로 떨어지는 것을 방해한다.[1] 그래서 숙면상태(0~4Hz)로 내려가지 못하게 하고, 제대로 숙면을 취하지 못하니 다음날 몸이 하루 종일 찌뿌듯하고 피곤한 상태가 된다. 뇌파가 수면 내내 7Hz에 걸려있다 보니 매일같이 가위에 눌리거나, 환각증세를 겪거나, 악몽에 시달리게 된다. 특정 방에서 자면 꼭 이런 현상들이 나타나는 경우가 있는데, 그럼 백퍼센트 수맥이 흐르는 방이다. 방을 바꿀 수 없다면 잠자는 방향을 90도 틀어서 자야 한다. 수맥도 방향이 있어서 그나마 영향을 덜 받으려면 크로스(X)로 자야 한다. 이렇게 해도 안 되면 잠자는 방을 옮기거나 이사를 가는 수밖에 없다. 그러나 유체이탈을 하는 행위에는 오히려 도움이 된다. 뇌파가 7Hz에서 더 밑으로 내려가는 것을 방해하기 때문에 7Hz에서 더 오래 머물게 되고 유체이탈이 더 잘 되는 효과가 있다.

유체이탈을 성공하기 위해서는 비몽사몽 선잠상태가 되더라도 반드시 유체이탈을 해보겠다는 의지를 강하게 가져야 한다. 여기서 잠깐 한눈을 팔면 잠에 빠지고 만다. 이 선잠상태를 지속적으로 유지하다 보면 진동과 소리가 느껴지는데, 이러한 현상에 두려

---

[1] 정재성, 김기찬. (2024). 지하수 수맥파가 건강에 미치는 영향 분석, Industry Promotion Research, 9(1), p189-202

워하지 말고 내 몸을 맡기면 바로 긴 터널을 빠져나가는 듯한 느낌이 들면서 유체이탈이 된다.

영혼의 존재는 아직까지는 과학으로 입증할 수 없다. 아마도 영혼의 에너지 밀도가 매우 낮아서 현재의 과학으로는 기술적으로 측량할 수 없기 때문이라고 본다.

2002년 네이처지에 흥미로운 논문이 게재되었다. 뇌전증 환자의 실험에서 환자 뇌의 특정 부분을 자극하면 마치 유체이탈 경험을 한 것 같은 말을 한다는 내용인데, 논문에는 유체이탈 경험을 유도할 수 있는 뇌의 특정 부위를 발견했다는 실로 자극적인 제목을 달고 있다.[2] 그러나 논문의 내용은 환자가 경험한 말을 듣고 쓴 게 전부다. 이 환자가 유체이탈의 환각을 느낀 것인지, 아니면 진짜로 유체이탈을 한 것인지는 누구도 알지 못한다. 많은 수의 환자를 실험한 것도 아니며, 실험방법 또한 합리적이지 못하다. 이 실험을 하려면 경막하 전극을 뇌에 삽입해야 하는데, 유체이탈 느낌을 알기 위해 누가 두개골을 여는 실험에 참가할 것인가. 환자 한 사람의 말만 듣고 유체이탈은 뇌가 일으키는 착각이라는 성급한 결론을 도출해선 안 된다. 뇌라는 장기의 특성상 실험과 연구에 시간이 많이 걸린다는 것을 알고 조금씩 다가가야 한다. 또한, 지금 당장 증명이 되지 않는다는 이유로 애초에 그런 건 존재하지 않다고 단정 짓는 것은 과학자로서 올바른 태도가 아니다. 왜냐하

---

[2] Olaf Blanke,. (2002). Stimulating illusory own-body perceptions, NATURE, VOL 419, 269.

면 과학이 발전함에 따라 기존에 증명하지 못하던 많은 가설들을 증명해냈기 때문이다. 전자파, 적외선, X-레이가 눈에 안 보인다고 이런 건 애초에 없다고 단정했다면, 현재 이러한 것들의 존재를 모르고 살았을 것이다.

유체이탈의 장점

(1) 돌아가신 분들을 만날 수 있음

유체이탈을 하면, 내 조건은 귀신(망자)의 조건과 같아진다. 그래서 먼저 이승을 떠난 가족이나 조상을 볼 수 있게 된다. 그리워하면 언제든지 불러올 수 있고, 오지 않으면 가족이 있는 곳에 직접 가서 볼 수도 있다. 영혼상태에서는 육체가 없기 때문에 서로 대화하지 않아도 마음을 다 읽을 수 있다. 그러므로 외국인을 만나도 대화가 통하지 않을까 하는 걱정을 할 필요는 없다. 돌아가신 가족이나 친지분들을 제사 때마다 만날 수 있으니 딱히 돌아가셨다는 생각이 들지 않을 때도 있다.

(2) 사후세계를 가볼 수 있음

유체이탈을 해서 영혼상태가 되면, 사후세계의 누구를 만나보고 싶나고 상사하게 생각하는 순간, 만나고 싶은 상대의 앞에 있게 된다. 이런 현상이 무척 신기한데, 어떤 원리로 이러한 순간적인 이동이 가능한지는 모르겠다. 느낌만으로는 빛의 속도보다 더 빠른 것 같다.

사후세계 즉, 영계에 누구를 만나러 가겠다고 결심한 순간 내 영혼체가 위로 솟구치는 것으로 보아 사후세계는 지상보다 높은 곳에 위치하는 것 같다.

영계의 모든 물질은 에너지 밀도가 극도로 낮아서 육안으로는 볼 수 없다. 영계에서의 모든 물질은 통과할 수 있는데, 내가 물질을 인정하면 그 물질을 만질 수 있고 또한, 영계에서의 땅을 걸을 수도 있다. 물론, 아무리 에너지 밀도가 낮더라도 중력의 영향을 받는다.

(3) 이동의 자유

유체이탈이 된 영혼상태에선 어디든 마음만 먹으면 느낌상 빛보다 빠른 속도로 이동할 수 있다. 처음에는 우주에서 유영하듯 하여 몸을 제대로 가누기 힘이 드는데, 숙달되면 빠른 속도뿐만 아니라 느린 속도로도 이동이 가능하다. 먼 곳에 있는 살아있는 사람에게도 금방 이동할 수 있고, 그 사람의 마음도 약 70퍼센트는 읽을 수 있다. 당연히 육체가 없는 영혼체 상태끼리는 상대의 마음을 100퍼센트 알 수 있다.

영혼의 이동은 이토록 빠르기 때문에 내가 유체이탈된 상태에서 누군가 내 몸을 깨우거나 말을 걸면 바로 몸에 복귀하거나 잠꼬대 같은 말로 답변도 할 수 있다. 마치 인터넷에서 영화를 다운

받으면서 실시간으로 시청하는 것과 같다. 이론적으로 전선을 따라 이동하는 전자의 속도는 빛의 속도와 같지만, 실제로 복잡한 경로 때문에 빛보다 느리다. 그럼에도 그 속도가 워낙 빨라서 실시간으로 영화를 볼 수 있는 것이다. 따라서 영혼이 유체이탈로 활성화되면 실시간으로 몸에 들락날락하는 것은 어려운 일이 아니다.

유체이탈의 부작용

(1) 수면장애와 양기의 소모

유체이탈이 된 시간과 양기의 소모는 서로 비례한다. 유체이탈을 오래 하게 될수록 우리 몸의 양기는 많이 소모된다. 몸으로 복귀 후, 다음날 몸 상태가 개운하지 않고 피로에 시달린다. 유체이탈의 시간을 더 오래 가져가면 다음날 몸살이 나거나 하루 종일 기운이 없어서 누워있어야만 한다.

(2) 귀신과의 만남

유체이탈을 하면 대부분 망자나 귀신을 만나게 된다. 평소 겁이 많은 사람들은 이 부분에서 포기한다. 돌아가신 가족이나 조상을 만나면 다행이지만, 악의를 갖고 있는 귀신을 만나게 되면 그 후유증이 상당하다. 단순한 호기심만으로 시도했다가 공포에 질려

그만두는 경우가 대부분이다. 유체이탈을 해서 신비한 존재, 예를 들면 신선이나 천사, 영계의 높은 존재를 만날 수 있는 확률은 무척 낮다. 그럼에도 불구하고 만났다면 유체이탈하는 꿈을 꾼 경우가 대부분이다. 꿈을 꾼 것과 유체이탈을 혼동하는 것이다. 높은 존재들을 실제로 만나려면 나의 영성 수준이 무척 높아야만 가능하다.

(3) 유체이탈과 꿈(자각몽)의 혼동

유체이탈을 한다는 것은 정상적인 경우가 아니다. 그렇기 때문에 유체이탈이 시작되었을 때 대부분의 사람들은 겁을 집어먹거나 생소하고 불편한 느낌 때문에 바로 몸으로 복귀하는 경우가 많다. 그리고는 바로 잠에 빠져서 꿈을 꾸게 되는데, 이 꿈이 유체이탈하는 꿈을 꾸게 되는 것이다. 그것도 꿈이라는 것을 아는 자각몽이다. 꿈속에서 정령도 만나고 신선도 만나고 외계인도 만난다. 과거로도 가고 미래로도 간다. 신비한 고차원의 세계를 다녀오기도 한다. 꿈에서는 과거, 미래, 신비한 고차원의 세계를 갈 수 있지만, 유체이탈을 하면 현실과 동일하다. 마찬가지로 사후세계도 현실과 동일한 3차원의 세계다. 지상에서는 밤인데 유체이탈하여 사후세계를 가면 낮일 때가 있다. 이것은 고도가 다르기 때문에 나타나는 현상일 뿐 시간은 동일하다. 만약에 위에 말한 신비한 현상들을 경험했다면 꿈이라는 것을 알아야 한다.

아침에 일어나면 신비한 경험이 너무 생생하여 꿈이라 생각하지 못하고 유체이탈해서 돌아다닌 것이라 착각을 한다. 그러므로 유체이탈이 끝나면 바로 몸을 일으켜 반드시 기록을 해야 한다. 일반적으로 꿈은 현실과 구분이 안 갈 정도로 정밀하고 실감이 나지만, 실제로 유체이탈을 하면 일정 시간 적응이 되기 전까지 어둑어둑하고 흐릿하여 사물을 구분하는 것조차 어렵다. 적응이 되어도 육체에서 느끼던 오감의 강도보다 훨씬 둔감하다.

 이러한 부작용이 있음에도 호기심으로 유체이탈만 하려는 사람들에게 개인적으로 당부를 하고 싶다. 단순한 호기심으로는 절대로 하면 안 된다. 영성을 공부하고 체험해보겠다는 큰 다짐이 있다면 어쩔 수 없이 거쳐 가야 하는 관문이고, 그 책임을 자신이 지면 되니까 큰 문제가 없지만, 삿된 욕심으로 접근했다가는 악귀를 만나서 큰 고생을 할 수도 있다는 것을 알아야 한다. 악귀는 끈질기게 따라붙어서 괴롭힌다. 그 트라우마가 너무도 강력해서 내 삶의 질을 떨어뜨릴 수도 있음을 명심해야 한다. 현재의 나는 이런 것들이 문제가 되지 않지만, 내 경험에서 얘기했듯이 몇 년간 너무 고생을 많이 해서 절대로 권장하지는 않는다. 그 후유증 때문에 아직까지도 유체이탈을 안 하려고 노력 중에 있다. 요즘은 약이 좋아져서 수면유도제를 복용하고 꿀잠을 청하고 있을 정도다. 시중에 떠도는 흥미 위주의 책이나 영상을 접하고 재미 삼아 호기심으로 시도해보는 짓은 질내로 하지 밀기를 바랄 뿐이나. 유체이탈을 하면 대부분 만나는 게 귀신이라는 것을 명심해야 한다. 우리가 밖에 나가면 대부분 불특정 다수의 사람들을 만나듯이, 유체이탈하여 몸 밖을 나가면 불특정다수의 귀신을 만날 뿐이다. 나의 영성 수준이 높고 낮음이나 마음상태가 좋고 나쁨과는 아무런 관계가 없다.

06
놀이터 귀신들

1999년 학업을 마치고 본가로 와서 지낼 때이다. 그래도 집에 와서 좋은 게, 이제는 사형수 귀신에게 시달리지 않아도 된다는 것에 너무 만족하고 있었다.

이때는 벤처 붐이 불던 시기라 양재동에 있는 작은 벤처회사에 취직을 했고, 군포에서 양재동까지 힘들게 출퇴근하던 시기였다. 우리 집은 1층이었고 바로 옆에 작은 놀이터가 있었다. 일찍 출근을 하려면 잠을 잘 자야 하는데, 어느 날부터 밖에서 웅성웅성 떠드는 소리가 나기 시작했다. 시끄러워서 잠을 잘 수가 없었다. 조용히 좀 하라고 말을 해야겠다고 생각하여 잠을 깨고 몸을 일으키면, 신기하게 너무도 고요한 것이었다. 아무 소리도 안 들리고 풀벌레 소리만 적막하게 들렸다. 몇 번 반복해서 깨어나도 마찬가지였다.

웅성거리는 소리는 자세히 알아들을 수 없었으며 마치 카세트 테이프를 빨리 돌리거나 뒤집어 돌릴 때 나는 소리처럼 짧고 뚝뚝 끊어졌다 이어지기를 반복했다. 듣기에 무척 거슬리는 소리였다.

"치키처크차크어;ㄹ;캬."

며칠을 이 소리 때문에 잠을 이루지 못하다가 어느 날 새벽에 이 소리가 나는 놀이터로 나가서 "제발 다른 데 가서 떠들어라, 미친 년놈들아!" 하고 소리를 냅다 질러버렸다. 잠을 못 자서 미쳐버릴 것 같았다. 다시 씩씩거리며 방에 들어와 잠을 청했다. 이내 잠이 다시 들었고 시간이 어느 정도 흘렀는데 갑자기 목이 답답했다.

누가 목을 누르는 것 같아 살짝 눈을 뜨는 순간 소스라치게 놀라고 말았다. 말로 표현하기 힘들 정도로 흉측하게 생긴 아줌마가 두 손으로 내 목을 필사적으로 조르고 있었다. 정말로 생김새가 끔찍했다. 무섭고 당황해서 몸을 일으키려 발버둥쳤다.

간신히 잠에서 깨어나 식은땀을 비 오듯 흘렸다. 이때가 20대 후반이었는데도 이런 현상은 언제나 익숙하지 않았다.

'내가 나가서 시끄럽다 했다고 이렇게 집까지 들어와 해코지를 하는구나!'

다음날 잠을 청하려는데 걱정이 앞섰다.

'또 목 조르면 어떻게 하지?'

예상은 빗나가지 않았다. 목이 답답하여 눈을 떠보니 이젠 다른 아줌마가 내 목을 조르고 있었다. 마찬가지로 표정이 필사적이었다. 당연히 육체가 없으므로 진짜 목을 조르지 못하니 저렇게 힘을 주어 조르고 있었던 것이다. 곱슬곱슬 옛날 파마머리였다. 다음날도 그 다음날도 사람만 바꿔가면서 계속 내 목을 조르거나 때리거나 했다. 자주 당하니까 '내일은 또 누가 올까?' 궁금하기까지 했다. 나중엔 '그래 졸라라. 난 잘 테다.' 하고 체념하게 되었다.

회사에선 꾸벅꾸벅 졸기 일쑤였고 날마다 안색이 나빠지는 내 모습을 본 사수는 걱정하기 시작했다.
"뭔 일 있어? 얼굴이 안 좋아 보인다?"
무엇보다도 힘들었던 것은 졸린 목의 근육통 때문에 머리를 제대로 들고 다니기 어려웠다는 점이었다. 파스만 잔뜩 붙이고 거기에 담까지 걸려서 최악의 컨디션이었다. 사형수 귀신에게 당할 때와 마찬가지로 목을 조이고 나면 멍이 들거나 근육통이 생기곤 했다. 아마도 귀신과 육체적 접촉이 있으면 이런 현상이 생기는 것 같다.

이후로도 느끼는 것이지만, 귀신들과의 신체 접촉은 산 사람들에게는 좋지 않다. 사람에 따라 몸에서 반응하는 현상이 다르지만, 대게는 멍이 들거나 근육통, 피부발진, 피부가 벌겋게 달아오르거나 붓는 현상이 나타난다.

하지만 아직 혈기 왕성한 20대. 이렇게 당하고만 있을 수 없었다. 사형수 귀신에게 당했을 때보다 충격이 그렇게 심하지는 않았고,

그런 악귀도 버텼는데 이 정도야 아무것도 아니라고 생각하며, 작정하고 유체이탈을 시도했다. 그리고 놀이터로 갔다. 가서 보니 내게 와서 해코지하던 사람들이 다 모여있었다. 대여섯 정도였는데 용감하게 가서 말했다.

"왜 이렇게 사람을 못살게 굽니까? 어? 쌍놈의 것들."

긴장해서 존댓말과 반말이 같이 나가는 줄도 모르고 욕을 섞어가며 마구 소리쳤다. 그 사람들은 매우 당황하여 몇 명은 자리를 피하기도 했고 내게 와서 목을 조르던 아줌마 한 명은 놀라서 입을 떡 벌리고 있었다. 나는 그 아줌마에게 소리쳤다.

"생긴 건 멀쩡해가지고 왜 그렇게 흉측하게 해서 사람을 괴롭힙니까?"

이 아줌마 귀신은 어쩔 줄 몰라 했다. 신기한 것은 가까이 가서 들으니 이 사람들의 말소리를 알아들을 수 있었다.

"네가 먼저 그랬잖아."

짧고 날카로운 소리가 들렸다. 나는 지지 않고 따지기 시작했다.

"그건 시끄러워서 잠을 못 자니까 그랬지. 떠들 거면 저 앞에 있는 큰 놀이터로 가서 떠들어야지, 왜 여기서 시끄럽게 떠듭니까?"

이들은 이곳이 자기네들이 살던 집터였다고 했다. 자기네들은 이곳에서 같이 살던 이웃들인데, 이곳 놀이터가 한적하고 사람도 많이 오지 않아서 담소를 나누는 장소라 했다. 이 사람들 입장에선 웬 젊은 청년이 갑자기 와서 조용히 하라고 소리치고 욕하니 당연히 기분이 상했던 것이다. 그래도 나는 분이 풀리지 않았다.

"아무리 그래도 그렇지, 사람의 목을 졸라?"

그때 옆에 있던 나이가 좀 들어 보이는 아저씨가 끼어들어 사과를 했다.

"젊은이, 우리가 미안하게 됐네. 장난을 친다는 게 좀 과했네. 다시는 자네를 괴롭히는 일은 없게 하겠네. 그만 화 풀고 어서 들어가게."

나도 살짝 누그러져서 아침 일찍 출근하는 내 사정을 얘기했고 앞으로 좀 조용히 하면서 같이 살자고 마무리 지었다. 집에 들어오면서 생각했다.

'내가 유체이탈이라도 못했으면 이 귀신들에게 얼마나 당했을까?'

다음날부터 이들은 내게 오지 않았다. 물론 웅성거리는 소리는 계속 들렸지만, 그렇게 시끄럽지는 않았다.

15년 정도가 지난 후, 이 소리를 다시 듣게 되었다. 장소는 군포가 아니라 부천이었고 나는 가정을 이루고 살 때였다. 이 집 구조가 그때와 비슷했다. 아파트 2층이었는데 바로 옆이 놀이터 겸 벤치가 두 개 있는 휴식장소였다. 아내는 잠결에 옆 놀이터에서 자꾸만 시끄러운 소리가 들린다고 나보고 나가서 어떻게 좀 해보라고 했다. 바로 그 소리였다. 짧고 거친 소리.

"내가? 나보고 나가라고? 아니야. 여보가 잘못 들은 거야. 얼른

자~"

 어느새 난 쫄보가 되어 있었다. 또 목 졸리는 꼴을 당하고 싶지 않았고, 나가서 귀신들이랑 말을 섞고 싶지 않았다.

 놀이터는 우리들에게 휴식공간이 되지만, 밤이 되면 망자나 귀신들에게도 휴식공간이자 모여서 같이 얘기하는 카페와 같은 공간이기도 하다.

07

처녀귀신

2002년 29세에 난 군포에서 결혼을 했고, 이 아파트 바로 옆에 있는 상가 건물 꼭대기에 신혼집을 차렸다. 보증금 천만 원, 월 28만 원인 집이었다. 내 재산이라고는 부모님이 해주신 보증금 천만 원이 전부였지만, 그래도 내 인생 처음으로 가정을 꾸리는 것이라 행복하기 그지없었다.

이 집으로 이사 온 며칠 후, 아내는 내게 이상한 꿈을 자꾸 꾼다며 무서워했다. 무슨 꿈이냐고 물으니 자기 혼자서 잠깐 잠이 들었는데 어떤 젊은 여자가 둥둥 떠서 자신을 쳐다본다고 했다. 나는 대수롭지 않게 얘기했다.

"환경이 바뀌어서 그렇겠지. 걱정하지 마."

이후로도 아내는 내게 퇴근해서 빨리 오라고 했고 비슷한 꿈을 계속 꾼다고 했다. 집에 혼자 있는 게 너무 무섭다고… 그날도 나는 일찍 퇴근해서 아내가 꿈에서 봤다는 여자 얘기를 들었다. 겁에 질린 아내를 꼭 안고 우리는 이내 잠에 들었다. 그러나 나는 잠에 바로 들지 않고 비몽사몽 상태를 유지하려 애썼다. 이 상태가 되어야 유체이탈을 할 수 있기 때문이었다.

'이제 고개를 들어 주변을 한 번 볼까? 앗! 깜짝이야!'

웬 여자가 내 옆에 누워있는 것이었다. 아내와 내가 누워있는 그 사이에 끼여서 큰 눈망울로 날 쳐다보고 있었다. 나이는 대략 20대 초반으로 보였고 상당히 미인이었다. 칼로 자른 듯이 반듯한 앞머리와 찰랑이는 긴 머리를 하고 있었고 옷차림새는 하얀 잠옷 차림이었다. 이 여자의 의도는 분명했다. 굳이 대화를 하지 않아도 의도를 알아차릴 수 있었다.

'너는 내 거야.'

다음날 아침 아내는 눈을 뜨자마자 무척 신경질적으로 자기가 꾼 꿈을 말했다.

"그 여자가 나랑 자기랑 자는데 가운데 쏙 들어오더니 날 보고 시익 웃으면서 이렇게 말했어."

"이 남자는 이제 내 꺼야. 네가 어쩔 건데? 약 오르지?"

"뭐라고? 그런 꿈을 꾸었어? 개꿈이야~"

난 아내의 말을 듣고 내가 겪은 상황과 똑같아서 놀랐지만 짐짓 모른 체하며 개꿈이라고만 했다. 그런데 아내는 아직도 분이 안 풀렸는지 계속 말을 이어 나갔다.

"아니 근데 내가 잠을 자고 있던 게 아니었다고. 난 눈을 뜨고 있었어."

"어떻게 생겼는데? 무섭게 생겼어?"

"흰옷에 새까만 머리고 눈이 엄청 컸어. 젊은 여자야."

당혹스러웠다. 그 이후로도 이 젊은 여자는 자주 내게 모습을 보였다. 무섭거나 공포감은 들지 않았다. 오로지 내게 원하는 것은 딱 한 가지였다. 대화를 하지 않아도 그녀가 원하는 것을 알 수 있었다.

주말에 아내는 일이 있어 처가에 내려갔다. 주말 동안 난 혼자 집에 있어야만 했다. 낮에는 가까운 거리에 있는 부모님 집에서 식사도 하고 강아지랑 놀기도 하며 시간을 보내다 밤이 되어 내 집에 왔다.

잠이 막 들려는 찰나 그 젊은 여자가 다시 나타났다. 그녀의 큰 눈망울은 여전했고, 내게 원하는 것은 단 한 가지였다. 바로 관계를 맺는 것이었다. 아내가 없으니 젊은 여자는 작정하고 무섭게 달려들었다.

나중에 알게 되었지만 내가 겪은 것이 귀접이라는 것이었다. 이 행위는 실제 성행위보다 훨씬 현실감이 있었고 더 자극적이었다. 아내에게 이 사실을 털어놓지는 못했다. 이것을 어떻게 정의 내려야 하는지 나 자신도 몰랐기 때문이었다. 내가 바람을 피운 것도 아니고, 모르는 여자와 하룻밤 원나잇을 한 것도 아니었다. 내가 귀신과 그 행위를 했다고 말한들 어떻게 증명할 길도 없었다. 몇 년 전에 사형수 귀신에게 당할 때가 생각났다. 너무도 생생하고 현실감이 있어서 절절히 고통을 느꼈으니, 이런 행위도 가능하리라 여겨졌다.

젊은 여자 귀신은 내게 말을 걸지 않았고, 나도 딱히 그녀에게 물어볼 말이 없었다. 나로 인해 세속적인 한을 풀 수 있다면 그것으로 족했다. 그러나 역시 귀신과의 육체적 접촉은 좋지 않았다. 한여름인데도 오한과 열이 나면서 기운이 없고 몸무게도 줄기 시작했다. 몸살이 온 것처럼 온 몸이 몽둥이로 맞은 것 같은 느낌이었다. 눈가에는 다시 다크써클이 자리 잡았다.

08
회사에 오는 귀신들

나는 2002년에 용인시 수지에 있는 업체로 이직을 했고, 군포에서 같은 회사 분과 카풀을 해서 출퇴근을 했다. 회사는 1층이 연구실이고 주변엔 공동묘지가 있었다. 이 동네는 번화가에서 떨어져 있어 한적해서 그런지, 회사 옆에 8층짜리 최신식 모텔이 들어섰다. 이 모텔이 생기기 전까지는 별다른 문제가 없었는데, 모텔이 들어선 이후 회사는 귀신들이 활개 치기 시작했다. 연구실이다 보니 야근과 밤샘작업이 많은데 소름이 계속 끼쳤다. 귀신이 내 주변에 있으면 소름이 끼친다. 귀신이 나와 반경 1m 안에 있으면 소름의 강도가 훨씬 강해진다. 꼬리뼈에서 정수리까지 소름과 오한이 쫙 끼친다. 이런 현상이 왜 일어나는지는 모르겠다. 귀신들이 많아진 이유는 당연히 모텔 때문이다. 주말 밤만 되면 귀신들이 기승을 부리고 내 소름지수는 요동을 쳐서 일에 집중하기가 어려웠다.

 모텔이 처음 들어섰을 때는 손님이 별로 없었는데, 시간이 지나니 점점 많은 사람들이 오기 시작했다. 주차장은 고급차들로 꽉꽉 들어찼고 처음 보는 외제차도 많았다. 방문하는 사람들이 많아지니 자연스럽게 구경 오는 귀신들도 많아졌다.

 귀신들은 모텔에서 눈요기를 실컷 하고 흥미가 떨어지면 우리 회사 건물로 왔다. 새벽까지 불이 켜 있으니 뭘 하는지 궁금했을 것이다. 내 주변에 와도 내가 뭘 하는지 구경만 했지 딱히 해코지를 하거나 방해하지는 않았다. 그렇다고 도움이 되지도 않았다. 그러나 밤을 새우는 일이 많은 직업상 계속 소름이 끼치면 여간 성가신 게 아니었다. 남자 귀신들이 오면 혼잣말로 "이런 거 개발하는 중이에요. 재미없죠? 그러니 얼른 가세요." 이렇게 말하면 정말로 소름 돋는 현상이 감쪽같이 사라졌다. 의자에 앉아서 잠깐씩 쪽잠을 잘 때면 가끔 유체이탈이 되는데, 모텔에 오는 귀신들 대부분 젊은 사람들이 많고, 가끔 5, 60대 아저씨들이나 성에 한참 호기심이 많은 사춘기 청소년들도 온다. 남자들의 숫자가 많았지만 여자들도 종종 왔었다. 그중 기억에 남는 여자가 있었는데, 대략 30대 중반 정도로 발랄하고 호기심 많게 생긴 얼굴로 매일같이 회사에 왔었다. 물론, 우선은 모텔이었고 두 번째로 오는 곳이 이곳이었다. 아무래도 젊은 2, 30대 남자 연구원들이 많아서 그런지 아니면 좋아하는 사람이 있어서 그런지는 모르겠지만, 유체이탈이 될 때마다 그 여자 귀신의 모습이 보였다. 이 여자는 주로 남자 화장실에 있었는데 소변을 볼 때면 뻔뻔하게 옆에 와서 남자들의 성기를 대놓고 보곤 했다. 화장실을 갔을 때 소름이 끼치면 소변을 누지 않고 그냥 나오는데, 급하거나 바쁠 때 소변을 보면 여지없이 내 성기를 봤다. 불쾌해서 "아이 씨! 뭐하는 짓이야?"라고 화를 내야 흠칫 놀라서 물러갔다. 내가 자신을 알아보는 게 신기해서 그런지 지속적으로 왔었다.

그날은 신입사원이 첫 출근하는 날이었는데, 일이 많아서 어쩔 수 없이 새벽까지 같이 야근을 하는 중이었다. 신입사원은 화장실에 다녀오더니 혼자서 들릴 듯 말 듯 구시렁거리기 시작했다. 내가 무슨 일이 있었냐고 물으니, 이 친구는 쭈뼛거리며 말하기를 주저했다. 난 지나가는 말로

"혹시 귀신이라도 봤어?"

"네, 봤어요. 제가 소변을 보는데… 아휴~"

말을 잊지 못했다. 나는 깜짝 놀라서

"너, 화장실에 귀신 있는 거 어떻게 알아?"

"제가 좀 예민해서요."

"어떻게 생겼는지도 알아?"

"네, 머리가 짧고 젊은 여자였어요."

신입사원이 묘사하는 귀신의 모습은 내가 알고 있는 그 여자의 인상착의와 동일했다. 지금까지 살면서 처음으로 나와 비슷한 사람을 보게 된 것이다. 이 친구의 말로는 자기가 일곱 살 때 빙의가

되어서 집안이 발칵 뒤집어졌었다고 한다. 용하다는 무당이 굿을 해서 빙의에서 벗어났고, 그 이후로 자기에게 이런 현상이 생겼다고 했다. 이 신입사원과는 이후로도 몇 번의 귀신들을 보았고 서로 귀신의 모습을 맞춰보고는 했다.

사람은 죽으면 누구나 귀신이 된다. 육신을 버리고 영혼상태로 있게 되는데, 혼불 같은 형태가 아니라 살았을 때와 비슷한 모습으로 있게 된다. 이것을 영혼체라 하는데, 에너지 밀도가 극도로 낮아서 벽을 통과할 수 있고 날아다니거나 걸어다닐 수도 있다.

죽음 이후, 얼마간의 시간이 지나면 이 유체는 특이하게도 자신의 외모를 바꿀 수 있는 능력이 생긴다. 자신이 살아생전에 가장 멋있을 때의 옷과 전성기 때의 나이로 있을 수 있다. 활동적인 것을 좋아하는 귀신은 30대의 모습으로 꾸미고, 중후한 멋을 선호하는 귀신은 4, 50대로 자신의 모습을 꾸민다. 의복은 살아있을 때 가장 선호하는 옷으로 치장한다. 연세가 좀 있고 고풍스러운 옷을 좋아하면 멋지고 우아한 한복으로 꾸미고, 세련된 의상을 선호하면 양장으로 입는다. 죽은 지 얼마 안 되는 귀신들은 이 방법을 몰라 검은 형체로 있거나 옷을 걸치지 않은 채 돌아다니기도 한다.

09
귀신의 정의

요즘 우리가 사용하는 귀신이라는 용어는 죽은 사람의 영혼을 뜻하는데, 공자가 살았던 춘추시대에는 귀(鬼)와 신(神)으로 나뉘어 인귀와 천신을 의미하는 것으로 지금보다 훨씬 그 의미가 넓었다.

천신은 하늘로 날아가고 귀는 땅에 묻힌다. 하늘로 날아가는 것을 혼(魂)이라 했고, 땅에 묻혀 흩어지는 것을 백(魄)이라 했으며, 그러므로 혼(魂)은 양이고, 땅에 묻히는 백(魄)이나 귀(鬼)는 음으로 보았다. 사서삼경이나 훗날 주희 관련 자료를 찾아봐도 이 범주를 크게 벗어나지 않는다.

공자는 돌아가신 조상들을 귀신이라 칭하며 제사를 지내고 복을 비리면서 정직 귀신에 대해시는 아리송한 자세를 취한나. 세사가 귀신이나 죽음에 대해 물어보면 '산 자도 섬기지 못하는데 어찌 귀신을 섬기느냐?'거나 '삶도 모르는데 어찌 죽음을 알겠느냐?'라며 답변을 피한다. 모순의 극치를 잘 보여주고 있다. 또한, 현대에도 '귀신이 있다고 믿으면 있는 것이고, 없다고 믿으면 없는 것이다'라는 말을 하는 사람도 있는데, 상당히 무례하고 무책임한 답변이다. 모르면 그냥 모른다고 하면 된다. 알지도 못하면서 어정쩡하게 답변을 하는 것은 학자로서나 영성인으로서 올바른 태도가 아니다. 공자, 맹자, 주희는 결론적으로 잘 모른다. 잘 알면 제사를 그렇게 규정화하고 교리적으로 지내지 않았을 것이다. 단지 주나라의 예절이니까 맹목적으로 제사를 올렸을 뿐이다.

그렇다고 천신이나 상제, 지신이나 신선에 대해서 잘 아는 것도 아니다. 귀신, 천신, 사후세계에 대한 체험이나 연구는 아예 없고 음양론이나 정(精), 기(氣)로만 설명하려 할 뿐이다.

개인적으로 유교 관련 경전을 읽으면서 가장 시간 낭비라고 생각된 부분이기도 했다. 이렇다 보니 지금까지 귀신에 대해서 정확한 정의를 내리지 못하고 안 좋거나 나쁜 것에 무조건 귀신이란 단어를 쓰기도 한다. 대표적인 예로 성경을 번역하면서 잘못 쓰인 경우다.

고린도전서 10장 20절에 귀신에게 제사 지내지 말라는 말이 있다. 이 부분의 원문을 찾아보면 귀신에 해당하는 헬라어는 '다이모니오이스', '다이몬' 등이고, 영어로 번역하면 'demon'이나 'devil'이다. 물론, 헬라어의 어원을 거슬러 가다 보면 다이몬은 영이나 신적 존재로 쓰여서 소크라테스도 자신 안에 다이몬이 있다고 말하기도 했지만, 후대에는 '악한 영'으로 변질되어 사용되었다.

그러나 그 당시 사용된 정확한 의미를 알기 위해서는 고린도라는 도시를 살펴봐야 한다. 그리스 문화권에 있었고 로마의 지배하에 있었던 고린도는 많은 그리스 신들을 섬겼는데, 이들을 숭배하는 축제가 얼마나 많이 있었겠는가. 바울은 이러한 신들을 우상으로 보았으며, 이러한 우상숭배를 하지 말라는 것이 핵심이다. 이 신들을 지배하는 존재가 사탄, 마귀, 악령이라고 생각했고 이러한 사탄, 마귀, 악령은 성경에 하나님께 대적한 천국의 근위병이자 타락한 천사들로 묘사되고 있다.

이러한 복잡한 사연은 뒤로한 채 단순히 '귀신'으로 번역해 버리니 어떠한 일이 발생했는가. 조선 후기에 들어온 천주교를 믿는 신자들은 제사를 우상숭배라 하여 거부했고, 제사를 거부하니 신주도 필요 없어 불태우고, 이로 인해 많은 사람들이 박해를 받고 목이 잘렸다. 현재도 개신교인들은 제사를 지내지 않는다.

신주는 밤나무로 만든 위패를 말하는데, 조상의 혼(魂)이 거처하는 집과 같다 하여 들락날락할 수 있도록 조그만 구멍을 뚫어 놓는다. 이것을 '혼 구멍'이라 한다. 그래서 "이놈. 혼 구멍을 내버리겠다"라고 하면 무시무시한 말이 되는 것이다.

민가에서는 작은 항아리 안에 위패나 볍씨 또는 쌀을 넣어두고 신주를 대신했는데, 이를 신주단지라 한다. 하지만 실제로 귀신이 신주나 신주단지에 머물지는 않는다. 종교적 상징이며 가스라이팅일 뿐이다.

이제 '귀신'이란 단어는 단지 죽은 자의 영혼으로 한정하는 것이 맞다고 본다. 육체가 없기 때문에 산 사람보다는 이동이나 정보를 취하는 데 용이한 이점이 있는데, 이런 점들 때문에 귀신이 사람보다 더 강력한 존재로 인식되어져 사람들에게 공포의 대상이 되기도 한다. 그러나 실제로 에너지 측면에서 보면 귀신은 사람에 비해 미약한 에너지일 뿐이다. 으쓱한 골목에서 귀신이 튀어나오는 게 무서운지, 사람이 튀어나오는 게 무서운지 비교해보면 금방 안다. 살아있는 사람이 훨씬 더 무섭다.

그리고 우리도 나중에 죽으면 귀신이 되기 때문에 귀신에 대해서 막연한 공포를 갖거나 미신의 영역으로 대할 필요가 없다. 개념을 정확히 알면 이해를 하게 된다.

10

경쟁

고등학교 시절, 내 딴에는 친하다고 생각한 친구에게 수학문제를 물어봤다. 그 친구는 정색을 하며 "너와 나는 경쟁자인데 왜 내가 알려줘?" 이러면서 휙 고개를 돌리고 가버렸다.

'경쟁자? 우리 친구 아니었어?'

나는 이때 큰 충격을 받았다. 철없이 살아왔던 나는 이 세상이 경쟁의 연속이라는 것을 이제서야 피부로 느꼈기 때문이었다. 주변을 돌아보니 학교는 그냥 좋은 대학을 가기 위해 서로 죽고 죽이는 경쟁자들이 모여있는 검투장의 대기실이었다. 갑자기 학교가 낯설어졌다. 그리고 자괴감이 몰려오기 시작했다.

'세상이 정말 이렇다고?'

집에 와서 TV를 켰다. '동물의 왕국'이란 프로그램이 나왔다. 사자가 영양을 잡아먹는 장면이다.

'강자가 약자를 잡아먹는 것은 자연의 이치인가? 인간도 동물이니까 어쩔 수 없는 것인가? 이 세상은 적자생존이고 약육강식의 세상이란 말인가? 그런가 보다. 내가 태어난 확률도 3억분의 1이니까. 태어날 때부터 우리는 타인과 경쟁을 하는 게 운명인가 보다.'

선생님들도 부모님도 인생은 경쟁이라고 했다. 약하면 도태된다고… 그런데 마음 한편에서는 마치 진리처럼 여겨지는 이러한 말들이 도저히 받아들여지지 않았다.

학창시절에는 공부엔 관심도 없고 오로지 기타만 치고 있었다. 그러나 내가 하고 싶은 것만 할 수는 없었다. 주변에서 대학이라도 나와야 사람 취급 받을 수 있다고 해서 가려던 실용음악과를 포기하고 지방에 있는 전기전자 관련 학과로 진학을 했다.

대학 졸업 후 대학원에 진학하고 직장생활을 해도 모든 것이 경쟁이었다. 연구원으로서의 회사생활은 거의 지옥이나 다름없었다. 타 회사와의 경쟁에서 살아남기 위해 일주일 밤을 새는 건 아무것도 아니었다. 신경성 위장염을 달고 살았고, 십수 년을 주말도 없이 일했다. 또한 주변 사람들은 서울대, 카이스트, 외국에서 박사과정까지 밟고 온 사람들이 수두룩했다. 이 사람들과의 경쟁에서도 이기려고 발악을 했다. 열등감 때문이었다. 남들은 별로 신경 안 쓰는데 내 속의 열등감이 날 잡아먹고 있었다.

초등학생이던 아들에게도 "넌 무조건 SKY를 나와야 돼. 인생은 정글이야." 이런 말까지 서슴없이 했다. 이런 삶을 살다가 문득 '아~ 이게 아닌데, 세상이 이렇게 아수라판이란 말인가? 세상 사람들이 모두 잘못 알고 있는 게 아닐까?'라는 의문이 자꾸만 들기 시작했다.

이런 와중에 회사에서 중요한 개발 프로젝트가 떨어졌다. 개발 1팀과 개발 2팀이 동일한 제품을 개발하고 그중 하나를 채택한다는 것이었다. 나는 개발 2팀장이었고 1팀장과도 친구처럼 허물없이 지내는 사이였다. 그런데 이 공고가 뜬 이후 개발 1팀장은 내게 말도 걸지 않았다. 선임연구원 자리를 놓고 벌이는 경쟁이라는 소문까지 돌았다. 아! 너무도 유치하고 싫었다. 같이 목숨 걸고 밤새 가며 동고동락했던 사람들을 모두 경쟁자로 돌려놓는 회사의 시스템이 맘에 들지 않았다.

한 달이 지나고 제품 발표날, 팀원들과 회사 경영진들이 모두 모였다. 1팀장의 발표가 끝나고 내 발표도 마쳤다. 결과가 비슷해서 내가 봐도 우열을 가리기 힘들었다. 경영진들도 같은 생각이어서 그런지 1팀장에게 단도직입적으로 물어봤다.

"1팀장은 어떤 게 더 나은 것 같아요?"

팽팽한 긴장감이 회의실에 감돌았다. 1팀장이 대답했다.

"이런저런 이유로, 제가 개발한 제품이 2팀에서 개발한 제품보다 더 좋은 것 같습니다."

"음, 그럼 2팀장 생각은 어떤가요?"

'아무리 우정이 깊고, 서로 동고동락했던 사이라도 경쟁은 경쟁, 내가 살려면 어쩔 수 없이 널 죽여야 해. 성능이 별 차이 없는데 너도 너 살려고 네 것이 더 좋다고 했잖아.'

"제 생각엔~"

회의실 안의 모든 사람들이 날 주목했다. 갑자기 고등학교 때 수학문제 좀 알려달라고 했다가 휙 고개를 돌려버린 친구가 생각이 났다.

"성능이 비슷하지만, 1팀이 개발한 방식이 제가 개발한 방식보다 더 좋아 보입니다. 이번 프로젝트는 1팀의 안으로 진행하는 게 낫다고 생각합니다."

일순간 회의실 안이 쏴한 적막감과 탄식의 소리, 눈알 굴리는 소리, 서로 얼굴을 바라보는 소리들이 들렸다. 내 팀원들은 눈이 똥그래져서 날 어이없다는 듯이 쳐다봤다.

그러나 기뻐할 줄 알았던 1팀장의 얼굴이 갑자기 일그러지기 시작했고, 경영진들의 얼굴은 어두워지며 살짝 탄식의 신음소리가 들렸다.

나의 뜻밖의 답변에 한때 나를 적으로 생각했던 1팀장은 괴로워했고, 경영진들은 '아 우리가 큰 실수를 저질렀구나'라며 탄식하는 것 같았다.

난 이 세상에 반항을 했을 뿐이다. 이 세상은 경쟁이 아니라는 것을 실험해서 증명하고 싶었다. 고생한 팀원들에게는 미안했지만, 책임은 내가 지면 된다.

제품은 1팀의 방식으로 양산이 되었고, 난 마음속으로 사직서 낼 준비를 했다.

'그래 세상은 내 생각과는 다르게 경쟁이 맞았어.'

씁쓸했지만, 내가 회사를 떠난다는 것보다 내 실험이 실패했다는 사실이 나를 더 힘들게 했다.

그런데 얼마 후, 1팀장이 갑자기 사표를 제출했다. 회사 임원진들은 어떻게 해서라도 이 친구를 잡으려고 했지만, 그 친구의 마음을 돌리지는 못했다. 나와 1팀장은 서로 끌어안고 울었다. 남자들끼리 서로 끌어안고 울어보기는 이번 생에 처음이자 마지막이었을 것이다. 30대의 낭만이랄까.

나는 선임연구원으로 승진했고, 임원진들은 연구소에서 이런 야만스러운 경쟁 시스템을 다시는 시도하지 않았다. 이때부터 이 세상은 경쟁이 아니라는 확신이 들기 시작했다. 세상을 바라보는 관점이 달라진 것이다. 협동을 해도 시원찮은데 경쟁이라니… 그리고 지금까지 알고 있었던 선입견에 대해서 다시 되짚어보기 시작했다.

지구상의 동물 중 사자 같은 육식동물은 3%밖에 되지 않는다. 즉, 약육강식이나 적자생존은 자연의 보편적인 진리가 되지 못하는 것이다.

과학적으로 오류가 있거나 가설인데 마치 증명이 된 것마냥 당연하게 여겨지는 것들이 있다. 대표적으로 우리가 태어나는 확률이다. 난자에 수정되기 위해 달려가는 정자의 수가 약 3억 마리 되는데 현미경으로 관찰하면 수정하기 위해서 서로 경쟁하는 것처럼 보인다. 결국 더 힘이 세고 양질의 정충이 마지막까지 살아남아 수정이 된다는 내용이다. 그러나 이 이론은 중대한 문제를 안고 있다. 이 논리가 맞다면 선천적으로 질병이 있는 아이들이 태어나면 안 되는 것이다. 오로지 우성의 건강한 아이들이 태어나야만 하는데 실상은 그렇지 않다.

따라서 우리가 태어날 때부터 3억 대 1의 경쟁률을 뚫고 태어난다는 말은 진실이 아니며, 한낱 가설에 지나지 않을 뿐이다.

다른 관점으로, 수정되어야 할 정자 하나를 위해 나머지 정자들이 길을 만들어 주고 세균에 대항해 희생하는 것으로 보는 것이 맞을 듯하다. 마치 미식축구에서 공 가진 사람이 목표를 향해 전력질주할 수 있도록 나머지 선수들이 길을 만들고 태클을 막아내는 것처럼 말이다. 이런 가설도 가능하게 된다.

우리 인생은 태어날 때부터 경쟁 속에서 태어난 게 아니다. 전생에 내가 지은 업(카르마)에 의하여 이번 생에 존재하는 것이고, 삶의 환경이 정해진다고 보는 것이 오히려 더 논리적이다. 전생의 기억이 지워지고 태어나는 원리가 아직 밝혀지지 않았을 뿐이다.

경쟁은 영어로 Competition이다. 여기서 Com이란 접두사는 '함께, 협동'의 의미를 갖고 있으며 서로 다독이며 간다는 의미로

라이벌이 아닌 파트너의 개념이 강하다. 한자 문화권에서 경쟁이란 겨룰 경(競)자와 다툴 쟁(爭)자로, 싸워 이겨서 쟁취한다는 의미를 갖고 있다.

경쟁은 스포츠에만 있어도 충분하다.

학교 다니는 아이들에게 있어서 친구는 경쟁상대가 아니라 영혼의 완성을 위한 파트너가 되어야 한다. 내 자신과도 싸워서 이기려고 하지 말아야 한다. 과거를 돌이켜보면 여기까지 오는데 수많은 사람과 경쟁을 통해 이겨서 온 것 같지만, 사실 나를 완성하는 데는 상대의 양보와 희생을 통해서 완성되어지고 성숙해진 것이다.

상대가 나를 이기려는 마음이 보이면, 경쟁에 집착하지 말고 상대를 인정해주고 기꺼이 양보해주어야 한다. 그것이 공덕이 된다. 이 공덕은 나중에 돌고 돌아 나를 완성케 해준다. 이 원리를 모르고 상대를 이겨야 한다는 집착에서 헤어나지 못하고 조급해지면, 감정에 휘둘려 일을 망치게 된다. 결국, 자기 욕심을 들킨 인물들은 모두 떨어져 나가게 된다.

죽으면 끝이라는 생각으로 이번 생에 승부를 보려고 조급해하지 말아야 한다. 현재 삶이 마음에 들지 않아 비관할 필요도 없다. 내가 희생해야 가족이 먹고 산다고도 생각하지 말아야 한다. 이걸 안 하면 죽음밖에 없다는 생각도 할 필요 없다.

내가 현재 이런 환경 속에 처해진 이유는 과거에 스위치를 눌러 선택해온 결과다. 이것이 운명이다. 운명을 바꾸려면 고요한 상태에서 마음속을 들여다보아야 한다. 마음속 깊은 곳에서 자연스럽게 올라오는 소리를 듣고 그대로 살면 된다. 사랑할 때 사랑하고, 정의로워야 할 때 정의로우면 된다. 생각과 감정에서 나오는 욕심의 스위치를 누르는 순간 운명에 끌려가게 된다.

경쟁보다는 배려와 양보, 베푸는 스위치를 눌러보자. 운명이 점점 바뀌어 가는 것을 느끼게 될 것이다.

세상에는 눈에 보이지 않는 어떤 절대적인 기준이 있다. 이 절대적인 기준을 발견한 사람은 이것을 기준 삼아 살면 된다. 이 절대적인 기준을 영(靈)이라 하며, '절대적인 사랑'의 의미를 갖고 있다. 혼(魂)의 난잡한 마음을 영(靈)의 절대적인 사랑에 튜닝하는 것이 '영혼의 완성'이다. 영혼의 완성에 상대와의 경쟁은 없다. 다만 혼자만의 길일 뿐이다.

11
여자아이

2009년 부천으로 이사 온 지 얼마 되지 않을 때였다. 집 앞에는 큰 공원이 있었고, 옆에는 소방서가 있었다. 아들은 유치원에 다니고 있었고, 주말이면 집 앞 공원에서 자전거 타는 법을 가르쳐주고, 팽이놀이도 했다. 하여간 남자아이와 놀아주는 건 여간 힘든 게 아니다. 평일에 놀아주지 못한 걸 주말에 한꺼번에 놀아줘야 하니 저질 체력인 나로서는 힘에 부치는 게 당연하다. 그날도 하루 종일 놀아주고 녹초가 되어 집에 들어왔었다.

그런데 바로 느낌이 왔다. 누군가 우리 집에 있다. 아마도 밖에서 같이 따라 들어온 것 같았다. 어린 아들을 키우는 입장에서 경계심이 매우 클 때였고, 누구든지 내 아들을 건드리면 가만두지 않겠다는 전투력이 고조되어 있던 때였다. 그것이 사람이든 귀신이든.

피곤하여 우리 가족은 잠이 들었고, 난 얼른 유체이탈하여 매의 눈으로 주변을 살피기 시작했다. 역시나 귀신이 있었다. 그것도 내 옆에 같이 누웠다 일어나기를 반복하는 4, 5살 정도의 여자 아이였다. 이 아이는 나를 아빠라고 부르며 내 옆에 누워서 재워달라고 칭얼거리고 있었다. 전투력은 온데간데없고 난처함이 엄습해왔다. 아이의 모습을 자세히 보았다. 맨발에 누추한 옷을 입고 머리는 헝클어져 있었다. 갑자기 가슴이 먹먹해지기 시작했다. 보아하니 밖에서 즐겁게 놀고 있는 우리를 보고 같이 집에 들어온 것 같았다.

분명한 것은 한 집에서 산 사람들과 망자는 같이 있어서는 안 된다는 것이다. 서로 살아가는 세상이 달라 접촉하면 서로에게 득이 될 게 없기 때문이다. 그런데 이 꼬마아이를 설득할 길이 없다는 것이 문제였다.

"넌 죽었어. 그러니 여기 오면 안 돼."

이렇게 말한들 꼬마는 자기가 죽었다는 걸 알지도 못하고 죽음의 개념도 모를 게 뻔했다. 나는 안절부절 못하다가 아이에게 말했다. 일단은 이 꼬마아이를 내 아이와 다른 장소로 분리해야만 했다.

"아가야, 아빠랑 거실에 나가서 같이 놀까?"

아이는 얼굴에 함박웃음을 지었다. 거실에는 아들이 가지고 놀던 장난감이 많이 있었다. 공놀이도 하고 블록으로 집을 쌓기도 했다. 장난감을 만지지는 못했지만, 그래도 혼자서 "이렇게 해볼까? 저렇게 해볼까?" 하며 신나게 놀았다. 사랑에 굶주렸다는 표현이 이런 걸 두고 한 말일까? 혼자 중얼거리며 노는 모습이 너무도 천진난만했다.

마음이 편치 못했다. 이제 내보내야 하는데 나를 계속 아빠라고 불렀다.

"아가야, 난 아빠가 아니야. 아저씨야."

슬슬 이제 가라고 말해야 하는데, 마음 같아서는 같이 키워볼까 잠깐 생각해보았지만 그럴 수 없음을 본능적으로 알고 있었다. 결국,

"아가야, 아저씨 되게 무서운 사람이야. 너 이제 밖으로 나가지 않으면 아저씨 정말 화낼 거야."

꼬마아이는 겁먹고 울려는 표정을 지었지만 어쩔 수 없었다. 목소리도 정말 화난 것처럼 하고 무서운 표정으로 대했다.

"너도 아까 아저씨 마음 알았잖아?"

나는 이렇게 치사해지고 있었다. 웃던 아이의 천진난만했던 모습은 온데간데없고 모든 걸 체념한 듯 서늘하게 날 쳐다봤다. 아이는 울먹이며 집을 나갔다.

난 한동안 멍하니 천장만 바라보았고, 마음이 너무도 편치 않아 잠도 오지 않았다. 저 아이도 내 아들처럼 즐거운 유년기를 보낼 수 있었을 텐데, 지식 키우는 부모로 너무 가슴이 아팠다. 다음날 눈물을 글썽이며 아내에게 말했고 힘들어하는 나를 보며 아내도

"어쩔 수 없잖아." 하면서 같이 눈물을 글썽였다.

16년이 지난 지금도 그때를 생각하면 슬프고 눈물이 난다.
'내가 더 잘해줄 수는 없었나? 다른 방법은 없었을까?'
이렇게 자책하면서. 저승사자가 있다는 것을 아는 지금이라면 이 아이를 데리고 저승사자에게 데려다줬을 텐데 하는 아쉬움과 미안함이 크다. 지금까지 수많은 유체이탈을 경험하고 많은 망자를 만났지만, 이때만큼 가슴이 아팠던 적은 없었다.

지금도 생각난다. 내 품에서 "아빠, 아빠." 하면서 안기는 모습이…

12
하얀 빛의 방

내 직업은 연구원이다. IT 관련 일을 20년 정도 해오면서 이 분야에 전문가란 말도 듣고, 어느 정도 내 일에 대한 자부심도 갖고 있다. 이제는 가끔이기는 하지만 몇 군데 업체에서 강의를 요청하는 곳이 있어 간간이 바람도 쐴 겸 나들이 삼아 강의를 나가기도 한다. 대부분의 내용은 IT 부품 개발이나 기술 동향에 관한 것이며, 이 분야 개발자나 종사자들을 위한 기술적인 정보가 주를 이룬다.

2011년 11월경 제약회사 산하 IT 관련 자회사에 특강이 있어, 전철로 이동하여 경복궁역에서 내리게 되었다. 광화문 주변은 한미 FTA 반대 촛불집회로 소란스러웠고, 이런 모습을 보니 불현듯 몇 년 전 광우병 집회에 참석했던 기억이 떠올랐다. 엔지니어의 삶을 사는 나로서는 밤샘과 야근을 자주하다 보니 시간을 내기가 쉽지 않은데, 바쁜 와중에도 주말마다 집회에 참석하며 불의한 정권을 보면서 울분을 참지 못했던 기억이 있다. 이 많은 사람들이 자신들의 소중한 시간을 내어 이곳까지 와서 온갖 고생을 하며 시위에 참석하는 이유는 무엇일까? 분명 개중에는 몇몇 낯익은 단체들도 보였고, 사적인 이익을 위해서 이 시위를 이용하는 사람들도 있었지만, 대부분의 사람들은 순수한 마음으로 이곳에 왔을 것이다.

큰 악이 눈앞에 있을 때는 그 모습이 너무도 선명하여 선과 악을 구분하기가 수월해진다. 그래서 그런지 이 상황은 악이라는 느낌이 강했다. 회사일이 바쁜 와중에도 꼭 무언가에 이끌린 사람처럼 광화문이나 시청에 갔었다. 아마도 어렵게 이룬 민주주의가 권력자의 욕심 앞에 무릎 꿇는 것 같아 미안함을 느꼈던 것 같다. 나를 부자로 만들어 줄 수 있다면, 후보의 도덕적 흠결은 큰 문제가 되지 않는 시기였다. 국민은 잠시 양심을 외면하고 욕심을 선택했다.

더욱 참담했던 것은 집회가 한창인 장소를 조금만 벗어나면 술 마시며 왁자지껄하는 사람들의 안줏거리로 전락하던 내 모습이었다. 내가 잘못된 판단으로 이 자리에 있는 것인가? 시위 현장은 시위하는 사람들과 전경들, 촛불과 물대포가 뒤섞여 혼돈 그 자체였지만, 한 블록 뒤로 가면 그런 태평성대가 따로 없었다. 술판이 벌어지면 그들은 시위를 구경하는 편안한 관객들이 되는 것이다. 이 괴리감은 한동안 나를 괴롭혔다. 아무리 다양성을 존중한다고 해도 이렇게 큰 차이가 있다는 것이 놀라웠다. 그들에게는 옳고 그름의 잣대가 없는 것인가? 내가 옳다고 생각하는 것을 그들은 틀리다고 생각하는 것일까?

어렸을 때부터 사고의 판단기준은 선과 악의 분별이었다. 부모님이나 학교에서 그런 방식으로 교육받아 왔다. 그러다가 중고등학교에 진학하면서 도덕이나 윤리 같은 과목이 있었지만, 학교생활의 현실은 그냥 약육강식이 지배하고, 인간의 치졸한 모습들만 보는 게 전부였다. 오로지 좋은 대학을 가기 위한 수단에 지나지 않았고 도덕이나 윤리는 그저 허울뿐이었다. 아니 시험점수를 얻기 위해 달달 외우는 것에 불과했다. 그리고 사회생활도 크게 다르지 않았다. 내가 동료를 밟고 앞서 나가거나 면피하는 데만 급급했다.

연구원이란 직업을 가진 후 나는 이 개발이 돈이 되는지, 얼마의 시간이 걸리는지만 따지는 마치 개발하는 기계처럼 개발 프로세스만 입력된 로봇 같았다. 내 머리는 이런 생각들로 가득 찼었고 그런 팍팍한 삶이 전부였다. 그러다가 나이도 어느 정도 들고 아이도 생기니 다시 선악에 대한 순수한 열정이 생기기 시작했던 것 같다. 그 당시 정부의 공정하지 못한 과정과 경제만 좋게 만들면 된다는 어이없는 정책들은 분명 악이라고 생각했다. 이런 생각들은 누가 시키지 않았는데도 주말마다 시위 장소까지 내달리게 만들었다. 그런데 지금은 내가 집회를 먼발치에서 바라만 보는 입장이 된 것이었다.

　착잡한 심경을 뒤로한 채 강의장소로 발걸음을 옮겼다. 걷는 동안 머릿속에는 선과 악이란 무엇인가? 선과 악을 나누는 기준은 무엇인가? 사람에 따라 선과 악의 정의도 달라지는 게 아닐까? 이런 생각들을 하며 마치 철학자가 된 것마냥 머리는 살짝 기울이고 골똘히 생각하는 모습에 도취된 채 약속된 장소로 발걸음을 옮기고 있었다.

　강의장소에 도착하자 낯익은 개발자들과 현장 관리자들의 모습이 보였고, 이내 담소를 나눈 뒤 사회자의 소개로 내 강의는 시작되었다. 이곳에 모인 사람들은 일반 청중이 아니고 각 업체의 대표 내지는 개발 책임자급들이었다. 서로 지금까지 개발해왔던 것들을 소개하며 정보를 교환하고, 앞으로의 산업 발전 방향 등을 토론하는 자리였다. 거북스러운 논문 발표장이 아니어서 강의를 하는 마음은 한결 가벼웠다.

　지금까지 발전해온 IT산업 전반에 대한 설명과 관련된 부품산업의 발전 방향, 그리고 20년 동안 개발했던 여러 제품들을 소개하고 개발 에피소드들을 얘기하면서 감회에 젖기도 하고 가슴 벅찼던 순간들이 떠오르기도 하였다. 내가 피땀 흘려 개발했던 자식 같은 제품들을 보고 있자니 감개무량하고 그저 행복할 따름이었다. 강의할 때는 청중들과 눈도 맞추고 시간도 확인하면서 진행해야 하는데, 내 행복감에만 취해서 2시간이 훌쩍 지나가는지도 모르고 있었다.

"이상으로 강의를 마치겠습니다."

벽에 띄워놓은 프레젠테이션 자료에서 눈을 떼고 사람들을 바라보았다. 그런데 내 앞에 기이한 현상이 펼쳐졌다. 청중들이 눈에 보이지 않는 것이다. 강의하는 중간 중간 보였던 그 청중들이 아무도 보이지 않았다. 사방이 하얀 방에 나 혼자 덩그러니 있는 듯했다. 어떤 소리도 들리지 않았다.

'여긴 어디지?'

누군가 있을 것 같아 이리저리 둘러보아도 적막하기만 했다. 마치 물속에 머리를 담갔을 때처럼 외부의 어떤 소리도 들리지 않았고, 어디를 둘러봐도 온통 밝고 하얀 방에 나란 존재만 있는 그런 느낌이었다.

의식적으로 몇 발자국 앞으로 가보았지만 미지의 세계에 나만 홀로 남겨진 상황이랄까? 그런데 무척 따뜻하고 포근한 느낌이 들었다. 처음에 당황했던 것도 잠시, 이내 나는 적응하기 시작했다. 차분한 마음으로 즐기듯 여기저기를 관찰하기도 했고, 이곳에 계속 머물고 싶다는 생각과 시간이 되면 더 주변을 돌아다녀 보고 싶은 생각도 들었다. 그 순간, '아차! 지금 강의 중이었지?' 이런 생각이 올라오면서 빨리 이곳을 나가야 된다는 조급함에 내 자신을 재촉하기 시작했다. 의도적으로 머리를 몇 차례 탁탁 치기도 하고, 고개를 좌우로 크게 흔들기도 했다. 억지로 나오려 하니 무척 괴롭고 힘들었다. 순간 화면이 어두워지면서 실내에 앉아있는 사람들이 보이기 시작했다. 다행이다. 청중들은 이런 나의 상황을 전혀 눈치채지 못하는 것 같았다. 내가 저 하얀 방에 머물렀던 시간은 적게 잡아도 10분 이상이었는데, 청중들을 보니 찰나의 시간이었나 보다. 이상하다.

"질문 있으신 분들은 질문하시기 바랍니다."

무사히 발표를 마쳤지만, 이 어리둥절한 경험은 한동안 나를 놓아주지 않았다. 그게 뭘까? 환각이나 환상인가? 환상이라고 하기에는 너무도 기억이 또렷하고 정신이 멀쩡했기에 도무지 알 수가 없었다. 꿈을 꾼 것도 아니고 술을 먹은 것도 아니었다. 복용하는 약이 있는 것도 아니어서 의구심만 더해지고 있었다. 무엇보다도 가장 걱정스러웠던 것은 강의 중에 이런 현상이 또 생기면 어쩌나 하는 생각이었다. 강사가 청중들 앞에서 당황하는 모습을 보이는 것은 가장 피해야 할 행동 중 하나이기 때문이다.

이 경험이 당혹스럽기도 했지만 생전 느껴보지 못했던 묘한 느낌이라 호기심을 떨쳐낼 수 없었다. 내게 벌어졌던 이상한 현상의 실마리를 찾기 위해 여러 날 동안 자료를 찾아 헤매기 시작했다. 정신분석학이나 심리학, 의학자료 등을 뒤지다가 우연찮게 불교신문에서 내가 겪었던 것과 비슷한 현상을 접하게 되었다. 불교용어를 보던 중 화두삼매라는 것을 보게 되었는데, 승녀가 오로지 화두에 집중하다가 집중하던 화두를 탁 내려놓으면 삼매에 든다는 것이었다.

내가 강의할 때로 돌아가 보면, 나의 집중은 내가 20년 동안 몸

담았던 분야에 대한 경험을 말하는 것이어서 뭔가 알고 싶을 때나 공부할 때의 그런 평범한 집중이 아니라, 그냥 행복감 그 자체였다. 내가 좋아하고 행복한 일을 하는데, 그 사이를 비집고 들어올 어떠한 잡념도 있을 수 없는 그런 집중이었다. 그리고 강의가 끝났을 때, 바로 이상한 체험이 시작되었기 때문에 내가 경험했던 것이 바로 삼매라는 것을 알 수 있었다.

삼매(三昧)란 산스크리트어 '사마지'를 음역한 말로 한 대상을 상대로 집중하는 나와 그 대상, 그리고 그 사이에서 일어나는 마음이 세 가지가 일체가 되고 나아가 그 세 가지 모두를 잊게 되는 경지를 말하는 것으로, 일반적으로 독서삼매나 삼매경과 같은 말로 쓰인다. 완전히 하나에 몰두해 깊은 명상에 잠긴 무아상태를 일컬어 흔히 '삼매경(三昧境)에 빠지다'라고 하며, 불교 정신수행의 절정으로써 염불, 간화선, 위빠사나 등 모든 수행법의 기본이 된다. 선정(禪定)삼매, 독경(讀經)삼매, 염불(念佛)삼매 등 스님이 어떤 수행에 몰두하고 있는 모습 또는 그 경지를 말할 때도 쓴다.[3]

지금까지 살아오며 종교나 철학에 관심도 없었고 오로지 과학만이 진리이고 과학적 사고만이 인간을 인간답게 해주는 것이라고 믿었던 나였다. 내겐 과학이 종교였던 셈이다. 종교서적의 모호한 설명이나 증명 불가능한 내용들에 오로지 믿음만을 강제적

---

3   불교신문 3209호 / 2016. 6. 15.

으로 요구하는 문화는 나랑 맞지 않았고, 철학서적의 어려운 개념의 조합들은 도무지 머릿속에 이해되지 않는 불쾌한 경험만을 줄 뿐이었다. 논리를 가장한 형이상학의 애매한 개념은 내가 제일 경멸하는 부류이기도 하다. 반면에 과학서적이나 논문은 간결하고 명쾌하다. 가설-실험-증명의 단계를 거치며 데이터들이 결론을 말해주기 때문이다. 또한 그 한계까지 정확하게 짚어주기에 인식하기 쉽고 깔끔하기 그지없다. 논리적이고 합리적인 가설의 전개는 일종의 카타르시스까지 주기도 한다. 이렇듯 언제나 이성적인 생각만을 신봉하며 그런 훈련을 받아왔던 내게 이런 기이한 체험은 나를 엄청난 혼란과 충격에 빠뜨렸다. 내가 체험한 것이 흔히 불교에서 말하는 해탈이고 열반이란 것인가?

   2011년도의 이 기묘한 체험은 내가 그동안 터부시하던 종교 분야의 연구를 하게 되는 계기가 되었다. 유체이탈과 귀신 연구만으로도 벅찬데 열반에 대한 연구라니…

   어쨌든, 연구의 첫 번째 순서가 바로 자료수집이다. 해탈, 열반 이런 단어들을 우선적으로 추려서 종류별로 분류하고 공통점과 다른 점 등을 정리하기 시작했다. 그러나 접근이 쉽지만은 않았다. 왜냐하면 열반이란 개념을 알기 위해서는 수많은 불교용어를 공부해야 하고, 불교용어를 이해하기 위해서는 불교를 공부해야 했다. 또한, 대부분 한자로 되어 있어서 여간 번거로운 게 아니었다. 생소한 단어들이 즐비한데 시대마다 선사마다 부르는 명칭이 달라지고 변형되기 일쑤였다. 대부분 인도에서 유학한 선승들이 한자로 번역한 책들이라 원래 언어를 찾아가다 보면 팔리어나 산스크리트어를 만나게 되고 공부는 지지부진해지기 시작했다. 불교 경전을 공부하려면 불교 역사도 알아야 했다. 부처님 살아계실 때의 초기 불교와 부처님 사후 부파불교, 대승불교, 중국에서 유행한 선불교까지 공부의 양이 너무 방대하여 쉬이 지치곤 했다. 그러나 내겐 첫 만남의 경험이 있었기 때문에 탐구의지를 계속 유지할 수 있었다.

그러다 얼마 후, 이 기묘한 체험과 다시 만날 수 있게 되었다. 그날은 초등학생인 내 아이의 곤하게 자는 모습이 너무도 평안하고 사랑스러워 내 품에 안고 잠깐 눈을 감았는데, 강의할 때 만났던 그 기묘한 체험을 다시 하게 되었다. 너무 놀라기도 하고 다시 만났다는 반가움에 황홀하기까지 하였다. 이러한 만남들이 간간이 지속되면서 좀 더 장시간 그곳에 머물러 있기를 소망하게 되었고, 내 공부도 점점 진도를 높여갈 수 있게 되었다.

바쁜 와중에도 시간을 내어 의자에 앉아 명상이라는 것도 해보고 누워서도 해보면서 일정하게 하얀 빛의 방에 도달하는 나를 발견하게 되었다. 이 하얀 방은 언제나 일정했고 고정되어 있어서 찾기가 수월했다. 중요한 것은 하얀 방에 가겠다는 일념이 강하면 바로 갈 수 있었고, 잡념이나 주변이 시끄러우면 도중에 포기했던 경우도 많았다. 그러던 어느 날 명상 중에 갑자기 이마에서 퍽 하는 소리가 들리면서 무엇인가가 터지는 듯한 느낌이 들었다. 당황하여 얼른 명상에서 나와 이마를 만져보았다.

'이마 속에 힘줄이라도 터진 건가?'

누군가 방망이로 세게 내 이마를 강타한 것만 같았다. 불안하기도 했고 놀라기도 했지만, 이내 미간 바로 윗부분이 시원해지면서 몸 전체로 어떤 기운이 퍼지는 듯한 낯선 현상이 신기했다. 이 현상은 그 뒤로 한 번도 나타나지 않았지만 이 기억은 아직도 선명하다.

그런데 내가 경험한 이 신비한 체험들이 아무리 황홀하고 신기해도 이것은 그냥 나만의 체험이지 다른 사람과 공유할 수 없다는 것을 깨닫기까지 그리 오랜 시간이 걸리지 않았다. 왜냐하면 이 경험을 설명하기가 곤란했기 때문이다. 차라리 귀신 이야기를 하면 호기심이라도 가질 텐데 밑도 끝도 없이 밝고 하얀 빛의 방에 가서 황홀하게 있다가 왔다고 하면, 듣는 이들에겐 재미도 없고 감동도 없는 단순한 나의 환상 이야기로만 들릴 뿐이었다. 체험이 없는 사람들에겐 그저 뜬구름 잡는 이야기이다. 그럴싸한 비유를 들어도 듣는 이들의 상상력만 자극할 뿐이었다.

13
할머니와의 만남, 2012년

내가 스무 살 때 돌아가신 친할머니와의 만남이 언제부터였는지 정확한 기억은 없다. 학업 마치고 결혼해서 아이 낳고 회사일로 정신없이 바쁘게 살다 보니 10년이 훌쩍 지나버렸다. 아마도 30대 이후인 것 같다. 할머니와는 기제사, 추석, 설날 이렇게 1년에 세 번 만날 수 있었다. 제사 지내기 전날 부모님 집에서 하룻밤 자는데 대부분 이날 유체이탈 후 만나서 안부를 여쭙고 이런저런 이야기를 나눴다. 명절 때마다 만나다 보니 돌아가셨다는 사실을 잊고 있을 때도 있었다.

한 번은 추석 때 할머니께 로또번호를 알 수 있냐고 호기심 반 장난 반 여쭤보았다. 할머니는 로또번호가 뭐냐고 물으셨다.

"옛날 주택복권 같은 건네 당첨되믄 훨씬 많은 돈을 줘요."

할머니는 덤덤하게 말씀하셨다.

"그래 내가 다음에 올 때 알아보마."

호기심으로 여쭤본 건데 할머니는 다음 만남 때 알려주신다고 하니 갑자기 심장이 뛰기 시작했다. 30대에 접어드니 아이들이 한창 커가고 집도 장만해야 하는 시기여서 돈에 많이 허덕임을 느끼게 되었다. 밤새가며 죽도록 일해봤자 쥐꼬리만 한 월급으로는 변변한 집 한 채 장만하기도 힘들 때다. 뉴스에서 조상님 꿈을 꾸거나 돼지꿈을 꾸고 로또가 당첨되었다는 사람들을 볼 때마다 부러웠는데, 이제 내가 당첨의 주인공이 될 수 있다니 설레면서도 과연 이런 방법이 통할까? 라는 의문이 들기도 했다. 그러나 무엇보다도 조상님이 꿈에 나오는 번거로움을 없애고 이렇게 유체이탈을 이용해 직접적으로 만나서 로또번호를 받을 수 있다는 것이 신기하기만 했다.

몇 달 후, 기제사 전날 할머니를 만났다. 할머니는 숫자 네 개를 알려주셨다.

"아니 할머니, 숫자 여섯 개를 알아야 해요."

할머니는 로또번호가 여섯 개의 숫자가 있어야 되는지 모르시는지 더 이상 말씀을 하지 않으셨다. 하여튼 중요한 것은 네 자리 숫자라도 과연 맞느냐는 것이었다.

그 주 로또번호가 발표되었다. 정확하게 할머니께서 알려주신 숫자 네 개는 맞았다. 나는 흥분을 감출 수 없었다. 이렇게 정확하다면 다음 기회에 숫자 여섯 개를 받으면 되니까 말이다. 아쉬웠지만 다음 명절을 기다릴 수밖에 없었다.

한 해가 넘어가고 설날이 되었다. 다시 할머니를 뵙고 로또번호를 요청드렸는데 할머니의 표정이 편치 않아 보였다.

"완비야, 이제 이런 거는 내게 부탁하지 말거라. 간신히 숫자 네 개는 알아냈는데 더 이상은 안 되는구나."

할머니께서는 무척 곤혹스러워하셨다. 뭔가 내가 알지 못하는 사정이 있으셨던 것 같았다. 아! 내 욕심이 너무 과했다. 할머니께서 말씀은 안 하시지만 표정과 느낌에서 단호함이 느껴졌다.

'명절과 제사 때만 오시는 할머니는 도대체 어디에 살고 계신 걸까?'

문득 이런 생각이 들었다. 사후세계? 하늘나라? 영계? 뭐라 부르던 그곳은 지상의 대소사를 모두 알고 있는 것 같았다. 마치 미래의 로또번호를 알려주듯이. 하여튼 그곳에서 할머니는 손자에게 어떻게 해서든지 도움을 주려고 엄청나게 노력하셨던 것 같았다. 아는 사람들을 총동원해서 로또번호에 대해서 수소문을 하셨고, 기필코 네 자리까지는 알아내셨던 것이다. 하여튼 말할 수 없는 곤욕을 치루시게 한 것 같아 죄송한 마음이 들었다.

차례를 지내고 식구들이 모두 모여서 식사를 하는 중에 막내삼촌이 불쑥 말을 꺼냈다.

"이, 글쎄 저번에 엄마가 꿈에 나와서 로또번호를 일러줬어요. 종이에 적어줬는데 숫자 네 개는 기억이 나는데 나머지 두 개 숫자는 없었던 건지 잘 안 보이더라고요. 그런데 엄마가 적어준 숫자 네 개는 다 맞았어요. 하하…"

가족들은 다들 신기하다고 입을 모아 말을 했다. 나는 속으로 할머니를 생각하면서 웃음이 나왔다.

'할머니도 참! 내게만 알려준 게 아니었어? 손자도 중요하지만 막내아들도 중요하시겠지.'

그래도 조금은 섭섭했다. 막내삼촌은 동남아에서 사업을 해서 그래도 사는 게 괜찮았지만 나는 아직 기반을 잡지 못했기 때문에 더 간절했나 보다. 그래서 그런지 내 욕심의 끝이 보이지 않았다. 그날 밤 난 할머니께 주식이 크게 오를 종목을 찍어달라고 요청드렸다. 할머니께서 난색을 표하셨다면 그냥 포기하려고 했으나 할머니께서도 로또건 때문에 미안했는지 선뜻 승낙을 하셨다.

약 7개월이 지나고 추석 때 만난 할머니는 종목을 말씀해주셨다. 그것도 한 번 오르면 크게 오르는 대선 관련주였다. 지난 대선 때는 '이○○영'이란 회사가 대통령 후보자와 어떤 관계가 있다 하여 수십 배가 올랐었는데, 이제는 내게도 이런 기회가 찾아온 것이었다.

추석 당일 아침 동생에게 할머니께서 주식 종목을 찍어주셨다고 자랑했다. 동생은 놀란 눈으로 내게 말했다.

"나도 꿈에 할머니가 나와서 종목을 알려주셨어."

"진짜로? 이야 신기하다. 첫 글자만 알려줘 봐."

"대."

"헉! 진짜네. '대○○이택'이지?"

"맞아!"

우리는 너무 신기하고 감동해서 서로 쳐다보며 맞장구를 치고 즐거워했다. 로또번호와 마찬가지로 꼭 내게만 알려주시는 게 아니라는 것을 알았다. 값진 정보는 나눠야 하니까.

난 기쁜 마음으로 내가 아는 사람들에게 이 종목을 떠벌리고 다녔다. 속으로 한 10배 정도는 오를 것이라고 생각했고 2배 올라도 팔지 않았다. 왜냐하면 돌아가신 할머니께서 알려주셨다는 것 자체가 얼마나 드라마틱한가? 그리고 이런 일을 내가 해냈다는 자부심 같은 것들이 날 우쭐하게 만들었기 때문이었다. 그런데 얼마 있다가 그 종목의 주가는 다시 제자리로 왔고, 좀 더 있다가 다시 2배로 올랐다. 이러기를 몇 번 반복하더니 결국은 한없이 바닥을 파면서 떨어지고 말았다. 결론적으로 난 손해를 보고 손절을 해야 했다.

다음 명절에 할머니께 하소연을 했다.

"완비야, 내가 주식을 아니? 난 잘 몰라. 내가 아는 분 중에 살아있을 때에 주식을 많이 했던 분에게 물어보니 그분이 이 종목을 알려준 거야."

그세야 난 깨달았다. 저승에서도 정보를 가져오는 데 한계가 있다는 것을… 더 높은 사람에게 물어봤으면 미래의 정보를 가져올 수 있겠지만, 그런 것은 금지되어 있는 것 같았고, 할머니께 다시 요청드리는 것도 너무 죄송해서 할 짓이 아닌 것 같았다. 지금 돌이켜 생각해보면 내가 이번 생에 벌 수 있는 재산이 정해져 있다는 저승사자의 말이 맞는 것 같다. 만약 이런 방법이 통했다면, 지금 나는 많은 돈을 벌었을 것이다. 할머니 입장에서는 손자를 위해 사후세계에서 좀 높은 지위에 있는 사람들에게 어려운 부탁을 하셨을 테고, 주식을 잘 아는 사람을 수소문하느라 힘드셨을 것이다. 참으로 내가 바보 같다고 느껴졌고 할머니께 너무 죄송하다는 생각만 들었다.

그리고 더 황당한 것은 내가 종목을 알려준 사람들은 모두 2배 이상을 벌었다며 내게 감사의 말을 전한 것이다. 그중 한 명은 주가가 2배 오르면 팔고, 다시 제자리로 오면 사고, 또 2배 오르면 팔았다며 다음에 또 할머니께 여쭤보고 알려달라고 했다.

"하하. 나도 2배 먹었으니 이제는 그만하려고요…"

나만 손해봤다고 말하기가 창피했다.

14
할머니와 막걸리, 2015년

집과 회사는 멀지 않아 걸어서 출퇴근을 한다. 업무 특성상 퇴근이 늦기 때문에 출근도 거의 오후에 한다. 출근길에는 분식집 사장님에게 인사하고, 옷가게 사장님과도 인사하고, 구둣방 할아버지가 키우는 잡종 똥강아지를 쓰다듬고, 이러면서 느긋하게 출근한다. 똥강아지의 순진무구한 눈망울이 좋다.

"할아버지, 강아지 이름이 뭐예요?"

"오백이."

"왜 오백이에요?"

"내가 친구에게 오백 원 주고 데려왔어."

그날도 평범한 하루였다. 이런저런 집무를 끝내고 저녁식사를 하고 나니 졸음이 몰려왔다. 살짝 눈을 감고 비몽사몽 몽롱한 상태를 즐기고 있을 무렵 갑자기 할머니의 다급한 목소리가 들렸다.

"완비야, 나 좀 봐라."

"어? 할머니께서 명절도 아닌데 어쩐 일이세요?"

평소 명절이나 제사 때만 오시던 할머니께서 갑자기 찾아오신 것이었다. 비몽사몽 가유체이탈 상태에서는 옆에 망자들이 오면 바로 유체이탈이 된다. 할머니는 언제나 온화하고 유머러스하셨는데, 이런 모습은 온데간데없고 다급하고 안절부절 못하는 모습이셨다.

"내가 지금 급하게 내려와서 많은 얘기는 못하고 얼른 네 엄마에게 전화해봐라. 그리곤 빨리 해결 좀 하라고 해."

"뭘 해결해요? 좀 자세히 말씀해주세요."

"일단 전화 먼저 해봐. 그럼 알아. 아이고 나 가야겠다. 꼭 전화해?"

큰일이 났다고 생각하여 잔뜩 긴장하면서 꿀잠을 포기한 채 엄마에게 전화를 걸었다.

"엄마, 집안에 무슨 일 있어?"

"허이고 참내. 말도 마라. 네 작은삼촌 내외가 막내삼촌 집에 쳐들어가서 악다구니를 쓰고 왔다는구나."

"네? 그게 무슨 소리예요?"

얘기를 들어보니 사정은 이러했다. 막내삼촌은 동남아에서 사업을 하는데 작은삼촌에게 투자를 권했던 것이었다. 그리 큰돈은 아니고 이천만 원 정도였다. 그런데 일이 잘 안 되었는지 작은삼촌 내외가 막내삼촌도 없는 집에 가서 돈 내놓으라고 생난리를 피웠던 것이다.

그 집에는 숙모와 고3인 큰아들만 있었고, 숙모와 고3 아들은 영문도 모른 채 황당한 꼴을 당하고 만 것이다. 막장드라마에서나 보던 상황을 막내삼촌 가족들이 당하니 큰 충격을 받았나 보다.

이제야 할머니께서 다급하게 내려오셨던 이유가 이해되었다. 할머니 입장에선 두 아들이 돈 문제로 크게 싸웠고 형제간에 문제가 되리라는 걸 걱정하셨던 것이었다. 난 엄마에게 할머니께서 오셨던 일을 설명했고, 얼른 엄마가 다 전화해서 해결하라고 했다.

엄마는 두 시동생들의 싸움에 말려들고 싶지 않아 했다. IMF 때 있었던 복잡한 감정들도 있었고, 굳이 시동생들의 집안일에 끼어들고 싶지 않았을 것이다. 또한, 끼어든다는 일 자체가 무척 부담으로 다가왔던 것 같았다.

"할머니를 생각해봐. 얼마나 걱정되면 그렇게 긴박하게 오셔서 내게 말씀하셨을까. 그것도 엄마를 콕 집어서 해결하라고 했으니…"

"할머니는 왜 너한테만 오신다니? 어휴~ 알았어. 기다려봐. 내가 아빠에게 말해볼게."

엄마는 아버지를 설득해서, 형제들끼리 만나서 해결할 수 있도록 아버지가 중간에서 중재하라고 당부하셨다. 아버지는 해외에 있는 **막내삼촌**을 불러들이고 둘째삼촌도 오게 해서 중재를 하셨다. 돈은 언제까지 갚기로 하고, 큰돈도 아닌데 어린 조카가 있는 집에 갑자기 쳐들어가서 그렇게 하는 건 사람으로 할 짓이 아니라고 따끔하게 혼내기도 하셨단다. 하여튼 이 일은 이렇게 잘 마무리가 되었다.

그러나 표면적으로는 잘 마무리된 듯 보였지만, 식구들 간에는 감정의 앙금이 남아 더 이상 전과 같은 관계를 회복하진 못했다.

하여튼, 이렇게 마무리되고 얼마 지나지 않아 할머니가 또 오셨다. 표정은 그때의 다급했던 모습이 아니었고 온화한 미소를 머금고 계셨다. 그리고 손에는 주전자와 양은그릇이 들려있었다.

"완비야, 수고했다. 내가 고마워서 네게 술 한 잔 주려고 왔다."

"제가 했나요? 엄마가 다 했죠. 그런데 걱정이에요. 제사 때 삼촌만 오고 식구들은 이제 오지 않을 것 같아요."

"할 수 없지. 어이구, 그놈의 돈이 뭐라고 쯧쯧쯧… 아휴, 그 녀석은 왜 그런지 모르겠다."

할머니는 내게 막걸리를 따라주셨고 나는 기쁜 마음으로 벌컥 들이켰다. 그런데 술맛이 예상과 달리 너무 밍밍했다.

"앗! 할머니 술맛이 왜 이래요? 막걸리에 물 탔어요?"

"그냥 막걸리라고 생각하고 마셔~"

하여튼 영혼체 상태에서는 맛으로 뭘 느낀다는 것은 부질없기만 했다. 할머니와 나는 이런저런 얘기를 나누었고 즐거운 시간을 보냈다.

이 일을 계기로 가족들 간에 싸움이 나면 영계에 계신 부모님이

나 가족이 힘들어한다는 것을 처음 알게 되었다. 그래서 직계가족은 물론 형제자매들과도 특히, 돈 문제로는 절대로 갈등이 생기지 않으려 노력하고 있다. 그런데, 영계의 술맛이 왜 그런지는 아직도 모르겠다. 육체가 없는 상태로 마셔서 그런 건지 아니면 영계에는 술이 없는 것인지 모르겠다. 천국엔 맥주가 없다는 말이 생각났다.

어느 날 동생이 전화를 걸어왔다.
"오빠, 오백만 꿔줘 봐."
"뭐하게? 또 주식하게? 야, 오백이 동네 강아지 이름인 줄 아냐? 넌 아직도 정신 못 차리고 단타만 하고 있냐? 어휴~"
동생은 직장을 그만두고 전업투자를 한다며 가진 돈을 몽땅 날리고 부모님 집에 얹혀살고 있다. 아직 결혼도 안 하고 완전 폐인처럼 지내고 있다. 방에는 온갖 신기한 영성 책들이 많은데, 여동생에게 영성은 돈을 끌어당기는 데 쓰는 수단일 뿐이었다.
돈 문제로 형제와 갈등이 되는 것이 싫었다. 일단 오백만 원을 쓰려면 아내의 결제가 필요했다. 우리 부부는 20만 원 이상 써야 할 때 서로 합의하도록 약속을 했기 때문에 아내에게 사실대로 얘기했다. 최대한 오백이의 순진무구한 눈망울을 한 채…
"그 돈 꿔주고 받을 생각하지 마. 못 받을 거라는 거 알지? 그리고 그 돈 다 날리면 알바라도 하라고 해."
아내는 내 마음을 다 알고 있었다. 의기양양하게 동생에게 전화를 했다.

"야, 내가 이 돈이 아까워서 그러는 게 아냐(아까웠다). 난 네가 이 돈도 다 날릴 걸 알아. 이건 너도 알고 나도 아는 것이지. 계좌 찍어라."

여동생은 지금 열심히 알바를 하고 있다.

하여튼 직계가족, 형제자매 간의 사이가 좋아야 한다. 특히나 돈 문제나 유산문제로 싸움이 나서는 안 된다. 영계에 계신 부모님이나 가족들이 많이 걱정하기 때문이다. 그리고 살아 계신 부모님과도 싸우면 안 된다. "내가 어릴 때 나한테 왜 그랬어?" 하면서 나의 한을 얘기해봤자 소용없다. 부모님이나 형제도 나름의 카르마가 있기 때문에 살짝 지적만 하는 선에서 끝내야지 직접 교정하거나 수정하려 들면 사단이 나고 만다. 내가 아무리 카르마를 잘 안다고 해서 다른 사람들의 카르마를 고치려 하지 않는 이유다.

15
검은 방, 2015년

2010년경 여러 가지 이유로 다니던 직장을 그만두고 조그맣게 창업을 했다. 초기 자본이 없어 기술 하나만 믿고 상가 건물에 10평 남짓한 작은 사무실을 얻었다. 그냥저냥 입에 풀칠할 정도는 되었지만 내가 지금까지 쌓아온 모든 것을 걸어야 한다는 점이 엄청난 중압감으로 다가왔다. 직장에서 꼬박 꼬박 받는 월급에 만족하면서 회사라는 거대한 온실 속의 착한 식물처럼 살다가 갑자기 야생에 버려진 새끼 고양이 같은 심정이랄까. 처음 시작한 창업은 불확실성의 연속이어서 언제 어디서 어떤 문제가 터질지 모르는 시한폭탄을 안고 사는 불안한 날의 연속이었다. 그 하얀 방과의 만남이 있은 후, 이런 두려움에서 벗어나는 유일한 길은 그 하얀 방에 가는 것뿐이었다. 평소 심리상태가 번잡하고 두려운 마음 때문인지는 몰라도 명상을 한다고 무조건 하얀 방에 도달하는 것은 아니었다. 성공보다는 실패가 훨씬 많았지만 실패를 했어도 명상이란 행위를 하는 것만으로도 심신의 안정감을 얻을 수 있으니 그것만으로도 만족하곤 했다.

그렇게 몇 년이 흘러 사무실도 50평대로 이사하고, 사업도 안정 궤도에 들어서면서 창업 초기 우왕좌왕할 때보다는 여유도 조금 생기고, 마음에서 안도감과 편안한 느낌이 차지하는 비율이 많아지고 있을 때였다.

그날은 시간만 끌던 프로젝트가 드디어 성사되고 첫 발주서를 받은 날로 무척 기쁘고 들떠 있던 날이었다. 흐뭇한 미소를 머금은 채 혼자 사무실 이곳저곳을 돌아다니고 있었다. 사람들이 없는 빈 생산라인 의자에 앉아 지금까지 정신없이 달려온 몸과 마음을 쉬며 멍하니 바깥을 바라보고 있었다. 순간 '눈을 감고 오랜만에 그 하얀 방에 갈 수 있는지 시험이나 해볼까?' 하는 마음이 생겨 멍한 상태에서 눈만 살짝 감고 있었다. 오랜만에 진동이 느껴지기 시작했다. 정수리에서 시작된 진동은 마치 그라인더로 쇠를 절단하는 날카로운 소리 같기도 했고 모터가 돌아가는 소리 같기도 했다. 머리 전체가 진동으로 흔들리고 이제는 몸으로까지 전달되어 내 몸 전체가 흔들리기 시작했다. 매번 느끼는 거지만 이럴 때마다 당혹스럽다. 고민했다.

'몸 밖으로 나갈까? 에이, 나가서 뭐하게?'

잠깐 유혹이 찾아왔지만 이내 마음을 추스르고 빛을 보겠다는 일념만 남겨두었다. 진동이 잦아들기 시작했다. 다행이었다. 계속해서 멍한 상태를 유지했다. 어떠한 생각도 느낌도 올라오지 않았다. 이렇게 몇 분이 지난 후, 수면 아래에 있던 내 의식에 무언가가 잡히기 시작했다.

빛이다. 갑자기 밝아지기 시작했다. 어두운 밤 홀로 좁은 골목을 지나갈 때 맞은편에서 들어오는 자동차의 라이트 불빛처럼 밝은 한 줄기 빛이 보이기 시작했다. 그 불빛은 날 비추고 있었고 우린 서로 대치상태에 들어갔다. 내가 피하던지 그 불빛이 날 덮치던지 둘 중 하나를 선택하라고 강요하는 것 같았다. 그 빛은 내가 충분히 바라볼 수 있는 정도의 밝기였고 은은했지만 강렬했다.

'휴~ 다행이다. 언제나 그곳에 있었구나!'

안도감이 밀려왔다. 언제나 이 빛의 찬란함은 변함없이 이곳에서 날 기다리고 있었다. 그리곤 익숙하게 그곳으로 들어갔다.

황홀감이 올라오기 시작했다. 내가 저 빛을 찾은 게 아니라 저 빛이 날 찾아서 바라보고 있는 것 같았다. 마치 내가 선택받은 사람이라는 신호를 주는 것 같았다. 그리고 내 의식을 그 밝은 빛 안쪽으로 확 뻗자 그 빛 안에 내가 들어가 있음을 알게 되었다. 하얀 방에 도착한 것이다. 예전에 느꼈을 때처럼 외부와 단절되어 어떤 소리도 들리지 않았다.

이곳에 들어오자마자 내 의식이 끊어졌다. 잠시 후 서서히 의식이 살아나기 시작했다. 무척 충격적이다. 내 의식이 끊어졌던 이 찰나의 시간에 나는 어디에 있었던 것일까? 분명 이 하얀 빛의 방에 들어온 것을 기억하는데 그 들어온 순간이 떠오르지 않았다.

　이곳을 방이라 표현했지만 이 방의 경계를 찾을 수 없었다. 온통 새하얗고 밝기만 했다. 그냥 나 혼자 덩그러니 있는 것이다. 사방이 온통 밝기 때문에 나 혼자 있다는 적막함이 두려움으로 다가왔다. 태양빛을 받을 때의 따뜻함은 없지만 엄마 품처럼 포근했다.

　처음 이곳에 왔을 때는 이런 경험이 난생처음이어서 당황하고 어리둥절하기만 했다.
　'꿈일 거야. 그래, 자각몽 같은 것이겠지?'
　그러나 끊어졌던 의식이 되살아나고 반복적으로 고정된 이곳에 오고부터 확실히 알게 되었다. 이것이 실재라는 것을. 이곳은 광명(光明) 그 자체였다.
　이제는 여유가 생겨서인지 가도 가도 끝이 없을 것 같은 이곳을 의식적으로 둘러보고 아주 깊숙이 들어가 보았다. 그러자 작은 검은 점이 보였고, 이 검은 점에서 하얀 빛의 방이 만들어졌음을 직감으로 알게 되었다. 나는 이끌리듯 그 검은 점을 향해 다가갔고 가까이 갈수록 그 점은 커지기 시작했다. 밝은 빛은 점점 내 의식 뒤로 사라져 갔고, 나는 그 검은 점 속으로 들어갔다.

　검은 방이었다. 두려움이 몰려오기 시작했다. 이곳은 정말로 텅 비어있어서 아무것도 없었다. 하얀 방은 빛으로 가득 채워진 느낌이라면 이곳은 정말로 아무것도 없는 공허의 방이었다. 사방이 온통 새까매서 하얀 방에서와 마찬가지로 상하좌우 전후와 같은 공간개념이 없었다. 내 의식 뒤에서 빛은 계속해서 비추고 있다는 것을 알고 있었다. 이 빛과 멀어져 깜깜한 공간 앞으로 다가가면 완전한 검정색이 되고 뒤로 물러나 빛과 조금 가까워지면 투명한 검정색이 되었다. 빛의 광도를 조정하면 검정색도 여러 가지가 있다는 것을 알게 된다. 그런데 뭔가가 보이기 시작했다. 먼지였다. 먼지 하나가 둥둥 떠다니고 있는 것이었다. 이 텅 비어있는 공간에 이런 먼지 하나마저 너무나 반가웠다. 빛에 반사된 먼지는 미세하지만 나름대로 은은하면서 찬란한 빛을 띠고 있었다. 이 검은 방 바깥의 하얀 방에서 오는 빛에 반사되어 먼지의 존재가 나타난 것 같았다. 마우스를 움직여 커서를 이동시키듯, 이 먼지를 내 의식의 눈앞에 가져다 놓았다.

나는 이 먼지를 뚫어져라 바라보았다. 그 순간 이 먼지는 갑자기 조금씩 커지기 시작하는 것이었다. 처음엔 탁구공만 해지더니 이내 사과만큼 또 큰 수정구슬만큼 커졌다. 너무도 신비스러워 그 안을 들여다보았다.

그리고 이내 그 안이 보이기 시작하면서 갑자기 스크린이 켜지고 어떤 영상이 나오기 시작했다. 처음엔 우주가 보였다. 우주를 떠돌다가 외계 행성과 인간이 아닌 다른 존재들이 살아가는 모습이 보였다. 또 다른 우주를 가보면 또 다른 존재들이 있었다. 내 손바닥 안에 우주가 놓아져 있는 것만 같아서 의식의 손짓 한 번이면 모든 것을 할 수 있었다. 나는 곧바로 태양계를 찾았다. 그리고 지구가 보이고 다시 확대되면서 내가 있는 건물, 그 안에 앉아있는 내 모습이 보이기 시작했다. 너무도 황홀해서 뭐라고 표현하기가 어려웠다. 수정구슬 안의 내가 수정구슬 밖의 나를 쳐다봤다. 내가 수정구슬 안의 나를 보는 것인지, 수정구슬 안의 내가 수정구슬 밖의 나를 보는 것인지 구분이 가지 않았다.

그 순간 하나의 깨달음이 스치고 지나갔다. 순간적으로 깨달음이 왔다는 표현보다는 수많은 양의 정보가 한순간에 강제로 입력되는 느낌이랄까? 그 깨달음은 이렇다. 나와 먼지가 다르지 않구나! 내가 저 먼지이고, 저 먼지가 바로 나였다. 완벽한 하나였고 완벽한 평등이었다. 나와 남도 다르지 않구나! 하물며 저 돌멩이와 내가 같은데, 이것이 바로 완벽한 사랑이 아니고 무엇이겠는가. 우주가 탄생한 곳이 바로 이곳이었으며, 내가 이렇게 돌아왔듯이 삼라만상 모든 것들도 다시 이곳에 복귀한다는 것을 알게 되었다. 또한 이곳에서는 내가 신 그 자체였다. 그동안 궁금했던 것들을 한꺼번에 알게 되고 수많은 경전에서 말하려고 했던 것이 바로 이것임을 알게 되었으며 무엇이든지 모르는 게 없고 무엇이든지 할 수 있었다. 전지전능하고 자유자재한데 내가 신이 아니고서야 무엇이겠는가. 어쩌면 나는 우리가 흔히 말하는 신보다도 더 앞선 존재인 것만 같았다. 왜냐하면 내가 우주 삼라만상을 만들었던 기억이 나기 시작했기 때문이었다. 난 우주 삼라만상이 존재하기 전부터 존재했던 것이었다. 무슨 이유로 세상을 만들었는지는 모르겠지만…

하여튼, 이 수정구슬은 마치 스크린의 역할을 해서 내가 보고 싶은 정보가 있으면 무엇이든지 볼 수가 있었다. 과거, 현재, 미래의 모든 것들을 보여준다. 우주가 생긴 이래로 어마어마한 정보를 보관하고 있었다. 신기한 것은 미래도 과거와 같이 보여준다는 것이었다. 미리 정해져 있는 것처럼.

이렇게 이곳에서 한참을 놀다가 다시 현실로 돌아왔다. 그 황홀한 경험이 끝나고 현실로 돌아오는 순간의 느낌이 또 한 번 날 기절초풍하게 했다. 내가 나일 수밖에 없는 이 현실에서의 굴레 같은 환경과 조건들이 나를 싸악 감싸는 걸 알게 되는 것이다. 내 이름은 무엇이며 부모 자식은 누구고 내가 어떤 삶을 살아야 할지도 그 숙명 같은 것들이 수만 마리의 날벌레마냥 내게 붙는 걸 알아차리게 된다. 현실에서는 난 더 이상 신이 아니었다. 한낱 피조물에 불과했다. 맥이 빠지고 슬펐다. 그러나 다른 한편으론 내가 앞으로 어떻게 살아야 할지 명확해진다는 것에 위안을 삼을 수 있게 되었다.

그때 당시는 내가 체험한 것이 무엇인지는 몰랐지만 이 체험만으로 내 삶이 180도 달라질 것이라는 확신이 생겼고 뭔가 뿌듯한 마음이 차오르면서 벅차오르는 환희를 주체할 길이 없었다.

이때가 2015년경이었으니 강의 때 하얀 방을 만나고 약 5년이 지난 후였다. 이 체험을 계기로 다시 공부에 정진하게 되었고, 내 경험과 비슷한 경우가 있는지 찾아보다가 알게 된 책이 노자의 도덕경이었다. 해석이 난해하기로 유명한 도덕경이란 책이 내게는 너무도 술술 읽히는 게 신기하기도 했지만, 무엇보다도 내가 체험한 것이 도덕경에서 말하는 도(道)라는 것을 알게 된 점이 가장 큰 수확이었다.

정리해보면, 하얀 방이 도(道)의 입구이고, 그 하얀 방 안쪽의 어두운 검은 방이 도(道)의 현관(玄關) 정도로 표현할 수 있겠다. 그리고 빛의 밝기를 조절해야만 만날 수 있는 한 톨의 먼지가 바로 도(道)인 것이다. 즉, 먼지가 도(道)의 본체가 되는 것이다. 이것을 불교에서는 '참나'라 하고 기독교에서는 '성령'이라 한다. 종교에 따라, 문화에 따라, 시대적 배경에 따라 부르는 명칭이 다를 뿐이다. 관련 경전을 읽어보면 모두 동일한 얘기를 하고 있다.

먼지에 대한 언급이 있는 경전으로는 도덕경과 화엄경의 일부 글귀에서 확인할 수 있었다. 도덕경 4장은 노자가 도(道)를 체험한 경험과 느낌을 적은 글인데, 내가 경험한 것과 너무도 똑같아서 깜짝 놀란 글이기도 하다.

우선 도덕경 4장을 살펴보면 아래와 같다.

道沖而用之 或不盈(도충이용지 혹불영)
淵兮 似萬物之宗(연혜 사만물지종)

'도(道)는 텅 비었지만 계속 써도 차지 않는 것 같다(사용해도 없어지지 않고 계속 텅 비어있다). 깊고 깊어 만물의 근본인 것 같고'

挫其銳 解其紛(좌기예 해기분)
和其光 同其塵(화기광 동기진)
'(나의) 예리한 것을 꺾고 어지러운 것을 풀며, 빛을 조절하면 (나는) 그 티끌(먼지)과 같다(같아진다).'

湛兮 惑不存(담혜 혹불존)
'(오래 그 먼지 안에서 즐기면) 혹 내가 그 존재가 아닌가라고 느끼게 된다.'

吾不知誰之子 象帝之先(오부지수지자 상제지선)
'내가 누구의 아들인지 모르겠는데, 상제(上帝)보다 먼저인 것 같다.'

도(道)를 체험하는 과정은 빛을 보는 단계(光)에서 빛 속으로 들어가는 단계로 이어지고, 그 빛 안에서 중심으로 이동하여 검은 점을 찾는 단계로 이어지며, 검은 점 속으로 들어가서(玄) 먼지(塵)를 발견하는 순시로 되는데, 그렇다면 이 과정들 속에서 노(道)가 텅 비었다는 느낌이 드는 단계가 어딜까? 바로 검은 점 속으로 들어가는 단계이다. 지문에는 '검은 방'으로 표현했는데, 이 방에서 텅 비었다는 느낌을 강하게 받는다.

경전의 경우, 주어를 어떤 것으로 하느냐에 따라 해석이 엉뚱해지곤 한다. 그래서 경전을 제대로 풀려면 반드시 체험을 해봐야만 하는 것이다. 위에 좌기예로 시작하는 문장부터 주어는 도(道)가 아니고 나(吾, 오)이다. 바로 명상의 과정과 똑같다. 좌기예(挫其銳)는 내 육체에서 올라오는 예민한 느낌 등을 꺾어버리라는 뜻이고, 해기분(解其紛)은 복잡하게 얽힌 것들을 풀라는 것으로 내 머릿속의 어지러운 생각들을 없애라는 뜻이다. 그러면 도(道)에 다다를 수 있는데 이때부터 화기광(和其光)하여 빛을 조화롭게 하면 즉, 빛을 조절하면 먼지(塵)를 볼 수 있고, 곧 내가 먼지와 같다는 것을 알게 되는데 이것이 바로 동기진(同其塵)이다. 도(道)를 만나본 경험이 있는 사람들만이 이 부분을 이해할 수 있다. 그러면 다음 문장으로도 자연스럽게 연결되며 그 먼지(道)와 내가 합일되면서 내가 신이라는 것을 깨닫게 되고, 내가 상제보다 먼저 존재했다는 것을 알게 된다.

그런데, 좌기예(挫其銳)로 시작한 문장의 주어를 도(道)로 하게 되면, 도(道)는 날카로운 것을 꺾고 어지러운 것을 푼다고 해석되는데, 도(道)는 이러한 직접적인 기능이 없다. 오로지 현재의 나에게 절대적 사랑과 평등의 메시지만을 줄 뿐이다.

또한, 주어를 도(道)를 체득한 성인으로 하면 성인은 예리한 것을 꺾고, 어지러운 것을 풀고, 자신의 빛을 누그려뜨려 속세(먼지)와 하나가 된다가 되는데, 말은 그럴싸하지만 노자가 보는 성인은 이렇지 않다. 노자가 보는 성인은 결단력 있는 지도자의 모습이 아니라 너무 신중한 나머지 어리바리하게 보이는 사람으로 표현했고(도덕경 15장), 속세보다도 더 낮은 진흙탕 같은 곳에 거해야 맞는 것이다. 당연히 그 다음 구절은 진흙탕 물을 맑게 한다는 결론이 나와야 하는데, 이런 결론이 없다. 오히려 노자는 지속적으로 먼지와 합일된 느낌만을 얘기한다.

따라서 화기광, 동기진에서 나온 '화광동진'이란 한자성어도 잘못 해석되어진 말이다. 먼지를 직접 경험해보지 않았으니 먼지를 속세로 풀이하는 우를 범하게 된 것이다. 하상공의 잘못된 번역도 한몫했지만 아마도 후대에 도교와 불교가 중국에서 유행하면서 잘못 해석되어 전해진 걸로 추측된다.

또한, 노자가 도를 만나면서 느꼈던 똑같은 감정이 도덕경 4장에 혹(惑), 사(似), 상(象)이란 표현으로 되어있는데 이것은 '~인 것 같다'라는 뜻으로 명상을 시작한 이래로 처음 도(道)를 만나게 되면 이것이 도(道)라는 확신보다는 도(道)인 것 같다는 느낌이 훨씬 강하기 때문에 '~인 것 같다'라는 표현을 쓴 것이다. 즉, 도(道)를 처음 만났을 때의 이 충격적인 느낌을 적어놓은 것이고, 도(道)를 체험한 노자가 도(道)를 체험해보지 못한 사람들에게 자기의 첫 경험을 얘기하는 것이다.

정리하면 아래와 같다.

道沖而用之 惑不盈(도충이용지 혹불영)

淵兮 似萬物之宗(연혜 사만물지종)

挫其銳 解其紛(좌기예 해기분)

和其光 同其塵(화기광 동기진)

湛兮 惑不存(담혜 혹불존)

吾不知誰之子 象帝之先(오부지수지자 상제지선)

도(道)는 텅 비었지만 계속 써도 없어지지 않는다. 깊고 깊어 만물의 근본인 것 같다. 나의 육체에서 올라오는 예리한 감각을 꺾고 머릿속의 어지러운 것을 풀며, 빛을 조절하면 나는 그 티끌과 같아진다. 오래 도(道) 안에서 즐기면 혹 내가 그 존재가 아닌가라고 느끼게 된다. 내가 누구의 아들인지 모르겠는데, 상제(上帝)보다 먼저인 것 같다.

도덕경 56장도 비슷한 내용이 나온다.

知者不言 言者不知(지자불언 언자불지)

'도(道)를 아는 사람은 말이 없고, 말을 하는 사람은 도(道)를 모른다.'

塞其兌 閉其門 挫其銳(색기태 폐기문 좌기예)

'나의 육체적 욕망의 구멍을 막고, 그 욕망의 문을 닫고, 예민한 육체의 느낌을 꺾고'

解其紛 和其光 同其塵(해기분 화기광 동기진)

'머릿속 어지러운 것을 풀고, 빛을 조절하면, 나는 그 먼지와 같아진다.'

是謂玄同(시위현동)

'이를 현동이라 한다.'

도덕경 56장은 '색기태'와 '폐기문'을 추가하여 4장보다 더 자세하게 도에 이르는 과정을 설명하고 있다. 즉 육체성인 눈, 코, 입, 귀에서 오는 욕망과 느낌을 일어나지 않게 하라는 뜻인데 여기에 촉각까지 넣으면 더 정확할 것이다. 결론인 '시위현동'은 내가 도(道)와 합일된 상태를 의미하는 것이다.

내가 체험한 도(道)를 말이나 글로 표현하기가 무척 어렵다는 뜻이 지자불언(知者不言)인 것이다. 그리고 체험 없이 도(道)라는 이름으로만 떠들고 부르짖는 사람들을 언자부지(言者不知)로 기술했다. 언자부지의 우를 범해선 안 될 것이다.

화엄경 14권 현수품에서 먼지를 언급한 부분을 보면,

一微塵中入三昧(일미진중입삼매)
成就一切微塵定(성취일체미진정)
而彼微塵亦不增(이피미진역부증)
於一普現難思刹(어일보현난사찰)

'한 티끌 가운데서 삼매에 들어, 티끌로 모든 것을 성취하시나, 이 티끌은 또한 전혀 늘어나지 않고, 한 티끌에 많은 세계 나타내시네.'

彼一塵內眾多刹(피일진내중다찰)
或有有佛或無佛(혹유유불혹무불)
或有雜染或淸淨(혹유잡염혹청정)
或有廣大或狹小(혹유광대혹협소)

'저 한 티끌 속에 있는 많은 세계들, 어떤 데는 부처 있고 혹은 없으며, 혹은 더러운 세계들과 혹은 깨끗한 세계, 어떤 세계는 넓고 크고 혹은 좁으며'

화엄경에 특히 먼지에 대한 얘기들이 많은데 간혹 더럽거나 오염되었다는 뜻에서 먼지를 쓰기도 하지만, 이 부분에서는 먼지 안에 온갖 세계가 있다는 뜻으로 사용된다. 직접 체험하지 않고서는 이러한 표현이 나올 수 없다.

현실에 있는 둥둥 떠다니는 먼지를 삼매의 매개체로 사용한 것처럼 보이나, 본문의 먼지는 검은 방에 존재하는 도(道)의 본체를 나타낸 것으로 봐야 한다. 왜냐하면 삼매로 이용하기 위한 먼지라면 반드시 먼지가 사라져야 하고, 먼지 안에 온갖 세상이 있다는 표현이 나오기는 어렵기 때문이다. 따라서 둥둥 떠다니는 먼지를 보고 삼매를 드는 게 아니라, 삼매를 들어보니 둥둥 떠다니는 먼지가 보이고, 그 먼지 안에 온갖 세상이 있다고 봐야 할 것이다. 이 뜻을 이해하지 못하고 글자만 풀이하면 티끌마다 삼매를 취한다는 엉뚱한 결론에 도달할 수 있다.

내가 체험한 것들이 수천 년 전에 쓰인 경전들에 나와 있다는 것을 알고 놀라웠는데, 누군가 이전에 이미 나와 동일한 체험을 했다는 것만으로도 큰 위안이 된다. 또한, 경전들을 공부하면서 도(道)에 대한 체험이 없는 사람들이 번역해 놓은 번역본들의 오류들도 잡아낼 수 있었다. 모든 경전들을 연구한 것은 아니지만, 지금까지 본 것들만 보면 대강 경전을 풀이한 사람들이 영성의 어느 단계까지 가보았는지도 알 수 있었다.

16
전생을 보다

70대에 떠나보낸 아들

　전생 개념은 흔히 불교에서 많이 언급된 걸로 아는데 의외로 소크라테스도 매우 구체적으로 다뤘다. 술주정하고 개차반으로 살면 당나귀로, 부정하면 이리, 부패하면 독수리, 폭력적이면 솔개로 태어난다고 했다.[4] 전생이란 개념을 인류가 어렴풋하게나마 느끼는 건 어느 정도 동일한 것 같다.
　철학과 과학에서 중요하게 보는 진리 중 인과법이라는 게 있다. 원인이 있으면 결과가 있다는 것이다. 현재가 있으려면 과거가 존재해야 되고, 미래가 존재하려면 현재가 있어야 하는 것이다. 즉,

---

[4]　플라톤의 대화. 최명관. 종로서적, 1990. p157

이번 생이 있으려면 반드시 전생이 있어야만 한다는 것인데, 나는 전생에 대해서 그냥 재미나 흥밋거리로 생각했지만, 내가 절박해지자 보게 되었다.

우리 부부는 결혼 20년 차가 가까워 오는데 다른 부부들과 달리 싸우는 패턴이 한결같았다. 다른 부부들은 돈 문제, 고부갈등, 시집·처가 문제, 인간적 무시, 뭐 대충 이런 일들로 싸우는데, 우리는 일정 조건만 갖춰지면 내가 아내에게 마치 애정결핍인 양 화를 내기 시작하는 것이다. 그러니까 내 자신 깊은 곳에서 아내만 보면 알 수 없는 분노가 치밀어 오르는 것이었다. 싸우고 나면 후회하는 패턴의 반복이었다.

'왜 이렇게 동일한 패턴일까?'

언젠가부터 좀 이상한 생각이 들기 시작했다. 무엇인가 다른 이유가 있는 것만 같았다. 이렇게 심각하게 고민하던 중 '전생을 한번 볼까?' 너무도 답답하여 이런 생각을 해보았다.

문제는 어디서 보냐는 것이었다. 돈 내고 보는 곳을 알지만 진짜인지 확인할 길이 없고, 또 대기시간이 너무 길어서 다른 방법을 찾아야만 했다. 그렇다고 유체이탈을 해서 망자들에게 물어볼 수도 없는 노릇이었다. 이때 검은 방이 떠올랐다. 검은 방 안의 먼지는 우주의 모든 정보가 들어있다는 것을 기억해냈다.

옆에는 아내가 곤히 자고 있어서 조용히 몸을 일으켰다. 앉은 채로 눈을 감고 하얀 방과 검은 방을 떠올리며 명상에 들어갔다.

검은 방까지 다다르자 먼지가 있는 중앙을 향해 전생을 보여 달라고 요청했다. 그러자 곧바로 스크린이 뜨더니 영상을 보여주기 시작했다.

조선시대로 보이는 평범한 초가집 안에 70대 노인과 그 앞에 무릎 꿇고 있는 20대 청년이 서로 대화 중이었다. 분위기는 살벌했다. 그 노인은 노기가 서린 채 말을 이어갔다.
"내가 널 늦게 얻어 어떻게 키웠는데… 전쟁에 나가겠다는 것이냐? 네가 전쟁을 알기나 하냐? 절대로 아니 된다."
"왜놈들이 쳐들어와서 양민을 죽이는데 어떻게 보고만 있겠습니까. 전쟁에 나가서 한 놈이라도 죽여야 합니다."
"넌 내게 하나밖에 없는 아들이야. 우리들은 어떡하라고 그러느냐. 네가 잘못되기라도 한다면 남겨진 우리들은 어떻게 살라는 말이냐? 그리고 이 난리통에 시신은 어떻게 찾느냐 말이냐?"
노인은 화도 내보고 달래도 보고 했다. 마치 아들의 죽음을 미리 아는 것만 같았다. 노인의 손에는 갓난아이가 안겨있었고, 아내나 며느리는 보이지 않았다.
"아버진 왜 제가 죽을 거라고만 생각하세요? 걱정하지 마세요. 전 날래고 힘도 셉니다."
"이놈아, 네가 날래다고만 해서 전쟁이 널 살려둘 것 같으냐? 그리고 내가 이 아이를 또 어떻게 키운단 말이냐."
아무리 말해도 소용 없었다. 결국 노인은 서럽게 울기 시작했다.

얼마나 처량하게 울던지 그 장면에서 나도 울음이 났다. 순간, 저 노인이 바로 나라는 것을 알게 되었다. 이 상황을 깨닫게 되면서 나는 폭풍 같은 눈물을 흘렸고, 동시에 그 20대 청년인 아들이 현재의 내 아내라는 것을 알게 되었다. 내가 너무 많은 눈물을 흘려서 결국 스크린과 접속이 끊기게 되었고, 영상은 서서히 꺼졌다.

현실로 나왔는데도 눈물은 그칠 줄 몰랐다. 자고 있는 아내가 깰까봐 화장실에 가서 대성통곡을 했다. 전생에 나는 늦게 아들을 얻어 동냥젖을 먹이며 어렵게 키웠고, 아내는 이 아이를 낳다가 죽었다. 그리고 아들이 장성하여 혼인하고 다시 손자를 나은 지 얼마 되지 않았을 때, 임진왜란이 발발했던 것이다. 이 같은 정보들은 추후 먼지(道)에 접속해서 본 것이다. 이제야 내가 현재의 아내에게 화를 냈던 이유가 밝혀졌다. 전생을 처음 본 이날은 아직 울분이 가라앉지 않아 화장실에서 나와서 아내를 깨웠다. 그리곤 따져 물었다.

"왜 그렇게 내 말을 듣지 않았어? 왜 내 말을 듣지 않았냐고? 그렇게 전쟁에 나가지 말라고 했는데, 결국 시신도 못 찾고 내가 얼마나 걱정하면서 기다렸는지 알아? 내가 죽을 때까지 네 소식을 듣지 못해 편하게 눈도 감지 못했어."

눈물과 콧물이 범벅이 되어 화를 내고 있는 내 얼굴을 본 아내는 눈만 껌뻑 껌뻑하고 있었다. 나는 큰 한숨을 내쉬고는 아내를 안아주었다. 아내는 아직도 어리둥절하여 날 멀뚱히 쳐다만 보고 있었다. 나는 다시 화장실로 들어가 작은 소리로 "감사합니다"라는 말만 반복해서 외쳤다. 아내에게 화가 나는 이유를 전생을 통해 이해하게 됐다는 생각보다는, 이번 생에서 다시 아들을 만나게 된 기쁨이 더 컸기 때문이다.

개인적으로 내가 도(道)를 활용하여 가장 큰 이득을 본 게 있다면 바로 전생을 본 것이다. 분노의 대상이었던 아내가 이제는 내가 전생에 그토록 그리워하던 아들이었다는 것을 알게 된 후, 아내란 존재는 언제나 애틋하고 사랑해야 하는 그런 존재가 되어버린 것이다. 이제 우리의 부부관계는 그 전과 완전히 달라져 있었다. 나도 얼떨떨하지만 아내가 더 황당해했다. 최소한 아내를 향한 알 수 없는 나의 분노로 인한 싸움은 잦아들었고 그 분노의 감정 또한 내려놓을 수 있었다. 나는 아내를 내 작은 회사에 대표님으로 모셔왔다. 24시간 같이 붙어있는데도 이런 감정은 계속 유지되고 있다. 이런 사연을 알 리 없는 주변 지인들은 그렇게 매일 붙어있는데도 같이 손잡고 다닌다고 부러운 시선을 보낸다. 사무실 앞의 편의점 점주와 알바는 우리가 불륜인 줄 알았다고 했다. 부부 사이 아무 문제가 없으면 삶의 질이 달라진다. 만일 도(道)를 이용하여 전생을 보지 않았더라면 이런 변화는 없었을 것이다. 정말 내 인생에 있어서 최대의 축복이다.

도(道)에 물어본다고 이렇게 금방 쉽게 정보를 주는 것이 신기하기도 하고 살짝 의심이 들어서 나는 계속해서 내 전생을 보기 시작했다. 부부 싸움하는 문제를 떠올리고 이것을 물어보면 도(道)는 항상 같은 영상을 보여준다. 즉 내 인생 말년의 비참하고 가장 극적인 장면을 보여주는 것이다. 몇 가지 더 궁금한 사항이 있기는 했는데 내 문제가 해결되어 딱히 물어보지는 않았지만, 그래도 아내가 어디서 죽었는지 무척 궁금했었다. 일부러 물어보진 않았다. 대충은 알 것 같았기 때문이다. 아내는 결혼 전부터 경복궁같이 어떤 성벽이 있는 곳에만 가면 갑자기 먹먹하다는 말을 해왔다. 그때는 그냥 웅장해서 그렇겠거니 생각했는데 어느 날 수원 화성에 갔을 때 갑자기 표정이 바뀌는 것이었다.

"괜찮아? 왜 그래?"

"나도 모르겠어. 그냥 슬프고 고독하고, 여기에 계속 있어야 할 것 같고, 몰라, 모르겠어. 그냥 눈물이 나."

이렇게만 말하는 것이었다. 전생에 아들이 숨을 거둔 곳이 수원 근처라고 추측할 뿐이었다. 아마도 광교산 전투 아니면 독산산성 전투였으리라.

현재의 아내가 전생에 내가 그토록 그리워했던 아들이라는 것을 알게 된 후 난 더욱더 내 전생을 보기 시작했다.

20대에 가입한 단체

내 이름은 '김종부'였다. 몰락한 양반가였지만 20대의 나는 글공부보다는 무예에 관심이 더 많았다. 그렇게 여기저기 기웃거리면서 방황하고 있을 때, 우연히 친구의 권유로 어떤 친목단체에 가담

한 적이 있었다. 그 조직은 유학을 기본으로 하고 호흡수련을 하는 단체로 제일 어른인 큰 유학자가 있었고, 그 밑에 수학하는 젊은 중인이나 양반댁 도령들이 주를 이루었다. 낮에는 주로 유학과 도(道)를 배우고 밤에는 조정의 문제에 대해서 토론하였다. 그런데 이상한 게 이 단체는 조정에 대한 불만이 팽배했었고, 그런 불만이 역심을 품는 쪽으로 흐르는 것 같았다.

그러던 어느 날, 그 어른이 날 지목해서 저 아이의 기를 다 뚫어야 하니 잡아놓으라 하였다. 아마도 어느 정도 수행이 도달해서 다음 단계로 넘어가는 의식이었던 것 같았다. 장정 넷이 나의 팔다리를 잡고 대청마루에 반듯하게 눕힌 뒤, 곧바로 경락 모든 곳에 침을 꼽기 시작했다. 마치 고슴도치처럼 되었는데 침이 놓여있어서 몸을 맘대로 움직일 수 없었다. 그래도 작은 침들이라 참을 만했다. 약간의 시간이 지나자 침을 뽑고 몸의 위치를 바꾼 뒤 다시 침을 놓는 일을 반복했다. 웬만한 건 다 참겠는데, 마지막으로 내 허리(허리와 골반 사이)에 큰 대침을 놓았을 때는 너무 아파서 발버둥치고 고함을 질렀다. 기절했다가 깨어보니 온 몸이 땀에 젖어있었고 대청마루가 아닌 방에 누워있었다. 큰 어른은 나를 이리저리 살펴보기 시작했다. 어디 잘못된 곳이 없는지 확인하는 것 같았다. 옆에 장정들을 시켜 기진맥진한 내게 노란 환약을 먹게 했다. 그 맛은 싱거우면서 시큼했고 남기지 말고 다 먹으라 했던 기억이 난다. 너무도 고통스러워하는 내 상태를 보고 이리저리 살피는 그 어른의 생생한 얼굴을 아직도 잊을 수가 없다. 그렇다. 이런 연유로 나는 이번 생에서 주사 맞는 것을 싫어했던 것이다. 어렸을 때 주사만 보면 기겁해서 도망갔는데, 친구들은 겁쟁이라고 놀려댔다. 이제는 겁쟁이가 아니라는 것을 알게 된 것이다. 이렇게 현재의 내 특이한 성향이 전생을 통해 그 원인을 알 수 있다는 게 신기하기도 하고 한편으로 현재의 내가 이해가 되었다.

이 끔찍한 행위가 내게 얼마나 도움이 되었는지는 알 길이 없었고, 추후에 내게 어떠한 변화도 일어나지 않았다. 단지 그 단체에 좀 더 깊숙이 관여시키는 데 필요한 일종의 절차이자 좀 더 은밀한 일을 시키기 위한 의식 같은 것이었다.

난 20대를 이 단체에 있었지만, 이 단체의 욕심을 알게 되었고 나중에는 큰일 나겠다 싶어 무과시험 공부한다는 핑계로 탈퇴하였다. 잘못하다간 역모에 얽혀 목이 달아날 것만 같았다. 이 어른 즉, 유학자를 인터넷에서 보게 되었다. 한눈에 이 사람이 전생의 나를 지도하던 유학자라는 걸 알게 되었다. 이분은 현재 나보다 나이는 어리지만 꽤 유명한 영성 단체를 꾸리고 있고, 그때 보았던 욕심대로 정치에 꿈도 갖고 있는 사람이었다. 난 소스라치게 놀라서 다시 엮이게 될까봐 노심초사했던 기억이 있다. 이분도 자신의 전생을 보는지는 모르겠지만 그때 보았던 권력에 대한 욕심이 현생까지 있는 걸 보고 참으로 안쓰럽단 생각이 들었다. 하여간, 현생에 내가 영적 재능이 좀 있는 게 전생에서의 저런 일이 있어서 그런 것 같다는 생각이 들었다.

전생이란 참으로 흥미롭다. 전생에 얽혔던 인물들이 모두 이번 생에 연관이 되는 걸 보면 참으로 신기하기만 하다. 그런 부분들을 확인하느라 반복적으로 접속해서 확인해보았다.

30대에 만난 대학원 동기

지금 생각해보면 30대 때 나는 아마도 을사사화에 휘말렸던 것 같다. 고향을 떠나 집안의 소개로 한양에 있는 권세 높은 대감댁의 후원을 받으면서 무과시험을 준비하게 되었는데, 집안의 안위와 대감님의 호위를 맡으면서 이런저런 대소사에 관여하며 지냈다. 그러던 어느 날 대감님이 나를 불러 조용히 일렀다. 표정이 어둡고 무거워 보여 긴장하며 들었다. 자칫하면 우리 집안이 큰 변고를 당할 수도 있으니 만약 그런 일이 생기면 자신의 딸만이라도 피신시켜 달라는 당부였다. 피신할 장소는 강원도 초입이었고 사람들의 발길이 닿지 않는 오지였다.

대감님을 모시면서 주워들은 이야기들은 조정에서의 권력투쟁이 참으로 비열하고 자비가 없다는 것이었다. 패한 자는 비참한 결과를 보게 되는데, 참수형은 기본이고 가족까지도 노비가 된다는 것이었다. 대감님은 이런 한 치 앞도 모르는 살얼음판 같은 상황이 자신에게 불리하게 돌아간다는 것을 알게 되었고, 최악의 상황을 대비하여 가족이라도 살릴 생각으로 오지에 거처를 마련해 놓은 것이었다. 금이야 옥이야 키운 막내딸을 무척 아껴서 그랬을까? 특히 막내딸의 안전을 더 강조했다.

며칠 뒤 깊은 밤, 관군들이 갑자기 들이닥쳐 대감님과 식솔들을 잡아갔고, 난 따님을 데리고 몰래 뒷산을 올랐다. 따님은 열댓 살 먹은 앳된 처자였고, 아직도 이 상황이 이해가 되지 않았는지 계속 울면서 억지로 나를 따르고 있었다. 어릴 때는 종부 아재라고 불렀고 좀 크니까 종부 오라버니라면서 잘 따랐었다. 나도 무척 귀여워했었다.

치렁치렁한 치마가 나뭇가지에 걸려서 앞으로 나아가기가 쉽지 않았다. 이때 갑자기 뒤에서 날카로운 소리가 들렸다.

"저쪽이다. 잡아라."

뒤를 돌아보니 수십 개의 횃불과 관군들이 우리를 다급히 쫓는 소리가 어지럽게 들렸다. 고개를 돌려 따님을 부축하며 다시 산을 오르려는 순간, 왼쪽 팔뚝에 뜨거운 통증이 느껴졌다. 악! 하는 소리와 동시에 내 팔뚝을 관통하여 걸쳐있는 화살이 보였다.

'아뿔싸, 이러다가는 잡히겠다.'

아픔도 잊은 채 따님을 떠메고 달리기 시작했다.

우리는 대감님의 친척집에 숨어있었는데, 다음날 이들의 밀고로 다시 쫓기는 신세가 되었다. 권력이 있을 때에는 문지방이 닳도록 드나들더니 권력이 떨어지고 나니 이제는 원수가 되어있었다. 자신들도 엮일까봐 그랬겠지만, 아무리 그렇다 해도 이들의 배신은 너무도 서운했다.

우리는 어렵사리 한양을 빠져나와 몇 날 며칠의 고생 끝에 간신히 대감님이 알려준 곳으로 피신할 수 있었다. 따님은 자신의 운명을 받아들였는지 이내 체념했고 오로지 나만을 의지했다. 친척이고 지인이고 이제는 믿을 수 있는 사람이 나밖에 없었기 때문이었다. 무과에는 통과하지 못했지만 그래도 믿고 받아준 대감님께 보은을 하기 위해서라도 난 충실히 임무를 완수해야만 했다. 대감님은 참수를 당했고 식솔들은 노비가 되었다는 소식을 들었다. 다행히 따님은 내가 피신시킨 곳에서 정착하게 되었다. 대감님의 막내딸은 이제 나를 피붙이로 생각하고 있었다. 자신을 구해주고 어렵게 이곳까지 피해왔으니 얼마나 날 의지했을까. 이 허름한 집을 관리하는 중인 신분의 나이 지긋한 부부에게 잘 부탁드린다고 말하고 길을 떠나려는데, 어떻게 알았는지 버선발로 뛰어나와서 날 붙들고 울고불고 놓아주지 않았다. 차마 발길이 떨어지지 않았다.

"영영 가는 게 아니니까 너무 걱정하지 말고 이분들 믿고 잘 지내고 있어."

어차피 나도 도망 다니는 신세라 고향도 못 가고 막막하기만 했다. 내 신세도 황망하고, 대감님의 막내딸을 혼자 두고 오는 마음도 편하지는 않았다.

현재의 나는 태어날 때부터 왼쪽 팔뚝에 500원짜리만 한 큰 점이 있었다. 사춘기가 되면서 흘끔거리는 사람들의 눈초리가 싫어 공중목욕탕이나 사우나 가기를 꺼렸다. 가족 중에 이런 큰 점은 나만 유일하게 가지고 있었다. 어릴 때부터 이상하게 생각했었는데 이제야 이 점이 전생에 대감댁 막내딸을 피신시키려다 맞은 화살 자국이라는 것을 알게 되었다.

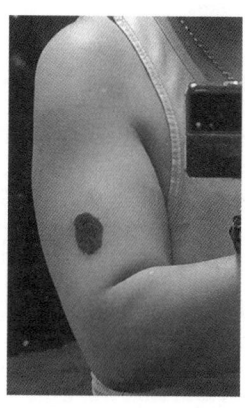

[그림 5] 전생에 화살 맞은 팔

이 따님을 내가 대학원에서 만나게 된 것이다. 물론 내가 전생을 보고 알게 된 것이라 그 당시는 그냥 동기로 알았었다. 이 당시 난 지금의 아내와 사귀고 있었지만 동기만 보면 보호본능이랄까? 그런 감정들이 생겨 잘 대해주었다. 이런 점들이 이 친구를 헷갈리게 했었던 것 같다. 당연히 나랑 사귀고 있던 여자친구는 동기를 경계하였고, 우리의 사이도 별로 좋지는 않았다. 동기로 인해 우리는 자주 싸워야만 했다. 이 당시 전생을 본 세 아니기 때문에 복잡한 내 심정을 어떻게 설명해야 할지 몰랐다.

하루는 이 동기와 건물 옥상에서 같이 담배를 피면서 이런저런 얘기를 했다. 근데 표정이 뭔가 심각해 보였다. 아마도 뭔가 중요한 얘기를 할 것 같았다. 동기도 나와 내 여자친구 사이에서 많이 갈등하고 힘들었을까? 갑자기 나를 똑바로 쳐다보더니,

"너, 나 좋아해?"

인생을 살면서 위기의 순간, 인상적인 순간이 몇 장면 없는데 이 장면은 정말 압권이었다. 머릿속이 하얗게 되고 말 한마디로 뭔가 내 운명이 크게 바뀔 것 같은 어떤 아찔함이 밀려왔다. 순간, 이 친구는 눈을 감고 입술을 쫑긋하며 살짝 내밀었다. 아무리 남중, 남고를 나오고 공대를 나온 멍청이라도 이런 상황에 무덤덤할 수는 없었다. 내 눈에는 이 친구의 작고 통통한 핑크빛 입술만 클로즈업되었다. 심장이 요동치고 머릿속에는 천둥이 치고 있었다. 정적을 끝내고 나는 떨리는 목소리로 말했다.

"좋아하지. 친구로…"

이 친구는 내 말을 듣자 피식 웃고는 고개를 살짝 떨어뜨렸다. 그리고는 어색한 웃음을 지으며,

"농담이야~ 쫄기는…"

내가 정말 이 친구를 사랑하는 감정이 있는 것은 아니었다. 나도 모르게 보호해야 한다는 마음이 올라올 뿐이었다.

이렇게 현재 내가 알지 못하는 내 특성이나 육체적인 특징이 전생의 흔적이라는 것을 알게 되었고, 현재의 가족, 친구, 여러 인연들도 전생과 꽤 깊은 관련이 있다는 것을 알게 되었다.

이날 저녁에 자취방에 여자친구가 찾아왔다. 그러더니 다짜고짜 하는 말이,

"나 담배 피는 방법 좀 알려줘."

난 신경질적으로 말했다.

"왜?"

"깜짝이야! 여자들이 담배 피는 거 멋있단 말이야."

동기가 담배 피는 모습을 보고 지기 싫어서 자기도 피려는 것 같았다.

"어이구…"

불을 붙여줬다.

컥컥 숨넘어가는 기침소리를 들으며 밖으로 나왔다. 100원짜리 믹스커피를 한 잔 뽑아서 건물 위 옥상을 바라보며 종이컵을 질겅질겅 씹기만 했다.

타인의 전생

2018년도 4월경, 영성사업을 준비하고 있을 때, 지인분이 상담을 요청해서 전생을 봐준 적이 있다. 남편은 결혼 초기부터 아내에게 폭력을 행사하였고 아마도 아내에 대한 미움에서 올라온 것이겠지만, 갖은 모욕과 폭언을 일삼았다고 했다. 그런데 이 남편은 밖에만 나가면 법 없이도 살 사람이라는 말을 들을 정도로 다

른 사람들에겐 인심이 후한 평을 듣고 있었다. 이중인격자 같다고나 할까? 여기까지 보면 남편이 정말 못된 사람이라고 생각할 것이다. 그러나 내가 직접 겪은 바로는 무척 젠틀하고 재능도 많은 사람이었다. 아내는 소아마비인지 어릴 때부터 팔에 약간 장애가 있었지만 삶에 불편이 없었고 겉으로 봐도 거의 표가 나지는 않았다.

사회생활도 잘하는 남편이 집에만 들어오면 아내를 못살게 구는데, 지금 생각해보면 남편은 의처증을 갖고 있었던 듯했다. 밖에 나가지도 못하게 일일이 아내를 감시했다. 아내는 철창만 없었지 눈에 보이지 않는 감옥살이를 하고 있었다.

내가 이들을 볼 때, 뭔가 부부문제의 공통점이 보이기 시작했다. 그때 당시 나도 전생을 보고 내 문제를 해결했었기 때문에 분명 이들에게도 도움이 될 것 같아 전생을 봐주기로 했다.

옷차림 새로 보아 중국 명나라쯤으로 보였다. 귀부인댁 천방지축 딸이 자기 방으로 들어오고 있었다. 아마도 17~20세 정도였고, 그 방은 온갖 화려한 장식으로 치장되어 있었다. 딸을 위한 각종 애완용 동물들이 있었고, 그중 그 딸이 가장 아끼던 큰 새가 있었는데, 구관조 같기도 하고 앵무새 같기도 했다. 기분이 좋을 땐 먹이도 주고 안아주고 많이 예뻐했다. 딸이 말하는 대로 따라 하기도 하고, 다른 애완동물과 달리 자기 말을 따라 할 줄 아는 그 새를 소녀는 친구로 생각하고 있었다.

그런데, 이 딸은 감정의 기복이 심해서 밖에서 안 좋은 일이 있을 때마다 자기 방에 들어와 그 새를 학대하기 시작하는 것이었다. 심한 말을 하고 때리고 심지어 꼬챙이로 마구 찌르기도 했다. 새는 이리저리 피해봤지만, 새장 안이 비좁아 도망칠 곳조차 없었다. 꽥꽥 소리 지르고 날개를 퍼덕거릴수록 그 소녀의 학대는 심해져만 갔다. 소녀의 말을 따라 하던 새는 '그만해'라는 말까지 했지만, 결국 한쪽 날개 안쪽에 큰 상처를 입고 제대로 날갯짓조차 하지 못하게 되었다. 주변에 있던 다른 작은 새들도 이 광경을 보고 두려움에 떨며 비명을 질렀다.

결국 이 새는 더 이상 주인 소녀의 말을 따라 하지 않았고, 날개도 꺾여서 아래쪽으로 축 처지고 털도 빠지고 볼품없게 되었다. 소녀는 죄책감이 들었는지 그런 새를 보고 더 이상 괴롭히지 않았다. 그러나 더 이상 예뻐하지도 않았다.

소녀는 고관대작이었던 아버지에게 말해 이 새를 밖에 풀어주도록 했다. 그리고는 다른 화려하고 예쁜 새를 새로 들였다. 말이 풀어준 거지 거의 버린 거나 다름없었다. 그 새는 갈 데가 없이 계속 집 주변만 깡충거리며 서성이고 있었다.

여기까지 보고 명확한 메시지를 얻을 수 있었다. 새장 안의 새는 바로 현재의 남편이고, 그 새를 학대하던 소녀는 현재의 아내였다. 새를 학대하던 죄의 입보로 그 아내의 팔에 약간 장애가 있었던 것이다. 그 학대받던 새였던 남편은 이생에서 아내에 대한 복수로 폭행과 폭언을 일삼았고, 새장에 갇혀만 지냈던 것처럼 아내의 일거수일투족을 감시하는 의처증 증세를 보였던 것이다.

문제는 이를 어떻게 당사자들에게 설명하고 설득하느냐에 달려 있었다. 이런 말을 해봤자 귓등으로도 듣지 않았으니. 나의 경우 직접 전생을 보고 깊은 깨달음을 얻었지만, 이 부부는 직접 자기들이 보고 느낀 게 아니니 남의 말만 듣고 깨닫기 힘들었을 것이다.

남편은 무의식적으로 자기가 받은 상처만 크다고 생각했고, 아내는 현재 상처를 받고 있는 상태였다. 해법이 찾아지지 않았다. 말을 물가까지 데려갈 순 있어도 물을 먹게는 할 수 없었다. 나야 전생을 봐주면 그만이지만, 이 일로 인해 엄청난 회의감에 빠졌다.

'자신이 직접 전생을 보고 깨닫지 못하면 아무리 주변에서 얘기해줘도 바뀌지 않는구나!'

내가 봐준 다른 부부들의 문제도 경중의 차이만 있을 뿐 거의 비슷했다. 전생에 이렇게 맺힌 한을 풀라고 이생에 다시 맺어지게 하는 것인데, 그 한을 풀지 못하면 다시 악순환이 될 뿐이다.

도(道)에는 우주 삼라만상의 모든 정보가 들어있다. 그중 전생의 정보를 가져올 수 있다는 사실에 놀라웠다. 나 자신의 카르마를 이해하고 현재의 삶을 개선시키기 위해서 전생을 보는 것은 무척 값지고 중요한 일이다. 다만, 현실을 바꾸기 위해서는 반드시 스스로 봐야만 한다는 것을 깨달았다. 남이 봐주는 것은 실감이

나지 않기 때문이다. 그러다 보니 신뢰가 가지 않고 결국, 내 생각과 습관을 고치지 못하고 내 운명도 바꿀 수 없게 된다.

만약, 최면 유도나 다른 방법을 이용하여 스스로 전생을 보게 된다면 다음을 유의하면 된다. 전생을 보았더니 특별한 사건이나 인과관계가 없는 경우, 특별한 사건이나 인과관계가 있으나 현재의 내 주변 환경과 아무런 연관성이 없는 경우는 그냥 꿈일 가능성이 크다. 반드시 현재의 나와 얽혀있는 인과가 있는 인간관계가 있어야 한다. 현재 나의 특성 내지는 최소한 내 몸에 난 상처라도 설명이 되어야 한다. 따라서 전생은 바로 전의 전생이 제일 중요하지, 전전의 전생, 5번째 전생 등은 볼 필요가 없다. 왜냐하면 모든 전생에서 얽혀진 카르마는 바로 다음 생에 모두 소급되기 때문이다.

번외로 전생에 개였던 사람과 원숭이였던 사람의 전생을 본 적이 있었다. 축생계에 있다가 사람으로 태어나는 경우는, 공덕을 쌓아서 올라온 경우가 있고, 상대의 카르마를 맞추기 위해서 오는 경우도 있다.

전생에 개였던 사람은 현재를 봤을 때 무척 사랑스럽고 긍정적인 생각을 가지고 있어서 인기도 많고 여러 사람들에게 사랑받는 사람이었다. 그런데 이분은 자신이 전생에 개였다는 것을 짐작으로 알고 있었다. 자신이 개였을 때의 꿈을 자주 꾸었고, 자신이 사랑받는 개여서 너무 좋았다고 자랑스러워했다. 이 여성분은 전생에 자신을 키워준 주인과 부부의 연으로 이번 생에 맺어진 경우였다.

개인적인 생각으로는 근세에 동물에서 인간으로 태어나는 수가 늘어나는 것 같다. 지구에 살고 있는 동물의 수를 거의 동일하다고 보면, 인간의 수가 급격히 늘어나면 동물의 수는 상대적으로 급격하게 줄어들어야 한다. 2020년 WWF(세계자연기금)에서 발표한 세계 지구생명지수(Living Planet Index)에 따르면 1970년부터 2016년까지 관찰된 포유류, 조류, 양서류, 파충류 및 어류의 개체군 크기가 평균 68% 감소한 것으로 나타났다. 가축이 늘어나는 비율보다 훨씬 많은 수의 동물이 사라지는 것이다. 영성적인 측면에서 왜 그런지는 모르겠지만, 많은 수의 동물들을 인간으로 환생시켜 마치 마지막 기회를 주는 것만 같다.

이러한 전생과 내생을 결정짓고 관리하는 조직과 사람들이 영계에 존재한다. 불교에서 말하는 죽을 때 어떤 생각과 느낌이 있는 것으로 다음 생이 결정되는 '바왕가'(bhavaṅga, 존재지속심)는 영향을 주지 못한다. 영계가 그렇게 허술하게 돌아가지 않는다. 몇 천 년 전에는 인구가 적고 삶이 비교적 단순해서 그럴 수도 있었겠지만, 내가 경험한 바로는 지금은 이렇지 않다.

또한 현재 내가 육식을 많이 하거나, 도축업에 종사한다고 다음 생에 동물로 태어나는 게 아니라, 사람답지 못하게 살면 동물로 태어날 수 있음을 명심해야 한다. 내가 동물로 태어날지를 고민하지 말고, 어떻게 사람답게 살지를 고민하는 게 중요하다.

도(道)를 체험하는 과정 속에서 전생은 자연스럽게 알게 된다. 전생뿐만 아니라 우주 삼라만상의 모든 정보를 활용할 수 있게 된다. 이것이 지속적으로 사용해도 줄지 않는 도(道)의 활용이다. 그러나 개인적인 욕심으로 이 도(道)의 정보를 사용하려 하면 영계 관리자에게 엄중한 경고를 받는다는 것도 알아야 한다.

17
영계에서의 환생 직전 겪는 일

●

　전쟁으로 한꺼번에 많은 사람이 죽으면 영계에서는 그만큼 환생을 위한 대기시간이 오래 걸리는 것 같다. 왜냐하면 450년 동안 난 환생을 하지 못했기 때문이다. 아무리 봐도 이 시기에 대한 영상이 나오지 않는다. 사후세계에서 난 450년을 대기하고 있었던 것이다.

　나는 임진왜란 초에 죽었는데 그 후로 정유재란, 정묘호란, 병자호란, 경신 대기근까지 80년도 안 되는 기간에 이런 큰 전쟁과 환란이 연이어 발생했으니 얼마나 많은 사람들이 죽었겠는가.

　그래서 할 수 없이 내가 450년 동안 영계에 머물러 있던 시기를 보여달라고 했다. 도(道)는 450년 동안 딱히 큰일이 없었는지 환생하기 직전의 상황을 보여주었다. 환생 날짜가 거의 잡혀있을 무렵 난 관청에 불려 다니기 바빴다.

영계의 관청에서는 환생에 대해서 많은 사항들을 협의하였는데, 다음 생에 내 자신의 숙명에 대한 것들이 대부분이었다. 어떤 가정에서 태어날 것이며, 가정환경 및 내가 머리가 좋고 나쁨도 선택을 하게끔 되어있었다. 카르마를 맞추기 위함인 것이다. 그 관청에서는 나만 부르는 경우도 있었고, 나와 전생의 내 아들을 같이 부르기도 했었고, 아들만 부르기도 했다. 좋게 얘기하면 관리자와 같이 모여서 다음 생에 대한 협의와 교육을 하는 것이지만, 실제 느낌은 거의 반강제적이었던 것 같았다. 마치 각서를 쓰고 사인을 하는 계약 절차와 비슷했다.

관리자들은 짙은 회색을 띤 단순한 형태의 옷을 입고 있었고, 차가운 인상에 무척 사무적인 느낌이었다. 많은 사람들을 상대해야 하니 그런 것 같았다.

관청의 내부는 말로 표현하기 힘들 정도로 휘황찬란하게 화려했지만 엄숙했다. 지금의 CG 기술로도 표현하기 어려울 것이다.

원탁 테이블에는 관리자와 나 그리고 현재의 아내(전생의 아들)가 같이 앉아있었다. 전생의 아들이지만 편의상 아내로 표현하겠다. 우리 둘은 다음 생에 부부로 인연이 될 것이라는 말을 들었고, 서로 바라보기는 했지만 어떠한 마음의 동요도 없었다.

마지막 날은 내가 만들 가족에 관한 사항이었다. 현재의 아내와 같이 불려가서 계약을 하는 상황이었는데 바로 아들이 될 사람을 만나고 이 아들이 우리의 가족이 되는 상황을 계약하기 위함이었다.

첫째 날 20대의 건장하고 말끔한 청년을 만났고 우리는 서로 인사하고 자리에 앉았다. 나와 아내는 준수한 아들을 맞이하게 되어 설렜다. 그런데 관리자는 서류를 살피더니 고개를 갸우뚱거리기 시작했다.

"아! 뭐가 이리 안 맞지? 아, 죄송한데 오늘은 힘들겠는데요? 담에 연락드리면 다시 모이시죠."

관리자는 짜증 섞인 말로 타이밍이 안 맞는다는 말만 되풀이했다. 아마도 서로 얽혀있는 카르마들이 시간적으로 맞지 않는 모양이었다. 어쩔 수 없이 헤어지게 되었는데 관리자와 함께 나가는 그 청년의 아쉬워하는 뒷모습이 무척 안쓰럽게 보였고 우리도 답답해했다. 그런데 뭔가 억장이 무너지는 그런 슬픔이 올라오기 시작했다. 저 청년이 뒤돌아보는 잠깐의 모습에서 청년이 전생에서 내 아들을 낳다가 죽은 아내라는 것을 알았다. 그렇다. 이렇게 전생에 한으로 얽힌 우리 가족은 아들이 아내로, 아내가 아들로 바뀌어서 이번 생에 다시 가족으로 묶이게 된 것이었다. 그런데 영계에서 나와 내 아들은 같이 있었지만, 전생의 내 처는 같이 있지 않았고 모습도 못 보았다. 아마도 다시 한번의 생을 살았던 것인지 아니면 레벨이 달라 서로 다른 영계에 있었던 것인지 이 부분은 확실치 않다.

결국 세네 번의 만남 끝에 관리자와 우리 셋은 계약서에 서명을 하였고, 다 같이 웃으면서 영상은 끝이 났다. 이 영상을 보게 된 때가 아들이 중학생이었는데 의아한 생각이 들었었다. 내가 영상에서 본 아들의 모습과 현재 아들의 모습이 조금 달랐기 때문이었는데, 아마도 사춘기 때라 그런지 눈코입이 제대로 자리를 찾기 전이라 그런가 보다. 지금은 22살이고 매우 준수하게 변했고, 영계에서 보았던 모습과 동일하다.

사후세계에서의 나는 죽음 전의 나와 똑같다. 단지 이승에서의 육체만 없을 뿐이다. 영계에서 내 영혼체의 모양은 어떤 원의 형태거나 혼불과 같은 형태가 아니라 이승에서의 육체의 모습과 거의 동일하다. 거기에다 내 옷이나 신발도 직접 선택해서 취할 수 있다. 또한 나이대도 선택할 수 있는데 대부분의 사람들이 이승에서 살았을 때 본인이 가장 멋있어 보이는 나이대를 선택한다.

2019년도에 어릴 때 돌아가신 외할머니를 뵌 적이 있었는데 비단 저고리와 비취색의 고급스런 한복을 입고 계셨었다. 그 시대에 외할머니께선 가장 고급스러운 옷을 선택해서 입고 계신 것이었다. 그러면서 이승의 기억을 그대로 간직한 채 영계에서 살고 있는 것이다.

또한, 사후세계에서도 지상과 마찬가지로 희로애락이 있다. 단지 육체가 없기 때문에 그 강도가 약할 뿐이다. 지상에서는 육체에서 느끼는 행복이 사실 행복의 많은 부분을 차지한다. 식욕, 수면욕, 성욕 중 한 가지만이라도 제대로 채워지지 않으면 문제가 발생한다. 마찬가지로 영계에서도 이러한 욕구가 있는데, 육체가 없어서 미미할 뿐이다.

내 할아버지는 첫 장가를 들어서 그 아내분이 아이를 낳다가 아이와 함께 돌아가셨고, 두 번째 장가를 가면서 자손들을 낳았는데 이때의 할머니가 내 친할머니다. 할아버지는 1975년도에 돌아가셨고, 친할머니는 1994년도에 돌아가셨다. 이후 약 20여 년이 지나서 친할머니와 한창 소통하고 있을 무렵, 영계에 가서 할아버지를 만난 적이 있었다. 당연히 옆에 친할머니가 계실 줄 알았는데 다른 할머니께서 계셨다. 직감적으로 첫 번째 할머니라는 것을 알게 되었다. 제사 때 왜 할아버지가 내려오지 않고 친할머니만 오시는지 알 것 같았다. 돌아가시기 전에도 집에 화분을 많이 키우시던 친할머니는 아름다운 꽃밭을 가꾸며 혼자 살고 계셨다. 사후세계도 지상과 별다름이 없다. 친할머니는 6년 전부터 제사에 오시지 않는다. 아마도 환생을 하신 것 같다.

우리가 흔히 '이번 생'이라고 말하는 기준은 태어나서 죽는 날까지로 보는데, 사실은 죽은 후 사후세계를 거쳐 환생하기 전까지로 보는 게 타당하다. 왜냐하면 기억이 온전히 남아있기 때문이다. 환생을 하면 기억이 소멸된다.

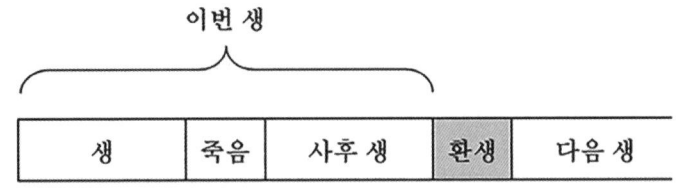

[그림 6] 이번 생의 규정

이런 것들을 직접 체험해보지 않으면 대부분 이렇게 생각한다.
'죽으면 끝이지.'

그러나 절대로 그렇지 않다. 우리가 젊어서 노후준비를 하듯이 이제는 사후준비도 해놔야 한다.

아들이 고등학교 2학년 때 아내와 공부문제로 많이 싸웠다. 아내는 어떻게 해서든지 좋은 대학에 보내려고 닦달하고 있었는데, 내 눈에는 뭔가 새로운 카르마가 생성되는 것처럼 좀 심각하게 보였다. 현생의 아내와 아들은 전생에서 아들을 낳다가 죽은 한과 엄마 없이 자란 한이 있기에, 이번 생에 각자의 맺혔던 한이 안 좋은 카르마가 될까 싶어 아들을 불러서 같이 이야기를 나누었다. 아들은 대뜸 자기는 대학에 가기 싫다고 했다. 그리곤 음악을 하고 싶다고 했다. 내가 고등학교 때 실용음악과를 가고 싶어 했던 기억이 떠올랐다. 난 가타부타 얘기하지 않고 "그래 네가 하고 싶은 대로 해." 그리고 아내에게는 당신의 욕심을 자식에게 투영하지 말라고 했다.

전생을 알게 되니 이런 중요한 결정도 쉽게 내리게 되는 것 같다. 아침마다 아들은 우리 방에 와서 애기처럼 뽀뽀를 하려고 달려든다.

"악, 더러워, 저리 가."

아내에게도 딜러든다. 아내는 아들이랑 뽀뽀하고 안아주고 난리도 아니다. 나는 물끄러미 저 둘을 바라보면서 카르마가 녹고 있는 것을 느낀다.

18
저승사자, 2015년

이 당시는 도(道)를 체험한 시기여서 도(道)의 체험 전과 후의 유체이탈 상태에서는 어떤 변화가 있는지를 알아보던 때였다. 전과 달라진 점은 망자들을 만났을 때 공포감이 많이 줄었고 어떤 자신감 같은 용기가 생기기 시작했다는 것이다. 또한, 귀신들이 유체이탈된 나를 보면 놀라게 하고 괴롭히곤 했는데 이제는 슬슬 피하는 듯한 모습을 보였다. 지금까지 망자들에게 당했던 서러움들을 만회하고 복수하고 싶은 마음이 한켠에 있었는지, 틈만 나면 유체이탈을 시도했고 유체이탈이 주는 긴장감을 은근 즐기고 있었다. 도덕경 60장에 도로써 천하에 임하면 귀신도 신통력을 부리지 못하고 사람을 해치지 못한다고 되어있는데 진짜로 그런 것 같았다. 그러나 이때는 명상을 할 때도 도(道)에 다다라야 한다는 의지는 잊은 채 오로지 몸 밖으로 나가려고만 할 때였다.

저승사자를 처음으로 본 건 친척 장례식장에서 밤을 새며 쪽잠을 자던 중이었다. 유체이탈은 주로 집에서 행해졌는데 장례식장에서 해보다니. 장례식장은 유체이탈자의 로망의 장소랄까. 수많은 망자들을 볼 수 있다는 생각에 약간 두려우면서 동시에 호기심이 발동되었다. 곧 유체이탈을 하여 장례식장 여기저기를 돌아보는데 생각과는 다르게 망자들이 보이지 않았다. 새벽시간이라 조용해서 더 잘 보일 것이라 생각했는데 뭔가 이상했다. 할 수 없이 건물 밖으로 나와서 여기저기 기웃거리다가 순간 응급실 앞 넓은 주차장 한쪽 구석에 망자들이 모여있는 걸 보게 되었다.

'아! 여기들 있었구먼.'

열 명 안팎 정도 되어 보이는 망자들은 가까이 가보니 어떤 사람을 중심으로 그 사람의 말을 집중해서 듣고 있는 것이었다. 너무 신기해서 망자들과는 거리를 둔 채 말하는 사람 가까이서 들어보았다.

"자, 여러분, 오늘 모이신 분들은 모월 모일까지 꼭 이곳으로 다시 오셔야 합니다. 그동안 자신의 임종을 지켜보지 못한 형제자매들이나 아니면 친구들, 보고 싶었던 분들만 잠깐 보고 다시 오시는 겁니다. 주의사항은 아까 말씀드린 대로 잘 숙지하고 계시죠?"

대충 이런 말들이었다. 지금 기억에는 49재에 대한 얘기도 나왔던 것 같다. 망자들은 이번 생에 모두 죽은 경험이 처음이라 망자로서 주의사항 내지 머킬 동안 지닝에 있으면시 지거아 할 사항, 언제까지 다시 이곳에 와야 한다는 그런 내용이었다. 이런 광경은 처음이라 너무 신기해서 계속 그 사람의 이야기를 듣고 있었다. 그 사람은 말을 하면서 나를 힐끔 힐끔 보곤 했다. 아마도 죽은 자도 아닌 것이 망자들과 같이 서서 듣고 있는 게 이상하게 여겨졌나 보다. 망자들은 질문하는 사람도 있고 자기들끼리 좀 친해졌다고 떠들고 다소 질서가 없어 보였지만, 그분 양옆에 젊은 수행원 둘이 어느 정도 경계의 틀은 잡고 있었다. 먼저 떠나는 망자도 있었고 어디 떠돌다 처음 온 것 같은 망자들도 있었다. 처음에는 망자 여러 명을 모아놓고 얘기하는 사람이 혹시 병원 관계자인가? 아니면 공무원? 이렇게 생각했다가 '아차! 저승사자구나.' 바로 저분이 저승사자라는 걸 알게 되었다. 아마도 대부분의 사람들이 생각하는 저승사자의 모습은 검은 도포에 갓을 쓰고 창백한 얼굴을 하고 있을 것이다. 나 또한 이렇게 생각하고 있었다. 그러나 나의 눈에 비친 그는 진한 갈색의 목까지 올라온 스웨터에 밝은 갈색 슈트를 입은 말끔하고 단정한 차림의 평범한 40대 중반의 아저씨였다. 저승사자라고 해서 제복처럼 정형화된 복장을 하는 것 같진 않았다. 인상은 중후하면서 다소 날카로운 느낌이 났지만 평소 알던 무서운 이미지와는 반대였다. 그의 양옆에는 검은 정장 코트를 입은 젊은 남자 둘이 보조를 하고 있었고 그들은 몹시 분주하고 바빠 보였다. 불현듯 큰 장례식장이라 '요즘은 이렇게 한꺼번에 모아놓고 얘기하는 게 더 효율적이겠구나'라는 생각이 들기도 했다.

그분은 전혀 무섭거나 위압적이지 않았고 마치 친절한 공무원 같아서 나도 친근감을 갖게 되었다. 설명을 듣던 나를 일부러 못 본 척하는 것 같았다. 나는 이틀 정도 유체이탈하여 그분을 더 따라다녔다. 양옆 수행원들은 20대 청년이었고 모두들 무척이나 바빠 보였다. 여기저기 다니면서 연설이나 설명 같은 것을 하고 누군가를 찾으러 다니기도 했다. 저들의 사무실은 이곳 대학병원 장례식장이었고 단거리 출장을 자주 다니는 것 같았다.

다음날 그분 주변에서 서성이고 있다가 보조 역할을 하는 두 청년이 자리를 비우고 그분이 혼자인 때를 노려 바로 옆으로 다가갔다. 그분은 나의 행동을 계속 주시하고 있다가 내가 다가오자 한마디 내뱉었다.

"자넨 왜 자꾸 날 따라다니나? 망자도 아니면서 힘들지 않은가? 허허…"

"저 궁금한 게 있는데요. 몇 가지 여쭤봐도 될까요?"

"그러시게."

"혹시 저승사자가 맞으시지요?"

"요즘은 그렇게 부르지는 않지만… 그래 맞네. 어제도 날 보지 않았는가? 내가 좀 바쁜데 궁금한 게 무엇인가?"

사실 저승사자를 처음 본 날은 물어볼 것을 많이 생각해 두었었다. 나라의 국운, 다음 대통령은 누가 되는지 등 거창한 것들이었는데 막상 대면을 하게 되니 내 개인적인 것만 묻게 되었다. 아마도 저승사자를 만나기가 흔하지는 않아 그랬었나 보다.

"저 혹시 제가 조그만 사업을 하나 하고 있는데 제가 살아있는 동안 얼마나 회사가 커질까요?"

저승사자는 잠시 눈을 감고 있는 듯하더니

"자네는 이번 생에 총자산이 20억을 넘기지 못하네."

"네? 그럴 리가요. 제가 만날 밤새우면서 얼마나 열심히 노력하는데."

저승사자는 날 애처롭다는 듯이 쳐다보면서 말했다.

"그러니 너무 힘 빼지 마시게. 뒤도 보고 주변도 돌아보고 하면서 마음의 여유를 가지고 사시게."

나는 최소한 내 회사를 몇 백억짜리 가치 있는 회사로 성장시킬 수 있을 것이라 믿었고 그렇게 내가 정한 목표를 향해 밤낮 가리지 않고 열심히 해왔었는데, 내 예상과 전혀 다른 얘기를 들으니 허탈하기만 했다. 내가 계속 시무룩해 있자 그분은 내게 위로해주는 말을 했다.

"사람들이 잘못 생각하고 있는 게 있어. 열심히만 하면 갑부가 되고 성공하고 흔히들 말하는 꽃길을 걷는 인생이 될 거라고. 그건 엄청난 착각이야. 어차피 운명이란 건 정해져 있어. 그래서 내가 말하지 않았나? 최선을 다하되, 여유를 가지고 뒤도 보고 주변도 둘러보라고. 착한 일을 많이 하게. 자네가 하찮게 생각할 수 있는 작은 행동들이 오히려 인생에, 그리고 운명에 더 큰 영향을 줄 수 있는 것들이야."

계속 캐물을 수도 없었고 다른 이야기로 화제를 돌렸다.

"그럼 저승사자직은 어떻게 해야 될 수 있는 건가요?"

"난 15년 가까이 뇌출혈로 누워있었네. 말도 못하고 육체는 내 맘대로 움직이지 않았고 의식만 남아있었지. 그렇게 15년을 있다 보니… 많은 일들이 있었지."

저승사자는 말끝을 흐리더니 다시 이어갔다.

"결국은 죽고 나서 좀 높아 보이는 분이 내게 이 직을 맡겠냐고 제안하더군. 아마도 결정이 미리 난 모양이야. 그래서 이렇게 여기 있는 것이네. 대신 내가 조건을 내걸었지. 내 자식들이 내 병수발하느라 형편이 좀 좋지 않은데 신경을 써줄 수 있냐고."

구체적인 말을 듣지 않아도 어느 정도는 느낌으로 이해할 수 있었다.

"사실 내가 이 일을 한 지 몇 개월밖에 되지 않았다네. 그래서 정신이 좀 없지. 허허."

그래서 그렇게 분주했었나 보다. 그리고 지면에 차마 올릴 수 없는 내 개인의 여러 가지 궁금한 것들을 물어보고 그분의 이야기도 들으면서 귀한 시간을 보내고 있었다. 그런데 갑자기 이분을 보좌하는 젊은 친구 하나가 불쑥 나타나더니,

"당신 뭐야? 또 왔어?"

이러면서 굉장히 서늘한 표정으로 날 노려보았다. 나는 놀래서 움츠러들었는데 저승사자가 젊은 친구를 말리면서 내 사정을 얘기하는 것 같았다. 그리고 둘은 서둘러 길을 떠났다. 그분이 뒤를 돌아보며 마지막으로 내게 말했다.

"자네, 너무 많이 돌아다니지 말게. 건강에 좋지 않아."

이렇게 그분과 작별하고 난 유체이탈을 끝내고 몸으로 돌아왔다. 그러나 이 허탈한 마음을 달랠 길이 없었다. 유체이탈을 한 것을 후회했다. 내 미래의 한 부분을 잠깐 얘기 듣고는 기분이 좋을 줄 알았는데 그게 아니었다. 저승사자를 만나지 않았다면, 그리고 나의 미래를 묻지 않았다면, 나의 찬란한 희망과 그 희망이 당연히 이루어질 것이라는 확실한 믿음은 나를 멈추지 않게 하는 원동력으로 여전히 남아있었을 것이다. 그랬다면 머리를 쥐어짜 내야 하는 고통과 끝나지 않을 밤샘, 과도한 업무로 인한 스트레스쯤은 내 희망찬 미래에 대한 응당한 대가로써, 기꺼이 감수해야 할 무게로 생각하고 변함없이 그렇게 살았을 것이다. 내 삶의 모든 것이 한순간에 흔들릴 정도로 저승사자와의 만남은 어마어마한 혼란을 주었다. 망치로 뒤통수를 세게 맞은 듯한 혼란이었다. 그러나 저승사자는 내게 진리를 말해주었다는 것을 난 머지않아 깨닫게 되었다.

내 입장에서는 운 좋게도 이분이 저승사자가 된 지 얼마 안 됐으니 그나마 말을 섞을 기회가 됐던 것 같다. 그리고 내가 유체이탈을 하지 못했다면 얻지 못했을 몇 가지 흥미로운 정보를 얻었다. 대략적인 내 미래에 대한 정보, 즉 내 운명이 이미 정해져 있다는 것, 저승사자와 사후세계의 존재 그리고 사후세계의 시스템 등이었다. 이는 저승사자에게 들은 얘기를 바탕으로 내 나름 유추했다는 것이 맞을 것이다. 저승사자는 3인 1조로 움직이고 지역별 사무실은 큰 장례식장에 있다는 것. 그리고 저승은 언제나 만성적인 인력난에 허덕이고 있다는 것.

저승사자나 사후세계를 유지시키는 데 필요한 인력(이승의 공무원 같은)이 턱없이 부족하지만 그렇다고 아무나 이 직종의 일을 할 수는 없고 내부적인 결정 내지는 다른 선출 시스템 같은 게 있는 것 같았다. 내가 만났던 저승사자는 살아있을 때 뇌출혈로 15년 동안 거동도 못하고 말도 못했다고 했다. 그럼 거의 의식으로만 존재했을 텐데. 그렇다면 그 15년의 기간 동안 도(道)와 만날 가능성이 많았을 것이다.

그런데 마지막에 건강을 상한다는 말을 잘 이해하지 못했는데 나중에 이 사건을 계기로 절절하게 알게 되었다.

19
35세 청년

회사 사무실에서 집까지는 걸어서 약 15분 정도 걸린다. 큰 사거리 세 개를 지나쳐야 한다. 그런데 언제부턴가 첫 번째 사거리를 건널 때마다 온 몸에서 전율이 일듯이 소름이 돋는 것이었다. 이 소름은 척추를 타고 정수리까지 올라온다. 유체이탈을 하면서부터 자의 반 타의 반 망자들을 많이 만나게 되는데 그때부터 유체이탈을 하지 않을 때도 주변에 망자, 즉 귀신이 있으면 이런 현상이 나타나곤 했다. 한여름 기온이 34도를 넘어가도 그 사거리만 건널 때면 동일한 현상이 반복되었다.

소름의 강도로 보니 3명 이상이었다. 1년 넘게 소름이 끼치는 것을 보면 이곳은 이들의 아지트인 것이 분명했다. 난 이들이 한심했다. 이승을 떠났으면 얼른 영계로 가야지 이렇게 몰려다니면서 사람들의 진로를 방해나 하고 있고,

'참! 내게만 방해를 하는 것인가?'

하여튼 소름이 강하게 돋는 지점을 향해

"아이구! 한심한 귀신들아. 뭐할 게 있다고 이렇게 있누? 얼른 영계로 가야지."

이러면서 혀를 끌끌 차며 지나갔다. 어떨 때는 내게 해코지하려고 내 뒤를 따라오기도 했다. 이럴 때 갑자기 걸음을 멈추고 획 뒤를 돌아보며,

"놀랬지? 까불지 말고 따라오지 마라."

이렇게 으름장을 놓기도 했다. 이런 행동은 사람도 놀라지만 정말로 귀신도 깜짝 놀란다. 그럼 이내 소름이 없어진다.

그날은 금요일이었고 아내와 아이가 처갓집에 갔던 터라 회사에서 늦게까지 일하고 새벽 2시경 집으로 향하고 있었다. 첫 번째 사거리를 지나자마자 또 소름이 돋기 시작했다. 으레 그러려니 하면서 두 번째 사거리에 도착했는데, 그때까지도 계속 소름이 돋았다. 뭔가 이상함을 감지했다. 누군가 첫 번째 사거리에서부터 날 따라오고 있다는 생각이 들었다. 소름의 강도가 첫 번째 사거리에서만큼 크지 않은 것을 볼 때 귀신 한 명이 날 따라온다는 느낌이 들었다. 세 번째 사거리를 지나 집에 들어오니 이제야 그 느낌이 사라졌다. 괜한 걱정을 했다 생각하며 씻고 피곤한 몸을 눕혔다. 막 잠이 들자마자 아까 느꼈던 소름이 다시 돋아 유제이밀을 하여 주변을 둘러보았다. 사실 잠잘 때 귀신이 주변에 있으면 상

당히 신경이 쓰인다. 제대로 잠을 못 자면 다음날 일하는 데 지장을 주고 생체리듬이 깨져서 무척 힘들기 때문이다. 예상했던 대로 내 옆에 귀신이 누워있었다. 놀라기도 하고 짜증도 나고 무섭기도 했다. 평상시 깨어있을 때도 누군가 내 옆에 있으면 놀라는데, 내 방에서 내가 알지도 못하는 귀신이 같이 누워있을 것이라고는 상상도 하지 못했다. 중요한 것은 그 귀신이 누군지 모른다는 것이고, 내게 해코지라도 할까봐 겁이 난다는 것이다. 나는 그 귀신에게 내가 알고 있는 모든 욕을 퍼부었다.

"쌍놈의 새끼, 여기가 어디라고, 내 집에 함부로 들어와서 지랄이야. 썩 나가지 않으면 죽여 버린다?"

평소에도 이렇게 심한 욕을 하면 귀신들은 보통 도망갔던 기억을 떠올렸다. 그러나 그 귀신은 곧바로 내 앞에 앉아서 날 응시하며 말을 했다.

"형씨, 난 죽었는데 날 또 죽이시려고요?"

순간 나도 어이가 없어서 멀뚱멀뚱 그를 쳐다보았다. 긴장해서 욕이랍시고 막 내지른 건데, 망자에게 죽인다고 했으니 이 친구는 얼마나 어이가 없었을까. 하여튼 이 친구의 용모를 천천히 살펴보았다. 순진한 얼굴과 뚱뚱한 몸매에 해괴하거나 망측한 모습은 아니었는데 내게 꼭 무언가를 물어보려고 작정하고 따라온 것 같았다.

자신은 35세 미혼이고 작은 회사를 다니고 있었다고 했다. 친구도 없고 친한 동료도 없다고 했다. 성격이 워낙 내성적이라 주변 사람들과 가깝게 지내는 게 힘들었다고 했다. 그러던 어느 날 자기 전부터 가슴이 답답하고 머리가 깨질 듯이 아팠는데 잠에서 깨고 보니 자신이 누워있는 걸 보고 죽었다는 걸 알았다고 했다. 그리고 어떻게 해야 할지 몰라서 본인의 시체 옆에서 며칠 동안이나 있었다고 했다.

"정말 충격이었어요. 내가 죽었다니… 그런데 이제 내가 뭘 어떻게 해야 할지 모르겠더라고요. 내 죽음을 알릴 길이 없었어요. 내 집에 누가 오지도 않았고."

"가족은?"

"친엄마는 어릴 때 재혼해서 연락 안 한 지 오래됐고, 정말 막막했어요. 그래서 집 밖으로 나와 여기저기 떠돌아다녔어요. 그러다 같은 처지의 아저씨들을 만나서 함께 지냈었죠."

이 친구는 자신이 죽었다는 것에 대한 울분과 자기를 찾으러 오는 사람이 아무도 없다는 것에 대한 자책, 그리고 이제 무엇을 어떻게 해야 할지를 모르는 막막함과 두려움 때문에 누구라도 대화가 될 만한 상대를 찾고 있던 것이었다.

"그 아저씨들은 사거리 모퉁이가 아지트예요. 그날은 주말이니 이제 어디를 놀러 가볼까 하면서 서로 회의를 하고 있었어요. 가는 곳이 거의 정해져 있었죠. 모텔 아니면 대중 사우나 정도죠. 저도 처음에는 호기심 때문에 같이 가곤 했는데, 그때 형님이 우리들 앞을 지나가고 있었어요. 아저씨들 중 한 명이 저 사람은 우리가 여기 있는 걸 안다고 했어요. 그래서 저만 일행과 떨어져 형님을 따라온 겁니다."

 대부분의 사람들은 죽으면 자신이 죽었다는 것을 인정한다. 삶에 미련이 남아도 죽음이라는 절대적인 운명을 만나면 그대로 항복하고 마는 것이다. 그러나 어릴 때 죽으면 자신이 죽었다는 것을 인지조차 못하고 심지어 저승사자의 눈에까지 띄지 않을 경우 이승을 정처 없이 헤매는 경우도 있다. 나도 이런 어린아이를 만나봐서 매우 안타까웠던 기억이 있다. 그리고 청소년기의 남학생의 경우도 그랬다. 오로지 호기심만 왕성해서 일부러 모텔에 상주했던 녀석이다. 20대 전까지는 흔히 말하는 질풍노도의 시기라 이때 죽게 되면 마찬가지로 삶과 죽음에 대한 분별보다는 오로지 놀거나 즐기는 것에만 몰두한다. 그런데 30대인 이 친구는 자기가 지금까지 살아온 것에 대해 큰 애착도 없었지만 왜 이렇게 일찍 죽음이 찾아왔는지에 대한 울분이 더 컸었다. 자기는 알고 싶은 것도 많고 경험해보고 싶은 것도 많았는데 너무 아쉽다고 했다.

 그렇다. 난 이 친구의 하소연을 1박 2일 동안 들어줘야 했다. 인생이 어떻고 세상사가 어떻고… 어쨌든 빨리 이 친구를 보내야 할 것 같았다. 머리가 어지럽고 앞이 잘 보이지 않았기 때문이었다.

 "그래 알았다. 그런데 일단은 네 갈 길은 가야지. 내가 알려줄게. 여기 뒷문으로 나가면 작은 길이 나오는데 그 길로 계속해서 올라가면 대학병원이 보일 거야. 그리고 지하로 내려가면 장례식장이 나오는데 거기 가봐. 그럼 널 안내해주는 사람들이 있을 거야. 그 사람들에게 접수해."

난 이 친구와 얘기하느라 거의 1박 2일 동안 유체이탈 상태로 있었다. 이 친구를 보내고 다음날까지 출근도 못하고 끙끙 앓았다. 몸에 기운이 하나도 없고 마치 독감에 걸려 심한 몸살이 난 것처럼. 눈에는 다크써클이 생기고 먹지도 마시지도 못하고 누워있던 나는 불현듯 그때 저승사자가 한 말이 떠올랐다. 그 상태로 너무 많이 돌아다니지 말라고 건강을 해친다고. 아마도 유체이탈을 너무 오랜 기간 하면 양기가 빠져나가나 보다. 이때 이후로 장시간 유체이탈을 하지는 않는다.

그리고 1년 후, 이 친구를 처음 만났던 날 즈음에 이 친구는 다시 내게 왔다. 즉, 자기 제삿날 나를 찾아온 것이다. 반갑기도 했지만 난 빨리 그를 보내려 했고 그는 짧게 자기 안부를 전했다. 내가 말해줘서 자기는 영계로 잘 가게 되었고, 아마도 일찍 환생할 수 있을 것 같다고 했다.

"그래 잘 됐네. 다행이다."

이 친구를 만나고 알게 된 사실은 그쪽 세상도 이쪽 세상과 그리 다르지 않다는 것이었다. 사람들 간의 관계도 있고, 계약도 있고, 자신의 삶에 대해 상담해주는 사람도 있다고 한다. 그의 이야기를 들으니 죽음에 대한 막연한 두려움이 약간 옅어짐을 느꼈다. 그리고 이 친구에게 웃으면서 마지막 인사를 건넸다.

"이제 다시는 나 찾아오지 마. 니민 보먼 기가 뻘 린다."

20
쓰다듬는 손의 정체, 2015년

난 아직도 일기를 쓴다. 그래서 정확한 날짜가 기록되어 있다. 2015년 11월 17일 늦가을이었다. 창업한 지 5년째라 한창 바쁠 때였다. 밤 새서 샘플을 만들고 아침 일찍 퀵으로 보내는 일이 반복되었다. 직원이 많이 없다 보니 대부분의 힘든 일은 내가 도맡아서 할 때였다. 이젠 나이가 있어서 그런지 밤을 새우는 게 조금은 힘에 부칠 때였다. 화물차를 불러놓고 창고에서 밖을 바라보며 몰려오는 잠을 가까스로 참고 있었다. 하지만 나도 모르게 잠이 스르르 들고 말았다. 깊은 잠이 아니어서 살짝 유체이탈이 된 상태였다. 그때 창고 밖에서 카트 굴러가는 소리가 들리기 시작했다. 화물차 소리도 아니고 웬 카트? 난 궁금해서 유체이탈된 상태로 나가 보았다. 동네에서 자주 보는 폐지 줍는 할머니가 조그마한 카트에 무거운 책을 잔뜩 쌓아서 옮기고 있는 모습이 보였다. 허리도 휜 자그마한 체구의 70대 할머니는 정말 조금씩 발걸음을 떼면서 움직이고 있었다. 장바구니용 작은 카트에 한 50권은 되어 보이는 책들을 올려놓고 움직이려니 아주 천천히 움직일 수밖에 없었다.

'아, 어떡하지? 왜 하필 이 시간에 내 앞을 저런 모습으로 지나 가실까? 저 할머니와 내가 만날 확률이 하루 중 얼마나 될까? 그래 난 며칠 밤을 새웠어. 지금 이 순간만큼은 눈을 질끈 감고 못 본 척 하더라도 누가 날 인정머리 없는 놈이라고 하진 않을 거야.'

이 할머니를 본 순간부터 난 내적 갈등이 시작되고 있었다. 내가 지금 죽을 것 같은데 어찌 남을 돕는단 말인가. 그런데 이상한 생각이 들기 시작했다. 뭔가 이 상황이 부자연스러웠다. 우연치고는 꼭 누군가 날 보면서 시험하고 있다는 생각이 들었다.

'시험이라도 난 할 수 없어. 설령 내가 도와준들 누가 알아주기라도 한단 말인가. 아, 정말 미치겠네.'

내가 육체적으로 힘들지 않았다면 누가 말려도 도와줬을 것이다.

'하지만 지금 난 너무 힘들어. 저 할머니 아들은 정신지체 장애를 갖고 있는데 지금은 불미스러운 일로 교도소에 들어가 있지. 할머니는 아들 대신에 생계를 책임져야 하는 상황이고 난 그래도 저 할머니보다는 젊고 힘도 세. 저 묵직한 책들은 할머니의 하루 양식이 될 수도 있어.'

내 자신을 합리화시키는데 또 한쪽의 내가 균열을 놓기 시작했다.

'어휴, 나란 놈은 너무 착해서 탈이야.'

이렇게 결론을 짓고 내 몸으로 복귀하여 잠든 육체를 깨웠다. 내가 지금 돕지 않으면 이 찜찜함이 오래갈 것 같았다. 늦가을이라 그런지 차갑게 굳은 몸은 쉽게 깨어나지 못했다. 근육이 찢어지는 느낌이 들면서 간신히 몸을 깨웠다. 일어나 간단히 스트래칭을 한 뒤 할머니에게 달려갔다. 카트를 잡는 순간,

'헉 이렇게 무거운 짐을 어떻게 혼자 움직이시려 했지?'

회사에서 한 블록 밑에 있는 할머니 집까지 무사히 카트를 이동했다. 고맙다는 할머니의 말을 뒤로한 채 내 자리로 돌아왔다.

얼마 후, 무사히 화물을 보내고 퇴근을 했다. 몸은 천근만근이고 머리는 어지럽고 혹시 돌연사하지 않을까 걱정도 하며 씻지도 않고 그대로 소파에 털썩 주저앉았다. 어떠한 생각도 들지 않았고 소파에 머리를 기댄 채 빨리 잠이 들기만을 기다리고 있었다.

그런데 이때 갑자기 이상한 형상이 보이기 시작했다. 내 머리 위로 흰 손이 나타나 내 머리를 쓰다듬고 있었다. 너무도 밝은 빛과 함께여서 감히 고개를 돌려 쳐다볼 수 없었다. 어려운 분 앞에 서면 눈도 못 마주치는 그런 상태로 밝은 빛만 보이고 그 안에서 뻗어진 손만 볼 수 있었다. 이것은 분명 칭찬이었다. 26년간 수많은 망자와 귀신, 잡신, 원혼 등 별의별 것들을 다 겪어보았지만 이런 느낌은 처음이고 너무 놀라웠다. 이것은 순수한 사랑 그 자체

였다. 내가 사랑받고 있다는 느낌이 들었는데 마치 어릴 때 엄마와 아빠가 같이 누워있으면 그 틈으로 파고 들어가 엄마 아빠가 사랑으로 어루만져 주는 듯한 느낌. 완벽한 행복감이었다. '아! 내가 시험에 통과했구나.' 하는 안도감도 들었다.

　이 쓰다듬는 손의 정체는 만약 내가 기독교를 믿고 있었다면 천사일 것이고, 불교를 믿고 있었다면 '가피'일 것이다. 지금까지 이 관리받고 있다는 느낌은 지울 수가 없다. 그 후로 만나뵙고 싶어서 여러 번 유체이탈 후 시도를 해보았지만 절대로 만나지지 않았다. 너무 아쉬워서 비슷한 일의 선행을 해도 역시나 나타나지 않는다. 그러나 어디선가 나를 지켜보고 있다고 생각하니 삶이 조심스러울 수밖에 없었다.

21
무당을 만나다, 2016년

    2016년 초 국내 IT 부품업체들은 중국에 대한 투자보다 인도시장 투자에 열을 올렸고 뒤이어 베트남으로 대거 공장들을 옮겨갔다. 이때 나는 인도 투자의 막차를 타게 되는 일이 있었다. 아는 지인의 소개로 인도인 에이전트를 알게 되어 서로 미팅을 하다 보니, 인도에 우리 회사에서 생산한 제품을 수출하기만 하면 단번에 몇 백억 매출을 달성할 수 있는 기회였다. 드디어 내게도 기회가 오는구나. 이 흥분된 마음을 어떻게 차분하게 다스릴 수 있으리오. 바로 인도에 사무실을 마련했고 제품인증은 스위스에서 하기로 예정되어 있었다. 일은 착착 순조롭게 진행되었고 나는 인증을 위한 샘플 준비에 여념이 없었다. 주변에선 인도 투자는 정말 조심해야 한다는 말들이 있었지만 내가 바본가? 지금까지 살면서 한 번도 사기 피해를 당해보지 않았던 나였다. 그렇다고 막무가내로

밀어붙이기에는 좀 찜찜하기도 했다. 그래서 도(道)에 물어보기로 했다. 그러나 마음이 흥분돼서 그런지 좀처럼 고요함을 지속적으로 유지할 수 없었다. 간신히 하얀 방에 접속하여 내 물음을 던졌다. 하얀 방 이상은 도저히 접속이 되지 않았다. 하얀 방에서의 답변은 '아니요'로 나왔다. 에이 설마. 내 욕심은 하얀 방의 접속을 왜곡하기 시작했다.

'내가 잡념이 많아서 그럴 거야.'

그래도 이 찜찜한 기분을 어떻게 할 수 없었다. 주변에 인도시장에 경험이 많은 지인들에게 물어봐도 돌아오는 대답은 반반이었다.

'좋은 기회이니 놓치지 마라. 그래도 조심해야 한다.'

저승사자의 말이 떠올랐다.

'너는 평생 자산이 20억을 넘지 못할 거야. 그러니 너무 무리하지 마.'

그러나 난 도저히 이 말을 믿을 수 없었다.

'내가 여기까지 오려고 얼마나 고생했는데… 내가 너무 돈만 밝히니까 이렇게 말했겠지. 잘못 보셨을 거야.'

이렇게 내가 생각하고 싶은 대로만 믿었다. 그리고 저승사자가 틀렸다는 것을 보여주겠다는 호기로움도 있었다. 스위스에 제품을 보내기 전에 결정을 해야 했다. 인증비용이 수천만 원이기 때문에 여기서 멈추면 돈을 절약할 대고 계속 진행해서 납품이 성사된다면 바로 몇 백억이 들어오는데 '몇 천만 원 투자하는 거야 뭐 괜찮겠지.' 이런 생각들이 날 가만히 내버려 두지 않았다. 이 일로 신경을 많이 써서 그런지 위에 통증이 생기기 시작했다. 위통이야 뭐 허구한 날 생기는 거니 대수롭지 않게 여겼다.

아무리 생각해도 이성적인 판단으로는 이 프로젝트에 허점이 발견되지 않았다. 우리 직원과 인도 에이전트가 인도에서 만나 인도에서 3번째로 큰 통신사의 구매담당 이사와 같이 식사하는 사진을 보내왔다. 이 프로젝트 관련해서 코트라에 문의도 해보고 관련 자료들도 받아봤다. 그런데 이런 상황과는 반대로 도(道)에서 오는 메시지와 저승사자의 말이 너무도 신경이 쓰여 이러지도 저러지도 못하고 있을 때, 회사 주변 지인의 소개로 유명하다는 무당을 찾아가게 되었다.

'그래. 마지막으로 한 번 가보자.'

이 무당이 얼마나 용한지는 소문으로만 들었지 내가 확인할 길은 없었다. 그래서 무당에게 사실 내가 당신을 잘 믿지 못하겠으니 죄송하지만 테스트 한 번 해봐도 되냐고 정중히 물었다. 기분 나쁘기도 할 텐데 그 무당은 아랑곳하지 않고 테스트를 어떻게 해 볼 거냐고 물었다.

"사무실 제 책상 위에 제가 보던 PCB(회로기판) 한 장이 있어요. 그 PCB의 모양이 어떻게 생겼는지 이 종이에다 그려줄 수 있으시겠어요?"

무당은 방울을 몇 번 흔들고 몸을 가볍게 부르르 떨더니 이내 볼펜으로 그려나가기 시작했다. 무당이 몸을 부르르 떨고 얼마 있지 않아서 나도 소름이 쫙 끼치기 시작했다.

'헉. 뭐가 오긴 오나 보네? 용하다더니 사실인가?'

무당은 짧게 한마디 했다.

"초록색 판때기 얘기하는 거죠?"

그러면서 사각형의 PCB 모양과 그 색깔, 모서리 둥글게 처리된 것과 네 개의 고정 홀의 위치까지 정확하게 묘사하기 시작했다. 물론 PCB 내부의 회로 패턴은 복잡해서 묘사하기 쉽지 않아 그리지 못했지만 내 책상 위에는 정확히 사각형 모양의 PCB가 있었고, 내 책상 주변에는 원형 및 다른 여러 형태와 다른 색의 PCB가 있었기 때문에 무당이 묘사하는 것은 분명 맞았다. 무당의 신기에 놀라서 입을 다물지 못하고 있을 때 무당은 자기가 모시는 신이 영상을 느낌으로 전달해주기 때문에 자기가 그 느낌 그대로 그렸을 뿐이라고 했다.

테스트는 합격했고 곧장 내 고민을 이야기했다. 무당은 두 눈을 꼭 감고 다시 방울을 흔들기 시작했다. 아마도 신령을 부르는 행위 같았다. 그리곤 몇 번 또 부르르 떨더니 말하기 시작했다. 무당 목소리가 아닌 어린아이 목소리였다.

"아저씨, 이놈 사기꾼이야. 더 이상 하지 마."

그러더니 갑자기 나쁜 놈들이라고 욕을 하기 시작했다. 아마도 인도 에이전트를 보고 하는 말인 것 같았다.

"돈까지 보내주고 있었지?"

지금까지 있었던 과정을 이야기하기 시작했다. 놀랍기도 하고 이제 확실히 알았으니 안도의 한숨이 나오기도 했다.

'그래 나란 놈의 운명이 바뀌겠어? 아쉽지만 여기까지다.'

이렇게 생각하면서 도(道)에 접속했던 내 얄팍한 욕심을 후회하고 저승사자가 했던 말을 의심한 나를 책망했다. 그런데 무당은 아직 할 얘기가 더 있었다.

"아저씨, 그런데 아저씨는 기운이 좀 이상해."

갑자기 이상한 말들을 쏟아내기 시작했다. 까르르 웃기도 하고 양손으로 턱을 괸 채 나를 빤히 쳐다보기를 계속했다. 동자신이 빙의해서 그렇다지만 좀 민망하기도 하고 뭔가 뜨끔하기도 했다. 내 의문이 풀린 안도감 때문이었는지 순간 장난기가 발동해서

"아저씬 무서운 사람이다~ 이노옴~"

하면서 살짝 겁을 주었다. 무당은 갑자기

"아저씬 착한 사람인데 너무 무서워."

이러면서 사탕을 입에 넣고 쪽쪽 빨기 시작했다. 그와 동시에 부르르 떨면서 무당의 원래 목소리가 들렸다.

"이제 볼 거는 다 보셨죠? 그리고 내시경 받아 보시라네요."

털실로 듬성듬성 짠 큰 검정 숄더를 어깨에 걸치고 있던 무당은 심드렁하게 말했다. 갑자기 분위기가 싸해졌지만 내가 얻을 건 다 얻었다. 도(道) 좀 봤다고 어린아이 상대로 겁이나 주는 내 자신의 경망함에 질겁하면서 무당집에서 나왔다.

무당이 그렇게 말했다고 진행 중인 프로젝트를 바로 중단할 수는 없었다. 이런저런 상황을 재고 있을 무렵 다행히 이 프로젝트를 중단할 기회가 생겼다. 인도 에이전트에게 활동비를 주고 있었는데 국내 은행에서 송금 실수가 생긴 것이었다. 주기로 한 금액보다 두 배의 액수가 지급된 것이었고, 은행직원은 잘못 지급된 금액을 돌려받으려 인도 에이전트와 계속 통화를 하고 있었다. 은행직원은 인도 은행과도 얘기가 다 된 것이라 에이전트가 은행에 가서 송금만 하면 되는 것이었는데, 이 에이전트는 정말 말도 안 되는 핑계를 대며 돌려주기를 회피하고 있었다. 활동비는 매달 나가는 것이지만 급여의 목적이 아니기 때문에 우리가 지급할 의무는 없었다. 그런데 이 친구는 이 활동비는 자신의 급여라고 자꾸만 우기고 있었다. 말이 통하지 않았다. 결론적으로 추가 송금된 비용은 돌려받지 못하여 은행직원이 사비로 갚았고, 우리는 이런 사소한 것도 지키지 못하면서 어떻게 큰 계약을 할 수 있겠냐며 계약관계를 파기시켜 버렸다. 어쨌든 후에 알게 된 것이지만 이 에이전트는 우리 말고도 국내 여러 부품회사들과도 접촉해서 문제를 일으켰던 사람임을 알게 되었다.

'그냥 도(道)에서 하지 말라고 할 때 하지 말걸.'

몇 개월을 낭비하고 마음고생하고 속 버리고 내 자신이 초라하기만 할 따름이었다. 한편으로는 도(道)와 저승사자에 대한 의심을 버리게 되어서 다행이리고 생각했다. 이 일이 있은 2년 후 내가 전에 다녔던 회사의 해외 마케팅 팀장으로부터 혹시 이 사람 아냐고 묻는 전화가 왔다. 바로 인도 에이전트 이름이 수화기에서 흘러나왔다.

"아! 이 사람 사기꾼이에요. 절대 하지 마."

"엥? 사기꾼인지 어떻게 알아요?"

"어떻게 아냐면? 음~ 하여튼 하지 마세요. 큰일 나."

계약이 파기된 후 얼마 지나지 않아서 나는 점점 위통이 심해지기 시작했다. 병원을 찾아 무당이 얘기한 대로 내시경 받을 날짜를 예약했다. 할머니께서 위암으로 돌아가셨기 때문에 은근히 걱정이 되었다. 평소 느끼던 통증과 달리 강도가 꽤 셌다. 갑자기 신통력이 뛰어났던 동자신이 기억났다. 유체이탈되기 직전에 강하게 동자신을 찾아 호출해 보았다. 안 오면 그만이고. 그런데 잠시 후 귀기가 느껴지기 시작했다. 바로 유체이탈을 시도했고 우리 집으로 들어오는 꼬마아이와 아이의 손을 잡고 있는 후덕하게 생긴 아줌마가 보였다. 둘은 나를 보자 큰절을 올리기 시작했다.

'아니 뜬금없이 웬 큰절?'

아직도 그때 이 둘이 왜 날 보고 큰절을 올렸는지 모른다. 아마도 도(道)를 만나서 그렇거나 아니면 저승사자와 친분이 있어서 그럴 것이라는 추측만 할 뿐이다. 하여튼 기분이 우쭐해지긴 했다. 그 후덕한 아줌마가 걸친 검은색 숄더가 눈에 들어왔다. 무당집에서 무당이 입고 있던 숄더와 같은 것이었다. 후덕한 아줌마의 손을 잡고 있는 그 꼬맹이도 보였다. 나를 신기한 듯 빤히 쳐다보는 꼬마아이에게 가벼운 눈인사를 하고 그들을 부른 이유를 설명했다. 나보고 내시경 받아보라고 했는데 지금 내 위 상태가 별로 좋지 않고 내일 바로 내시경 검사를 받는데 그 결과가 궁금해서 미리 좀 알고 싶어 부르게 됐다고 말했다. 후덕한 아줌마신은 살짝 웃으면서 공손하게 대답했다.

"너무 걱정하실 필요는 없습니다. 내시경 받으시고 병원에서 주는 약 잘 드시면 금방 좋아지실 겁니다."

그녀의 말대로 의사는 위궤양 초기지만 요즘은 약이 좋아서 약만 시간에 맞춰 잘 복용하면 큰 문제 없을 것이라 했고 얼마 뒤 위궤양은 말끔하게 나았다. 그러나 그날 이후로 후덕한 아줌마와 꼬마 아이는 다시 볼 수 없었다. 무당과는 그때 일을 계기로 많이 친해져서 난 VIP 손님이 되었지만 이 무당집에서 귀기가 느껴진 적은 없었다. 그 둘이 떠났다는 것을 직감적으로 알게 되었고, 언제부턴가 이 무당은 신을 부르는 행위보다 사주를 물어보고 그것을 토대로 운수를 말해주고 있었다.

이 무당분에게는 죄송하게 생각되어서 아직까지 인연을 이어오고 있고 아무런 소용도 없다는 걸 알지만 매년 가벼운 굿도 하고 부적도 받고 한다. 다른 무당집에 가면 그 집도 얼마 안 있어 깃발을 내리거나 다른 곳으로 이사를 갔다. 아마도 자기네들이 모시는 신들을 귀찮게 해서 무속인을 떠나는 게 아닌가 싶다. 이후로도 무당집 투어를 다녔었는데, 그 신들을 만나기만 하면 얼마 되지 않아 신기하게 무당집이 없어졌다.

22

강아지 '앤디'

어릴 때 강아지를 집에서 몇 마리 키웠는데 새끼를 낳았고 그중 한 마리를 생이 마감할 때까지 17년 동안 키웠었다. 17년은 긴 시간이다. 고등학교를 졸업하고 대학에 가고 직장을 다니고 결혼을 하고 아이를 낳는 중에도 앤디는 내 옆에 있어 주었다. 우리 식구 모두가 할머니댁에 방문 후 집으로 올 때 미처 챙기지 못해 길에서 잃어버렸던 날, 난 밤새 동네를 돌아다니며 목이 터져라 이름을 부르며 찾아 헤매었지만 결국 찾지 못했다. 며칠 뒤 꾀죄죄한 꼴로 집으로 찾아와서 얼싸안고 얼마나 울었는지 모른다.

그랬던 앤디가 나이가 들고 배에 큰 종양이 생겼다. 동물병원에서는 나이가 있어서 수술이 불가능하다고 했다. 때마침 난 아이를 낳았다. 아이에 신경 쓰느라 앤디가 눈에 들어오지 않았다. 아니 어쩌면 외면했는지도 모른다. 온 가족이 아이만을 바라보고 즐거

위할 때 앤디는 건넛방 한편에 힘없이 누워 물끄러미 나를 바라보기만 했다. 아이를 안고 집을 떠나는 날 멀리서 누워있는 앤디와 눈이 마주쳤다.

어느 날 엄마가 울먹이면서 전화를 했다. 앤디가 죽어서 아버지가 산에 묻었다고… 이상하게 슬프지가 않았다. 온 신경이 아이한테 쏠려 있어서 그랬나 보다. 시간이 흘러 아이가 커서 이제는 성인이 되었고, 독립을 한다고 집을 떠났다. 텅 빈 집에 홀로 누웠는데 문득 앤디가 생각났다.
'너도 이랬던 거니? 보고 싶다. 앤디야.'
나도 모르게 잠이 들었나 보다. 얼굴에 축축한 느낌이 들고 무언가가 핥고 있는 느낌이 들었다. 유체이탈하여 보니 앤디였다. 우린 서로 좋다고 방방 뛰며 좋아라 했다. 난 앤디를 감싸 안고 말했다.
"미안해, 앤디야, 미안해. 그때 너에게 더 신경 썼어야 했는데, 네 마음을 한 번이라도 알아줬어야 했는데… 미안해."
눈물이 왈칵 쏟아졌다. 이내 앤디의 마음이 전달됐다.
'괜찮아. 괜찮아. 다 이해해. 이렇게 불러줘서 고마워. 다시 만났잖아.'
앤디와 나는 웃고 울며 한동안 같이 시간을 보내다가 앤디가 자꾸만 문 밖을 응시하는 모습을 보았나. 직감적으로 헤어질 시간이라는 것을 알았다.

앤디를 보내고 마음 한쪽 구석에 오랫동안 해결되지 않았던 묵은 감정이 스르르 없어지는 걸 느꼈다. 앤디가 죽은 지 꽤 시간이 흘렀는데도 앤디의 모습은 예전 그대로 강아지의 모습을 하고 있었고, 나의 생각만으로도 불러올 수 있다는 게 신기했다. 이후로도 우리는 몇 번 더 만남을 가졌다.

동물에게는 영혼이 없다고 말하는 사람들이 있는데, 이것은 영혼의 의미를 잘 모르는 데서 오는 오해다. 영혼은 특별히 인간에게만 있는 것이 아니라 우주 삼라만상에 다 있다. 돌멩이, 강아지, 인간 모두에게 영혼이 있다. 여기서 영혼의 영은 모두 동일하다. 단지 혼만 다를 뿐이다. 혼에 의해서 개체가 구분되기 때문이다. 넓은 의미로 돌멩이의 혼은 그 모양이나 재질 자체이다. 좁은 의미로 생명체가 갖고 있는 의식을 기준으로 본다면, 돌멩이는 무생물이기 때문에 돌멩이의 혼은 그 재질의 특성만으로 규정되고 생명체가 갖고 있는 의식은 없기 때문에 혼이 없다고 할 수 있다. 그러나 무생물 이외의 생명체는 모두 의식이 있기 때문에 좁은 의미로 혼이 있다고 하는 것이다. 사람이나 동물, 식물, 박테리아까지도 혼이 있다. 단지, 혼의 레벨이 다를 뿐이다. 혼의 레벨이 높아질수록 카르마의 강도도 높아진다.

최소한 교감이 가능한 동물 이상은 모두 영혼이 있어서 함부로 대하면 안 된다. 즉, 생명을 하찮게 여기면 안 되는 것이다. 아무것도 모르는 네다섯 살 먹은 아이들이 벌레를 발로 밟아 죽이는 것을 보고 타일렀던 기억이 있다.

늦은 여름 새벽에 퇴근하다가 바닥에 큰 매미가 엎어져 허우적거리는 걸 보고 내가 부주의로 밟을까봐 내 쪽으로 급히 손사래를 치며 달려오던 젊은 청년이 있었는데, 내가 매미를 잡아 나무에 놓아주니 날 보고 안심하는 표정을 짓고 서로 멋쩍게 웃었던 일이 기억에 남는다.

비가 갠 출근길 주차장에는 꽃밭에서 나온 큰 지렁이들이 여기저기 꿈틀거리고 있다. 차에 깔릴까봐 막대기로 집어서 화단에 다시 놓아주었다. 나의 영혼이 중요하다면, 다른 이의 영혼도 소중히 다뤄야 한다.

23
조상님들과 가방, 2018년

2018년 4월 14일 제사 때문에 대전 큰집에 내려갔다. 총 11분의 조상님께 일 년에 한 번 인사드리는 행사여서 우리 세 식구는 매년 이맘때 찾아뵙는다.

숙소는 대전 베○키아 호텔이었고, 짐만 풀고 바로 제사 지내는 큰집으로 이동했다. 큰집의 제사상은 거실 한쪽 벽부터 다른 쪽 벽 끝까지 차려져 있었고, 각각 많은 양의 음식이 놓여있었다. 이렇게 많은 제사상 중에 직접 오시는 분은 네 분밖에 없는데 '뭘 이렇게 많이 준비하셨어요?' 이렇게 속으로만 말했다.

[그림 7] 종갓집 제사상

제사를 지내고 다시 호텔로 돌아왔다. 평소에 귀신들이 바글거리는 모텔은 안 가는데 대전에서 이 호텔은 그나마 가족 동반이나 교육 세미나 관계로 오는 사람들이 많아 주로 이용하는 장소다. 그만큼 귀신 청정구역인 셈이다.

다음날 아침, 우리는 호텔에서 조식을 먹은 뒤 커피 한 잔을 마시며 여유로운 시간을 보냈다. 그리고 산소로 떠나기 직전 각자의 짐을 꼼꼼히 확인한 후 차에 올라탔다. 그런데 기분이 이상했다. 아침인데 등줄기를 타고 오싹함이 느껴졌다.

'설마 아니겠지?'

산소로 가는 길 양옆으로 만개한 벚꽃을 구경하며 즐겁게 한 시간가량 이동했다. 금산휴게소에서 기름을 넣으면서도 느낌이 이

상했다. 망자가 내게 자꾸만 말을 거는 것 같았다. 뒷머리가 찌릿찌릿해져서 뒤통수를 손으로 탁탁 쳐보았다.

'당장이라도 유체이탈하면 누가 내 옆에 있는지 알 수 있을 텐데… 조상님인가?'

이런 의구심을 뒤로한 채 산소에 올랐다. 산을 돌면서 여기저기 조상님들의 산소에 성묘를 지내고 지친 몸을 끌고 하산했다. 역시나 느낌이 계속 있다.

'이런 적이 없었는데?'

친지들께 인사드리고 4시간 동안 차를 몰아 집까지 무사히 왔다. 주말이라 차도 엄청 밀렸다.

집에 와서 짐을 풀다가 아뿔싸! 아들 녀석 책가방이 없는 것을 알았다. 주말에 공부한다고 교과서와 옷까지 들어있는 가방을 들고 갔었는데 이를 통째로 잃어버렸으니, 아들은 사색이 되었고 아내는 화가 머리끝까지 나 있었다. 드디어 둘은 가방을 마지막에 본 게 언제인지 서로 추궁하고 있었다. 여행의 끝이 행복하고 즐거워야 하는데, 서로를 탓하고 근심하는 결말이 되고 있었다.

가방이 제법 비싼 거였고, 분명히 호텔에서 나올 때 차에 실은 것 같았는데 도대체 어디다 놓고 온 건지 도통 알 수가 없었다. 호텔에 바로 전화 걸어 물어보았지만 접수된 물품은 없다는 말만 돌아왔다. 불현듯, 호텔에서 나온 후 계속 느낌이 온 게 혹시 가방 때문이 아닌가 하는 생각이 들어 피곤하기도 해서 혼자 얼른 잠을 청했고 유체이탈을 해서 주변을 빠르게 살펴보았다.

아니나 다를까 어떤 할아버지와 할머니가 누워있는 나를 빤히 내려다보고 있었다. 그 할아버지는 옆에 할머니에게 "이 아이가 그 아이여?"라고 물으셨다. 내가 유체이탈해서 옆에서 보고 있는 것을 모르는 듯했다.

직감적으로 저분들은 제사드렸던 조상님들이라는 것을 알아차렸다. 하지만 얼굴을 모르니 내가 당황하고 있을 때, 이분들이 내가 옆에 있다는 것을 알고는 놀라셨다. 할아버지는 작은 갓에 흰색 도포를, 할머니는 고운 흰색 한복을 입고 있었다.

누구라고 말씀은 안 하셨지만 저분들이 증조할아버지와 증조할머니 같다는 생각이 들었다. 이내 할아버지는 내게 한심하다는 듯이 말씀하셨다.

"이눔아, 숙소에서 나올 때 가방을 갖고 나왔어야지."

이렇게 가볍게 호통을 치셨다.

"아! 그럼 가방은 호텔에 있나요? 없다고 그러던데요?"

"아침 먹으면서 가방을 테이블 아래에 놓고 나왔잖니. 가방은 네 김씨 할머니가 지키고 있어." (증조할머니는 두 분이시다.)

이제야 이분들이 증조할아버지 내외분이라는 것을 알았다. 나는 미안함과 고마움이 동시에 밀려와, 연신 "죄송합니다"와 "감사합니다"라는 말만 되풀이했다.

증조할아버지외 할머니는 뵌 적이 없지만 김씨 할미니는 이럴 때 뵈었는데 이렇게 지금까지 나를 많이 챙겨주시는 것 같아 기분이 좋았다. 증조부께서는 호텔 데스크에 얘기해 놓을 테니 너무 걱정하지 말라고 하셨다. 왜 이렇게 송구스러운지… 근데 어떻게 얘기를 해놓으시겠다는 건지 의문이 들긴 했다.

유체이탈에서 나와서 거실로 나왔다. 아들은 엄마와 싸우다 자기 방에 들어가 버렸고, 아내는 혼자 얼굴이 붉으락푸르락하고 있었다. 난 의기양양하게 말했다.

"여보, 걱정하지 마. 내일 호텔에서 연락 올 거야."

아들에게도 네 잘못 아니니 너무 걱정 말라고 했다. 아내가 물었다.

"그럼 차 안에서 나도 계속 소름이 끼쳤었는데 누가 왔었던 거야?"

아내는 내 얘기를 듣고는 반신반의했다.

"어쨌든 당신 말대로 찾았으면 좋겠다."

아들을 위해 비싸게 주고 산 가방이라 아쉬움이 컸나 보다.

다음날 호텔에서 가방을 찾았다고 연락이 왔다. 휴대폰에서 들리는 호텔직원의 목소리가 갈라져서 쇳소리로 들렸다. 어쨌든, 이렇게 기쁠 줄이야. 어찌 보면 별것도 아닌데 1박 2일의 여행을 망치지 않고 좋은 추억으로 남길 수 있어서 좋았다. 그리고 자손들이 가방 놓고 오는 것까지 신경 써주시다니 너무도 감사했다.

어른들은 가방 놓고 오는 것을 보시고, 한 분은 가방 지키시고 한 분은 호텔직원에게 말하실 테고, 너무 고생시켜 드린 게 아닌가 생각하니 죄송할 따름이었다.

  사정을 아는지 모르는지 아들놈은 가방을 보고 좋다고 펄쩍펄쩍 뛰어다녔다. 마음고생이 심했나 보다. 그리고 호텔 데스크에 있던 직원의 잠자리를 생각하니 미안했다. 증조할아버지 말씀에 얼마나 가위가 눌렸을까. (가방 찾아봐라~ 가방 찾아봐라~)

[그림 8] 되찾은 가방

  이렇듯 조상님들은 알게 모르게 자손들의 일에 신경을 쓰신다. 그러니 직계 부모님은 얼마나 신경을 써주실까. 조상님들의 마음이 그렇다는 것이지 실제로 내 운명을 비끌 만한 큰 복을 내려주지는 못한다. 그러므로 기일이나 명절 차례에 상다리가 부러지도록 제사상을 차릴 필요는 없다. 단지 정성스러운 추모의 마음만으로도 조상님들은 만족하신다. 돌아가신 부모님이 꿈에 나와서 제사상을 후하게 차려라든지, 뭐가 먹고 싶다든지, 그러면서 자녀들을 아프게 하거나 신상에 문제를 일으킨다면, 그건 부모가 아니다. 그냥 악귀일 뿐이다.

24

제사

명절이나 돌아가신 조상님들의 기일이 찾아오면 차례나 제사를 지낸다. 그런데 제사를 지내면서 우리는 많은 의문들을 가질 수밖에 없다. 진짜로 조상님들의 영혼이 오는지, 음식은 드시는지, 제사를 정성껏 지내면 복을 내려주시는지. 이에 30년간 유체이탈로 많은 귀신(망자)들을 겪어온 필자의 경험을 바탕으로 제사에 대해 적어보겠다.

첫째, 음식이다. 귀신은 육체가 없고 영혼상태로 있기 때문에 기본적으로 음식을 실제로 취하거나 먹을 수 없다. 제사를 지낼 때 '흠향하옵소서'라고 하는데, 이는 음식의 기운을 드시라는 의미다. 그러나 실제 조상님들은 음식에 별 관심이 없다. 자손들이 얼마나 도리에 맞고 화목하게 사는지에 더 관심이 있다. 내가 30년간 한 번도 음식을 흠향하는 조상님들을 본 적이 없다. 단, 영계에 안 가고 속세를 떠도는 귀신들은 살았을 때의 습관 때문에 음식에 미련이 있어서 냄새라도 맡는 시늉을 한다. 아니면, 다른 이의 몸속에 빙의하여 대신 허기를 채우기도 한다.

그러므로 제사비용에 큰 몫을 차지하는 음식에 너무 많이 신경 쓸 필요는 없다. 형편에 맞게, 산 사람들이 즐겁게 먹을 수 있는 양으로 하면 되고, 양념도 귀신이 싫어한다고 마늘, 고춧가루, 소금 등을 배제할 필요도 없다. 홍동백서니 조율이시니 하는 전통적인 상차림 순서도 따질 필요가 없다.

둘째, 조상님이 진짜로 오시는가? 진짜로 오신다. 기제사, 차례 때는 반드시 오시고, 가끔 집에 우환이 있을 때도 오신다. 그러므로 기일이나 명절에는 조상에 대한 공경의 마음을 지니고 있어야 한다. 제사라는 형식을 꼭 유지할 필요는 없다. 형편에 따라 종교에 따라 다양하게 추모의 의식을 하면 그만이다.

조상이 돌아가시면 신적인 존재가 되는 게 아니다. 그냥 죽어서 영혼만 있는 조상인 것이다. 따라서 우상숭배의 대상이 될 수 없으며, 살아 계실 때 행하였던 효도의 연장에 지나지 않는다.

셋째, 제사를 정성껏 모시면 조상님이 복을 내려주는가? 결코 그럴 수 없다. 인과법에 따라 자신이 선행을 해야 복이 오는 것이지, 제사만 잘 모신다고 절하면서 'ㅇㅇ해주세요~' 해보았자 소용이 없다. 단, 예외적인 경우는 있다. 돌아가신 조상님이 높은 직급을 갖고 있는 경우, 제사 유무와 상관없이 자손들의 안위를 다소 신경을 써주기는 한다.

조선시대 양반가의 제사는 후기로 올수록 복을 바라는 기복신앙화가 되었다. 제사는 효도의 연장선으로 봐야 한다. 제사는 살아생전에 부모님 모시고 술도 곁들여 맛있는 저녁식사를 하는 정도로 하면 된다.

참고로, 해외로 놀러 가서 제사 지내는 경우가 있는데, 이것은 별로 좋지 않다. 영계에서 영혼도 아무 지역이나 갈 수는 없다. 허락과 승인을 얻어야 갈 수 있어서 조상님들에게 폐를 끼치는 것이다.

제사는 반드시 장남이 모실 필요도 없으며 또한, 누군가 음식을 한꺼번에 장만하는 것보다 여럿이 나눠서 하는 것이 더 좋다. 기제사가 많을 경우, 한 날로 합쳐서 지내도 괜찮다. 지방이나 위패가 없을 경우, 사진을 올려도 된다.

반드시 지방을 써야 오신다는 분들이 있는데, 제사를 지내겠다는 생각을 함과 동시에 영계에 전달이 되기 때문에 지방, 위패, 사진 등이 반드시 필요한 것은 아니다.

제사 혹은 차례를 준비하거나 마무리할 때, 남녀를 구분하여 음식 장만과 설거지는 여성이 맡고 제사는 남성만 지내는 식으로 역할을 분담하면 안 된다. 모든 과정을 공평하게 참여하고, 제사 역시 남녀 구분 없이 함께 지내야 한다. 이렇게 진행하면 조상님들께서도 더욱 기뻐하실 것이다.

명절이면 타지생활 중이던 가족들이 한데 모여 양손 가득 귀한 음식과 선물을 들고 부모님댁을 찾는다. 오랜만의 만남에 부모님께 큰절을 올리며 안부를 여쭙고 덕담을 주고받는다. 형제자매 간에는 지난 한 해 동안 겪었던 고단함을 나누며 위로하고, 함께 음식을 먹으며 왁자지껄 웃음꽃을 피운다.

부모님이 돌아가신 후, 이렇게 즐거웠던 한때를 추억하며 맛있는 음식에 맑은 술을 올리고 추모의 절을 올리는 것이다. 이것이 제사의 본질이다.

조상님들 입장에선 자손들이 화목하고 공덕을 많이 짓기를 바라신다. 자손들이 선행과 공덕을 많이 지을수록 조상님들께도 도움이 된다. 그러니 제사를 너무 형식에 얽매어 정신적, 신체적, 물질적 부담의 피로감을 가질 필요가 없다. 제사는 오랜만에 조상님들을 뵙는다는 인사면 족하다.

제사로 인하여 가족 간, 형제들 간에 은근히 문제가 되는 경우가 많다. 그 이면에는 유산 상속에 대한 문제부터 자녀들에 대한 차별 내지는 종교적인 문제까지. 하여간, 제사가 가족의 우애나 평화를 구현하지 못한다면 과감히 지내지 않아도 된다. 단지 공경하는 추모의 마음만 있어도 충분하다. 돌아가신 부모들은 모두 이해하신다.

돌아가신 분들은 산소에 계시는 것도 아니고, 납골당에 있는 것도 아니다. 굳이 기일이라고 힘들게 먼 곳까지 갈 필요는 없다.

기독교를 믿는 집안인 막내외삼촌댁에서 외조부모님에 대한 제사를 약식으로 지내는데, 이를 보고 엄마는 한탄하신다.

"내 부모에게 따뜻한 밥 한 끼 올리지도 못하는구나."

그럼 내가 한마디 한다.

"그건 엄마 생각이고, 외할머니는 좋아하시기만 하는데 뭘~"

제사를 못 지내거나 내가 원하는 대로 못한다고 마음이 찜찜할 필요 없다. 그냥 수백 년 동안 내려온 유교적인 가스라이팅에 지나지 않는다.

25

외삼촌을 만나다

　나는 어린 시절 대부분을 외갓집에서 보냈다. 초등학생이 된 이후로도 방학이면 어김없이 외갓집을 찾았으니, 그곳은 나만의 각별한 정이 있었다. 외삼촌들과 강가에서 고기도 잡고 소 여물도 주고 마치 제2의 고향이라 해도 과언이 아니었다. 중학교에 들어가면서부터 외갓집을 자주 가지 못했고, 외삼촌은 사회생활하면서 가끔 만나는 정도였다. 어느 날 외삼촌이 갑자기 쓰러졌다는 소식을 들었다. 뇌출혈이었고, 병원에 가보니 식물인간 상태였다. 그렇게 5년간 식물인간 상태로 계시다가 돌아가셨다. 그리고 1년 후, 첫 제사를 지낸다는 연락을 받았다. 어릴 때부터 추억이 많은 외삼촌이었는데, 병원에 계신 동안 뵙지도 못하고 첫 제사를 핑계로 내려간다니 죄송스럽기만 했다. 그래도 한 번 만나보고 싶었다, 지금 당장. 그래서 바로 유체이탈을 하고 외삼촌을 만나야겠다는 생각을 간절하게 했다. 그랬더니 내 영혼체는 순식간에 빛의 속도로 위를 향해 날아가기 시작했다.

그렇게 도착한 곳은 어떤 큰 사무실 안이었다. 내 앞에는 외삼촌이 웃는 얼굴로 서 계셨다. 반갑게 인사했지만 내 악수를 받아주지는 않았다. 조금 뻘쭘했지만, 나는 이것이 외삼촌의 배려라는 것을 알고 있었다. 망자와 신체접촉을 하면 좋지 않기 때문이다.

외삼촌은 웃는 얼굴로 내 마음을 다 안다는 듯이 말했다.

"완비야, 바쁘면 내 제사에 일부러 안 와도 돼. 여기서 이렇게 봤잖아."

그동안 만나지 못한 내 마음을 전하고 이런저런 안부의 말이 오고 갔다. 양복 바지주머니에 손을 넣고 있는 외삼촌의 모습은 세련된 회색 정장과 회색 넥타이를 매고 있었다.

"오! 잘 계시네요? 그런데 여긴 무슨 일을 하는 곳인가요?"

"응, 여긴 그러니까 일종의 교통관리국이라고 할까? 이곳에선 망자들도 맘대로 이동할 수 없어. 공식적으로는 여기서 허락을 받아야 가능하지."

나는 한쪽 벽이 모두 통유리로 된 곳을 보았다. 내가 있는 곳은 한 3층 정도 되는 높이의 사무실이었고, 아래는 마치 인천국제공항의 큰 로비처럼 넓은 로비가 펼쳐져 있었다. 로비에는 많은 사람들이 분주히 오가고 있었다. 망자들은 다른 나라로 가거나 명절이나 제사 때 이승으로 내려오려면 이곳에서 허락을 받아야 한다고 했다. 즉 증명서 같은 걸 발급받아야 한다는 것이다. 내가 느낀 것은 저승도 이승과 별반 큰 차이가 없다는 것이었다. 이승과 마찬가지로 이 세계를 운영하기 위한 어떤 시스템이 갖춰져 있다는 것도 알게 되었다. 외삼촌에게 직접 물어보지는 않았지만 독립된 사무실을 갖고 있는 걸 봐서는 그래도 높은 지위에 있는 것 같았는데, 어떻게 이 지위에 있을 수 있었을까를 고민해봤다. 저승사자와 마찬가지로 외삼촌도 뇌출혈이었고 5년간 식물인간으로 있었다는 것은 몸은 움직이지 않는데 의식만 남아있었다는 것이고, 그렇다면 도(道)와 만났을 가능성이 있다는 것이었다. 그럼 도(道)와 만나기만 하면 사후세계에서 한자리 하는 것일까?

사후세계는 분명 지구 위에 있다. 지상이 아닌 지상으로부터 좀 멀리 떨어진 곳이리라. 아마도 성층권 정도에 있으려나? 분명히 기억하는 것은 외삼촌을 만나려고 스스로에게 다짐한 즉시 내 영혼체가 위로 쏜살같이 솟구쳤다는 것이다.

그리고 흥미로운 점은 지상에서 유체이탈이 되면 영혼상태가 되어 대부분의 물건이나 물체를 만질 수 없고 심지어 벽까지 그냥 통과가 되는데 이곳에서는 분명 물건을 만질 수 있었다. 그런데 벽은 통과가 되기도 하고 안 되기도 했다. 그렇다고 중력의 영향을 아예 안 받는 것도 아니었다. 지상이나 이곳이나 중력의 영향을 받지만 자유롭게 이동이 가능했다. 물론 걸을 수도 있었고 날 수도 있었다. 그리고 이렇게 빛의 속도로 이동도 가능했다.

외삼촌과는 외삼촌의 남겨진 가족과 집안문제에 대해서 얘기를 나눴지만, 이곳에서 오랫동안 있지는 못했다. 외삼촌이 말했다.

"이제 얼른 내려가야 돼. 여기 오래 있으면 안 돼."

망자들도 이동할 때 허락이 필요한데 난 망자도 아닌 것이 여기저기 막 헤집고 돌아다니면 당연히 안 되는 것이다. 난 내가 있던 곳으로 돌아와 내 몸을 깨웠다.

외삼촌의 첫 제사 때 참석했다. 남편을 잃고 남겨진 외숙모와 외사촌들에게 외삼촌은 좋은 곳에 가셨을 것이라고만 말했다.

26
앙드레 신선, 2018년

●

　지금까지 내가 경험한 것들을 되돌아보면, 유체이탈을 하다 보니 당연히 귀신들과의 만남이 많아지게 되었고, 영계를 몇 번 다녀오니 그쪽 사정도 어느 정도는 알게 되었다. 여기에 더불어 도(道)를 만나게 되어 내 전생과 타인의 전생을 볼 수 있다는 것도 알게 되었다. 이런 경험들도 영적 재능이라 분명히 사업적으로 연결해 볼 만하다는 생각을 하게 되었고, 이 영적 재능에 대해서 이제는 어느 정도 자신감도 갖게 되었다. 원래 하던 연구개발 쪽 사업은 이제는 지긋지긋해졌다. 한 해 한 해가 지날수록 밤샘 작업하는 것이 몸에 부담이 되고 있다는 것을 느끼고도 있었다.

　카페와 유튜브 채널을 만들어서 나만의 영성 커뮤니티를 갖고, 고인이 된 가족들과의 만남을 주선해주는 매개자 역할이나, 타인의 전생을 살펴 현재 삶에서의 문제점을 파악하고 해결책을 제시해주는 등, 사업 가능성이 끝없이 확장될 수 있는 아이템들을 구상했다. 여기에 더하여 책도 쓰고 강의까지 하면, 돈 벌 수 있는 일들이 천지에 깔린 것이다. 명상센터의 건립과 천도재까지 한다면 일석이조의 효과도 노릴 수 있었다.

나를 만나기 위해 기다리는 시간이 수개월이 걸리고, 하루 세 번만 봐도 큰돈을 벌 수 있다. 세금도 없다. 나도 인간인지라 혹하지 않을 수 없었다. 망자들을 대하는 데 자신감이 들면서부터 언젠가 전문 퇴마사 쪽으로 나가 볼까 하는 생각도 해보았다. 경험상 이러한 능력들은 계속 계발할수록 늘어나며 자신감도 붙는다. 눈앞에 펼쳐진 블루오션이자 틈새시장이었고 깃발만 꽂으면 이곳은 모두 내 것이었다. 마침 이때 지인에게서 투자 제의가 들어왔다. 이 제안은 내 계획에 불씨를 지폈다.

이렇게 나날이 사업 구상으로 흥거운 상상을 하다가 마침 하계휴가 일정이 잡혀서 오대산 계곡으로 떠났다.

맑은 계곡물이 도(道)의 세계로 오라고 손짓하고 있었다. 깊이를 보니 어른 가슴 정도 물이 차 있는 것을 보아 충분히 물놀이를 즐길 수 있으리라 판단하고, 비장한 모습으로 계곡물에 한발 한발 들어갔다.

도(道)를 찾기 위해 고생했던 십 년의 시간이 주마등처럼 지나갔다. 가슴까지 물이 차오르는 길 느끼면서 옛 생각에 잠길 스음, '앗!' 발이 땅에 닿지 않는다는 것을 알아차렸다. 순간 물속으로 꼬르륵, 허우적허우적, 물 밖으로 나왔다가 다시 꼬르륵 들어가기를 여러 번, '이젠 정말 죽었구나!'라는 생각이 들었다. 그런데 이런 긴박한 상황에서도 웬걸, '물속에 부유물이 상당히 많구나! 이걸 내가 다 먹다니.' 이런 생각도 들었다. 생사의 갈림길에서 이런 생각을 하는 내 자신이 우스웠다.

간신히 발이 땅에 닿는 곳으로 나와서 숨을 크게 들이쉬었다.
'휴~ 살았구나! 헉헉.'
거친 숨을 몰아쉬는 내 옆으로 개구리헤엄을 치며 유유히 다가오는 초딩과 눈이 마주쳤다. '이 아저씨 왜 이래?' 하는 표정이었다.
'네가 도(道)의 세계를 알아? 켁켁…'
실로 혹독한 신고식을 치렀다. 그런데 이상했다. 안전요원도 멀지 않은 곳에서 날 보고 있었고 주변 사람들도 많았는데 다들 바라만 보고 있었다. '나 죽다 살아났다고요'라고 속으로 외쳤지만 모두가 그냥 무관심했다.
'오늘은 참 이상한 날이구나!'
하마터면 그동안 공들여 준비했던 사업이 빛조차 보지 못한 채 사라질 뻔했던 것이다. 하여간, 다시는 자만하거나 건방 떨지 않겠다고 스스로 다짐했다.

자려고 누웠다. 죽음 문턱까지 갔다 와서 그런지 삭신이 쑤시고 온 몸이 오한이 들어 부들부들 떨고 있었다. 이 한여름에⋯

꿈을 꾸었다. 어떤 신선같이 생긴 분이 내게 왔다.

"이제 정신이 드냐?"

"누구신가요?"

"네 이놈! 그런 요망한 삿된 재주로 다른 사람들 등쳐먹고 돈을 벌어볼 생각이었냐?"

다짜고짜 호통을 쳤다. 정신을 차리고 가만히 그분의 생김새를 훑어보았다. 온통 흰색 도포 자락 같은 옷에 머리에는 흰색 두건을 두르고 있었다. 나이는 나랑 크게 차이 나지 않아 보였다. 얼핏 보면 신선 같은데 옷을 자세히 보니 도포 자락이 아니라 앙드레 김이 자주 입는 승마바지처럼 생겼고 얼굴에는 약간의 광채가 났다. 이분이 자신의 소개를 하지 않아서 그냥 '앙드레 신선'이라고 칭하겠다.

'참 이제는 별 희한한 꿈도 다 꾸는구나!'

이렇게 생각하면서 그분을 멀뚱멀뚱 쳐다보고 있었다. 그분과 나는 서로 마주 보고 앉아있었고 그분의 흰 옷자락이 내 손등을 스쳤는데 그 촉감이 비단결같이 고와서 순간적으로 그 옷자락을 만져보았다. 나의 이런 행동에 이분은 한심하다는 듯이 날 쳐다보면서 말을 이어 나갔다.

"네가 하려는 그 사업 당장 그만두고, 지금 하는 일이나 똑바로 해라."

"아니 도대체 이유가 무엇인가요? 제가 사람들을 속이기라도 한다는 말입니까?"

"그래. 그러니까 하지 마. 네가 그 일을 하다 보면 돈에 눈이 멀어 때로는 거짓말도 하게 되고, 결국은 되돌릴 수 없는 큰 죄를 짓게 돼. 만약 계속한다면 다음번엔 진짜로 물에 빠져 죽어."

"네?"

나는 더 이상 말을 잇지 못했다. 오늘 겪었던 그 일이 바로 저 사람이 일부러 일으킨 것이라는 것을 알고 공포감이 몰려왔다. 하지만 이유라도 알고 싶었다.

"아니 세상에 얼마나 많은 영성단체가 있는데 왜 하필 제게만 하지 말라고 하는 겁니까?"

"왜냐고? 네가 이 사업을 하면 영계의 정보를 알리게 될 것이고, 다른 사람들의 문제를 해결해주면 그 사람들의 운명이 다 꼬여서 이쪽 세계에서 힘들어져. 원래 사람들은 자기 운명대로 살게 그냥 그대로 내버려 둬야 해. 천기누설을 하면 안 돼."

이분은 사무적이고 딱딱한 인상을 풍겼다. 한심하다는 표정과 빨리 내게 통보하고 서둘러 가야겠다는 몸짓이 느껴졌다. 내 속은 부글부글 끓기 시작했다. 누군지 알지도 못하는 사람이 갑자기 꿈에 나타나서 무조건 하지 말라는 말만 하니 어이가 없을 뿐이었다.

그분은 갑자기 탁상용 달력 같은 작은 종이차트를 내게 보이면서 '깨달은 이의 마음가짐'이라는 것을 읽기 시작했다. 제목이 정확히 기억은 나지 않지만, 주의사항 같은 것들이었다. 1번부터 16

번까지 있는 글들을 하나하나 읽으면서 나보고 새겨들으라 했다.

'아, 이게 뭔 상황이지?'

갑자기 현기증이 나는 것을 느끼면서 얼른 꿈을 깨려고 노력했다. 7번까지 읽어가는데 너무도 뻔한 내용들이었다. 큰 깨달음이나 비밀스런 정보를 주는 줄 알고 집중해서 봤는데, 중학교 도덕책 수준의 글들이라 허무할 따름이었다.

'아~ 얼른 꿈에서 깨어야겠다.'

눈을 떴다. 폐에 물이 약간 차서 그런지 헛기침을 하면서 거실로 나와 차가운 물을 마셨다.

'정말 별 희한한 꿈도 다 꿔보네.'

멍하니 앉아서 꿈의 내용을 떠올려 보았다. 내용보다는 그분의 흰옷과 종이차트만 기억났다.

'아이패드도 아니고 종이차트라니.'

실소를 머금으며 다시 잠을 청했다.

잠이 막 들려는 찰나 흐릿한 목소리가 들려오기 시작했다.

"8번. 정신 차리게. 자, 8번 시작하겠네."

'아니 분명 꿈이었는데?'

난 다시 그분 앞에 앉아있는 것이었다. 고개를 돌려보니 누워있는 내가 보였다. 이 상황이 지금 꿈이 아니라 내가 유체이탈된 상태라는 걸 알게 되었다.

'이렇게 강제적으로 유체이탈을 시키기도 하는구나!'

나는 조금은 숙연한 자세로 고쳐 앉았다. 듣는 척이라도 해야 했다. 그분의 설명이 다 끝나고 나는 물었다.

"알겠는데요, 제가 지금 하는 일이 너무 힘들어요. 수입이 늘지도 않고요."

"너 이놈. 저승사자랑 거래도 하려고 했지? 왜 이리 말썽만 부리고 다니는 것이냐?"

뜨끔했다. 이쪽 사업을 하려면 아무래도 저승사자를 끼고 하는 게 좋을 것 같아서 여러 가지를 부탁하고 계속 찾아다니며 저승사자를 귀찮게 하기는 했었다. 이분에게 난 영계의 문제아였고 소위 블랙리스트에 올랐던 것이다.

"다시는 저승사자 만나지 마."

한심하고 불쌍하다는 듯이 날 쳐다보며 말을 이어 나갔다.

"걱정 마. 대신에 네가 먹고 살 만큼은 벌 수 있을 거야."

"그걸 어떻게 장담하세요?"

난 시큰둥하게 말했다.

"이쪽에서 널 계속 예의주시하고 있어. 그런 만큼 네가 먹고 사는 데 지장이 없을 정도로 관리도 해주지. 그러니 너무 욕심부리지 마."

"그래도 큰돈은 벌지 못하잖아요?"

그분은 살짝 미간을 찌푸리며 짜증 섞인 표정으로 말을 했다.

"하여튼 충분히 내 얘기를 알아들었으리라 본다. 너 같은 놈들이 몇 명 더 있어서 난 그만 가봐야겠다. 요즘 계속 내가 일이 늘어나네."

이분은 몸을 일으키면서 마지막으로 내게 물어볼 게 없냐고 했다.

"혹시 입고 계신 옷은 어떻게 만드는 건가요?"

이분은 어이없다는 표정으로 답변도 없이 고개를 휙 돌리고 가 버렸다. 지금껏 계획한 사업을 모두 접어야 한다는 좌절감에 빠진 내가 할 수 있는 마지막 발악이었다. 어쨌거나 결론은 내가 하려는 영성 관련 사업을 모두 접으라는 것이었고, 대신에 내가 사는데 지장 없이 해주겠다는 것이었다. 결국은 부자는 못 된다는 것이다. 그리고 나와 비슷한 재능을 갖고 있는 사람들이 요즘 늘어나는 추세인 것 같았다.

1년 후 아내가 아파트를 사자고 했다. 그러던지 말든지. 앙드레 신선이 다녀간 후로 의기소침해진 난 모든 것에 흥미를 잃고 있었다. 아내는 34평 아파트를 사면 명의는 누구 이름으로 할 거냐고 물었다.

"그야 당연히 당신 이름이지."

그리곤 얼마 지나지 않아 코로나 사태가 터지고 집값이 오르기 시작했다. 그분 말대로 신경을 써주는 것 같기는 했다. 이사 온 집에서 내가 한 일은 이 집에 살던 귀신들을 괴롭히는 일이 전부였다.

영계에서는 이렇게 나처럼 문세 있는 사람을 관리하는 부서나 기관이 따로 있고, 높은 직급의 관리자가 직접 내려와 경고하거나 교육하는 것 같다. 호기롭게 글을 썼지만, 사실 저 상황은 매우 무서웠다. 나의 모든 생각과 언행을 위에서는 다 알고 있다는 사실이 한동안 충격으로 다가왔다.

'물에 빠뜨리지 말고 그냥 말로 경고하면 안 되나?'

이런 생각도 해보았다. 그러나 한편으로는 내 성격상 뭔가 하고 싶은 일이 있으면 추진력 있게 실행에 옮기는데, 아마도 이런 성향을 파악하고 충격요법을 쓴 것 같기도 했다.

27
영계에서의 단기 알바

2018년도의 일이다. 이때 하찮은 내 영적 재주를 믿고 사업한다고 깝죽대다가 계곡물에 빠져 익사할 뻔했는데, 같은 날 어떤 신선? 같이 생긴 분이 와서 날 강제로 유체이탈시켜 한참을 교육시킨 일이 있었다. 말이 교육이지 무서운 경고에 가까웠다. 이분의 얘기를 한참 들었는데, 무슨 말을 하는지 건성건성 듣는 척만 했다. 몇 개월을 준비한 사업을 접으라는데 뭐가 신이 나서 경청을 하랴. 내 관심을 끄는 것은 정작 다른 데 있었다. 바로 그분이 입고 있는 옷. 전체 흰색의 도포 같은 옷인데 마치 앙드레김이 자주 입는 이상한 옷 같았다. 머리에 흰색 두건을 감았는데 이 모습 때문에 신선이라고 생각했던 것 같다.

'뭐 요즘 신선의 패션이 저렇게 바뀌었을 수도 있겠지만.'

그분이 가시면서 물어볼 게 없냐고 했다. 난 엉뚱하게도

"입고 계신 옷은 어떻게 만듭니까?"
이렇게 물었다. 일종의 반항이었다.

며칠이 지났지만 정신은 그대로 피폐해진 채로 있었고 몸도 이상하고 좋지 않았다. 이른 잠을 자려고 누웠는데, '아! 누가 또 왔다.' 금세 느낌으로 알아차렸다. 또 그분이 온 줄 알았는데 다른 분이었다. 앙드레 신선이 다시 왔다면 물어보고 싶은 게 많았는데, 60대 후반의 스님같이 생긴 분이 오셨다. 스님은 아닌 것 같고, 머리는 듬성듬성한 스포츠머리에 인상 좋게 생긴 동네 슈퍼에 앉아 있을 법한 할아버지 같았다. 서로 대화는 안 했지만 그분의 의중을 알 수 있었다. 냉큼 따라 나오라는 것이었다.

'아니 처음 봤으면 통성명부터 해야지 왜 이렇게 일방통행이야? 이쪽 사람들은 다 이런가?'

이렇게 구시렁거리는데 그분이 날 쳐다봤다.

"아, 예. 갑니다."

얼굴을 찌푸리며 그분을 따라나섰다.

그분이 어떤 건물 앞에 멈춰 섰다. 건물을 보니 낯이 익었다. 가만 생각해보니 근 십 년 넘게 꿈에 자주 보던 건물이었다. 직접 들어가 보지는 못했지만 계속 꿈에 나왔고, 그 주변을 서성이다가 깨는 이상한 꿈이었다. 이때는 내가 이런 공장을 사게 되는 예지몽일 것이라 생각했었는데 아니었나 보다.

나는 묻지도 못하고 그분을 따라 건물 안으로 들어갔다. 1층에 있는 어떤 방에 다다르자 7, 8명이 앉아서 분주히 무엇인가를 만들고 있었다.

'공장인가?'

빈자리에 날 앉히고 그분은 내 뒤에 자리를 잡았다. 그리고는 밑도 끝도 없이 어떤 기계를 돌리며 일을 하는 것이었다. 마치 베틀 같은 기계였는데 무슨 옷감 같은 걸 짜는 것 같았다. 난 어이가 없어서 그분과 내 앞에 놓인 기계를 번갈아 쳐다보고만 있었다.

"뭐해? 나 하는 거 보고 너도 얼른 따라서 해."

'뭘 하란 말인가? 자는 사람 깨워서 고작 데리고 온 곳이 공장이란 말인가? 영계까지 왔는데, 아! 무슨 멋진 말을 해주던가. 아니면 깨달음을 주던가. 이게 뭐하라는 건지 참!'

내 속마음을 들었는지 그분이 갑자기 박장대소하기 시작했다.

'여러 사람들 앞에서 창피하게…'

주변 사람들은 흘끔 흘끔 날 보기만 했지 자기네 일에만 열중하고 있었다. '오늘도 한 명 데리고 왔네?'라고 수줍게 비아냥대는 그들의 마음속 소리가 들렸다.

'이 사람들도 모두 이분을 믿고 따라온 건가?'

그러기엔 손놀림이 재빠르고 기계를 능숙하게 다루는 것으로 보아, 숙달된 직원인 것 같았다. 다른 사람에게 일을 지시하고 검토하는 이분의 모습은 이 방에서 방장처럼 보였다. 난 어쩔 수 없이 그분이 하라는 대로 따라 하는 수밖에 없었다. 시둘지만 베틀을 이리저리 굴려도 보고 탁탁 쳐보기도 하면서, 첫걸음마를 떼듯

기계의 작동법을 익히려 애썼다. 내 오른쪽이 바로 벽이어서 오른쪽 팔꿈치가 자꾸만 벽에 부딪쳤다.

각자 일에 열중하느라 나무기계가 맞부딪히는 탁탁 소리만 정막하게 들려 말을 붙여볼 엄두도 나지 않았다. 나는 속으로 생각했다.

'야~ 지금 세상이 어떤 세상인데 영계에선 아직도 이렇게 옷감을 짜나? 좀 고급스러운 직물이라 그런가?'

한 두세 시간 일했던 것 같은데, 갑자기 그분이 쉬는 시간이라고 했다. 그 말이 끝나자 누가 시키지도 않았는데 그 방의 사람들은 어디론가 분주히 나가기 시작했다. 난 어찌해야 할 바를 몰라서 방을 나가는 무리의 뒷모습과 그분을 번갈아 보기만 했다. 곧이어 그분도 어딘가로 나가기에 난 홀로 문을 열고 나와 정원 돌무더기에 털썩 앉았다. 정원에는 작은 연못이 있었고 그 연못은 매우 맑았다.

잠시 후, 그분이 쟁반 같은 큰 접시를 들고 와 내게 내밀었다.

'오! 영계의 신비한 음식을 맛보는 건가?'

그 안을 보았다. 작은 약병에 든 알 수 없는 물약과 꿀에 절인 산삼 한 뿌리가 있었다. 산삼인지 더덕인지는 모르겠지만 평소 많이 보던 인삼 같은 것이었다.

"뭘 이런 걸 다 주시고, 일도 제대로 못했는데…"

하면서 넙죽 받아먹었다. 영혼체라 직접 먹지는 못했지만 그 맛은 대충 알 수 있었다. 산삼은 쌉싸래한 맛은 없고 단맛만 났다. 물약은 그냥 시금털털한 맛이라고나 할까? 그분과 나는 앉아서 이런 저런 얘기를 했다. 이분은 이 공장의 관리자라고 했다. 그러면서 나보고 대뜸 물었다.

"자네가 그 옷 어떻게 만드냐고 물어봤다며?"

"네? 아, 그게 아니라…"

이제야 내가 여기 와서 왜 베틀을 짜는지 알게 되었다.

'아! 이 경망함을 어찌할꼬. 아니 별생각 없이 홧김에 물어본 말을 진짜로 받아서 이렇게 체험을 하게 하나? 누가 관리자 아니랄까봐 참 고리타분하기는.'

이분과는 많은 얘기를 나눴고 호쾌하게 웃는 모습이 너무도 좋았다. 무뚝뚝하고 무서울 줄 알았는데, 의외로 무척 친근감 있고 재밌는 분이었다. 이 꿀에 절인 산삼은 집에 갈 때 가져가라고 했다. 이것이 일당인 것 같았다.

'그렇지. 영계라고 해도 일한 값은 줘야지.'

이렇게 생각하며 흐뭇한 마음으로 다시 일을 시작했다. 처음보단 손에 익어서인지 수월하단 느낌이 들었다. 작업이 다 끝나지 않았지만, 이분은 이제 이 정도 체험했으면 됐다며 그만 돌아가라고 했다. 좀 아쉽다는 생각도 들었고, 부탁만 잘하면 여기에 취직해서 일을 해보고 싶은 생각도 들었다. 그리고 한 방에서 같이 일한 사람들이 모두 여성분들이라 물어보고 싶은 것도 많았는데, '그래도 가라는데 가야지.' 하면서 작별인사를 하고 피곤한 몸(영혼체)을 이끌며 지상으로 복귀했다.

몸으로 복귀하고 나니 '아차!' 가져가라고 한 꿀에 절인 산삼을 놓고 왔다는 것을 알았다. 주변을 둘러봐도 아무것도 없었다. 다시 울화가 치밀어 오르기 시작했다.

'젠장! 회사에서도 일하느라 죽을 것 같은데, 잠도 못 자게 깨워 데려가선 또 일시키고.'

어이가 없어서 잠도 오지 않았다. 그 맛있어 보이던 산삼만 눈앞에 어른거렸다.

'근데 영계 물건을 지상에 가져올 수 있나?'

이런 궁금함이 생겼다.

다음날 아침 부스스하게 눈을 떴다. 아내가 오더니 갑자기 내 입에 뭔가를 한 스푼 쑥 넣어줬다.

"아윽! 써. 이게 뭐야?"

"응. 내가 꿀에 인삼을 재웠거든. 한 번 먹어봐. 숙성되면 그때 공복에 먹으면 좋대."

난 쌉싸름한 인삼 조각을 씹으며 입가에 미소를 지었다.

'아 이렇게 돌아오는구나!'

28

이사만 가면

나 같은 사람에게 이사는 정말로 스트레스받는 일 중 하나다. 집이나 사무실이 이사할 때면 반드시 귀신을 만난다. 전에부터 그곳에 살고 있던 귀신인지 아니면, 기존에 있던 사람들이 나가고 우리가 들어오는 그 짧은 틈에 들어온 것인지 모르겠지만, 내가 들어온 이상 같은 공간에 산 사람과 귀신이 공존할 수는 없다. 어떻게 해서든 쫓아내야 한다.

귀신은 영계에 가지 않고 현실세계에 남아있는 망자다. 영계에 가지 않는 사정은 있겠지만, 대부분 영성이 낮다. 거기에다 자신들은 사람 눈에 띄지도 않고, 날아다니기도 하며, 벽도 통과하니 얼마나 우쭐할까. 사람들 골탕 먹이고 해코지하는 걸 즐기는 망자도 있고, 성희롱하는 놈들도 있다. 새로운 집에 이사를 가게 되면 이렇게 남아있던 귀신들이 꼭 해코지를 하곤 한다.

평범한 사람들이 유체이탈을 하지 않고서도 귀신을 만날 수 있는 대부분의 경우는 선잠을 잘 때이다. 실제 생활에서 만날 수도 있지만, 서로 진동수가 맞지 않아서 귀신을 인식하기 어렵다. 육신 없이 영혼체만으로 된 귀신은 에너지 밀도가 현저히 낮아서 자신의 밀도보다 높은 에너지체는 모두 알아볼 수 있다. 그러나 육체를 갖고 있는 사람의 에너지체 밀도가 귀신에 비해 월등히 높더라도 주변 환경이 도와주면 예민한 사람들은 귀신을 알아보기도 한다. 경험상 한 치 앞도 볼 수 없는 칠흑같이 깜깜한 밤이나 거기에 더해 비까지 부슬부슬 내리면 어렴풋한 형체와 작은 목소리 정도는 느낄 수도 있다.

터를 잡은 귀신들은 자신의 영역에 새로운 사람들이 오는 것을 꺼리기 때문에 해코지를 하는데, 주로 자는 틈을 이용해서 가위를 눌리게 하거나 목을 조르는 등의 수법으로 괴롭힌다. 그런데 일반인들은 실제로 귀신에게 괴롭힘을 당하는 것과 꿈에서 귀신에게 괴롭힘당하는 것을 구분하지 못한다. 악몽의 경우를 제외하고 실제로 귀신에게 괴롭힘당하는 경우에 한해서 귀신을 물리칠 수 있는 방법에 대해 얘기해보겠다.

먼저, 귀신과 만났을 때 제일 중요한 것은 귀신의 기에 눌리지 않는 것이다. 깜짝 놀랄 수는 있어도 무섭다는 생각을 하면 안 된다. 그리고 전통적인 방법인 부적, 팥이나 소금을 뿌리는 것으로는 잘 먹히지 않는다. 이런 것보다는 귀신을 깜짝 놀라게 해서 내

보내는 게 좋다.

(1) 박수를 큰 소리 나게 세게 '짝짝' 치거나, 소리를 '악!' 하고 크게 지르기

사람이 놀라면 귀신도 놀란다. 갑자기 스산하거나 소름이 쫙 끼칠 때 사용하면 좋은 방법이다. 가끔 밤에 등산을 가는데 꼭 특정 장소만 가면 귀신이 내 어깨에 올라탄다. 그럼 스틱 두 개를 들어 올려 '딱, 딱' 세게 치면 귀신은 놀라서 금방 달아난다.

(2) 욕하기

선잠을 자다가 귀신의 얼굴을 보았을 때, 몸이 잘 움직이지 않으므로 이때는 내가 알고 있는 가장 심한 욕을 한다. 이것도 평소에 욕을 배워놓고 연습을 해야 한다. 그래야 위급할 때 저절로 욕이 나오기 때문이다. 예전에 모텔에서 잘 때 중학생 정도로 보이는 녀석이 왔기에,

"이런 어린 노무자식이. 여기가 어디라고."

이러면서 욕을 했더니 깜짝 놀라서 도망간 적이 있다. 살면서 심한 욕을 들어본 적이 있는가? 욕 잘하는 사람 옆에서 듣기만 했는데 정말 귀에서 피가 날 것 같고, 내 영혼이 파괴될 것만 같아 하마터면 119를 부를 뻔했다. 산 사람들에게도 통하고 귀신에게도 통한다.

(3) 알몸으로 방마다 돌아다니기

이사할 때 주로 써먹은 방법인데, 자기 전에 알몸으로 방마다 돌아다닌다. 당연히 미친 사람처럼 괴성을 지르고 손뼉도 치면서 양손을 위로 흔들면서 돌아다니면 더 효과가 크다. 상대가 당황하면 이기는 거다. 주의사항은 몸매가 좋으면 안 되고, 나처럼 흉측한 몸매여야 한다. 가족들도 내 벗은 몸을 보면 눈을 가리는데 귀신은 오죽하겠는가.

(4) 귀신 목 조르기

이건 좀 연습이 필요하다. 선잠상태나 가유체이탈 상태에서 귀신이 내게 해코지를 하려고 할 때 순간적으로 유체이탈을 해서 기습적으로 귀신의 목을 노리고 손을 쭉 뻗어야 한다. 그럼 놀라서 도망간다. 산 사람에게도 갑자기 손이 목으로 쭉 뻗어오면 기겁을 한다, 급소니까. 이런 본능적인 방어행위가 귀신에게도 있다. 귀신도 살아있을 때의 본능이 남아있어서 그렇다.

평소 유체이탈 연습이 안 되어 있으면 귀신을 보고 놀라서 주먹질이나 박치기를 하게 되는데, 영혼체가 나가는 게 아니라 진짜로 몸이 나가서 다치게 된다.

아내 명의로 된 아파트로 이사를 왔다. 평소 귀기가 주변에 느껴지면 언제나 잠에서 깨어 주변을 돌아보게 되는데, 물론 살짝 유체이탈이 된 상태로 말이다. 그날도 귀기가 느껴졌지만 많이 피곤

했던지라 금방 깨지 않고 뭔 일인가 그냥 앞만 보고 있었다.

남자 귀신이 내 주변에 있는 게 보였다. 피부가 하얗고 날씬한 몸매의 30대 중후반쯤으로 보이는 남자가 날 이리저리 살피고 있을 뿐이었다. 앙드레 신선과 만난 이후로 망연자실해 있던 나는 귀신을 보고 좀 어이가 없었다.

'감히 내게 와?'

화풀이할 상대가 필요했다.

해코지를 안 하기에 주시만 하고 있었는데, 이놈이 내 곁에 오더니 슬그머니 내 손에 깍지를 끼는 것이었다.

'남자끼리 뭐하는 거야 민망하게… 그린라이트?'

처녀귀신과 경험이 있었지만,

'그래도 남자끼리 오우야, 이건 아니다~'

이런 생각을 하고 있을 때, 갑자기 깍지 낀 내 손에 힘을 세게 가하는 것이었다. 내 손가락들이 관절 반대로 꺾이는 게 느껴지기 시작했다. 속으로 '그만 그만해! 아프다.' 이렇게 외치고 있었는데 갑자기 더 확 꺾는 것이었다.

내 손가락은 반대로 확 꺾였고 순간 화가 치밀어 영혼체를 일으켜 그놈의 모가지를 확 잡으려고 했다. 그놈은 놀라서 순식간에 문 밖으로 달아나 버렸다.

씩씩대며 일으킨 몸을 다시 뉘었지만 생각할수록 열이 받아서 아예 몸을 깨워 아들 방에 갔는지 확인해보고 집 안 여기저기를 돌아본 후, 물을 한 잔 마시고 다시 잠자리에 들었다. 그런데 이 귀신은 평소 접했던 귀신들과 좀 다른 느낌이 들었다.

'누구지? 보통은 특별한 일이 없으면 이렇게까지 직접 몸에 손을 대지는 않는데…?'

장난삼아 알지도 못하는 사람의 손가락을 꺾는 해코지를 할 리가 없는데, 도무지 이유를 알지 못했다. 경험상 귀신들이 사람들을 해코지하는 방법은 가장 일반적인 게 목 조르기, 때리기, 빙빙 돌리기, 패대기치기 등인데 이놈은 손깍지를 끼워서 꺾는 게 참으로 이상한 행동이었다. 얼마 지나지 않아 그 이유를 알게 되었다.

유튜브를 보다가 눈길을 끄는 신기한 드라마를 발견했다. 바로 tvn에서 방영하는 '방법'이라는 드라마다. 2편 첫 부분에 언론사 부장이 사지가 뒤틀리고 손가락이 꺾여서 죽는 장면이 나오는데, 이 장면을 본 순간 내가 당한 것과 너무도 흡사하여 깜짝 놀랐다. 이제야 그놈이 왜 내 손에 깍지를 끼고 비틀었는지 이해가 되었다. 바로 내게 '방법'을 하려고 했던 것이다. 한편으로 우습기도 하고 이런 것도 유행을 따라 하나? 귀엽기까지 했다. 그러나 만약 '방법'이라는 드라마를 먼저 봤다면 손가락이 꺾일 때 나는 아마도 상당한 공포에 휩싸였을 것이다.

하여튼 이놈은 상대를 잘못 고른 것이다. 날 해코지하려다 내가 벌떡 깨서 자기 모가지를 틀어쥐려고 했으니 얼마나 놀랐을까. 아직도 놀래서 똥그래진 그놈의 눈이 생각난다.

'방법'은 주술로 저주를 내리는 행위를 말한다. 또한 불교에서 부처님의 법을 비방하면 나중에 지옥 간다는, 일종의 저주라면 저

주인 '비방정법'(誹謗正法)이란 말도 있는데, 작가가 여기서 아이디어를 가져온 것 같다.

속세에서 유행이나 이슈가 되는 것은 반드시 영계에서도 그 유행을 따르는 경우가 많다. 이런 '방법'하는 것들은 귀신들 사이에서 유행이 되지 않았으면 좋겠다. 일반사람들이 귀신에게 해코지를 당하면 무척 괴로운데 마치 귀신이 엄청난 힘이 있을 것이라는 선입견을 심어주기 때문에 더더욱 좋지 않다.

며칠 후, 자기 전 유체이탈해서 방마다 돌아다녔다. 이사를 하면 한동안 하는 나의 관례이다. 그런데 피아노가 있는 작은 방에서 어떤 어린 여자아이와 엄마로 보이는 젊은 여자가 겁먹은 눈으로 나랑 눈이 마주쳤다. 여자아이는 피아노를 좋아하는 것 같았다. 딱 느낌이 왔다.

'그놈의 가족이구나!'

어이가 없었다. 자기 가족을 내팽개치고 저만 도망가다니… 두 모녀는 내가 노려보자 결국 나를 피해 창밖으로 나갔다.

생각에 잠겼다. 왜 저들은 영계로 안 갈까? 어떤 연유로 이곳에 남아있는지는 모르겠지만 남편이란 놈이 너무 한심해 보였다.

하여튼 귀신을 물리치는 방법들과 에피소드를 올려보았지만, 이렇게 한 번 한다고 끝나는 게 아니다. 장소에 집착하는 귀신일수록 집요하게 다시 온다. 이럴 경우 폼 더 확실한 방법을 써야 한다. 경험상 뭐니 뭐니 해도 귀신을 내보내는 가장 좋은 방법은 그

룻을 깨는 것이다. 헌 그릇을 신문지에 몇 겹으로 싸서 거실 바닥에 냅다 던져서 깨버리면 된다. 바가지를 발로 밟아서 깨거나, 생일파티용 폭죽을 터뜨려도 같은 효과가 있다. 귀신들은 그릇이나 유리가 깨지는 날카로운 소리나 뭔가 터지는 큰 소리를 무척 싫어하는 것 같다. 그래서 중국은 신년만 되면 그렇게 폭죽을 터뜨리는지도 모르겠다.

그리고 집을 꾸민다고 창문에 크리스마스트리를 휘황찬란하게 번쩍 번쩍 꾸민다거나, 마네킹을 창문에 세워 둔다거나 하면 안 된다. 밖에 돌아다니는 귀신들에게 굳이 호기심을 유발할 필요가 없다.

29
네 잘못이 아니란다

●

　앙드레 신선을 만난 이후로 5년째 두문불출하고 있다가 우연찮게 카톡의 오픈 채팅을 알게 되었다. 이곳에서 알게 된 어느 분의 소개로 인터넷에 있는 영성카페를 가입하게 되었다. 유체이탈이나 사후세계에 대한 내용이 대부분이었는데, 호기심으로 들어온 사람들보다는 가족을 잃고 슬픔에서 헤어 나오지 못하고 있거나, 힘겨운 상황에 지푸라기라도 잡고 싶은 심정으로 온 회원들이 많았다. 내가 개설한 카페도 아니고 그냥 손님 회원으로 가볍게 들어왔으니 '앙드레 신선도 이 정도는 이해해주겠지?'라는 마음으로 활동했었다. 그러나 한편으로는 또 뭔 일이 생길까봐 언제나 긴장의 끈을 놓지 못했다.
　주로 가족을 잃고 힘들어하는 분들의 얘기를 들어주었는데, 답변을 달고 좀 쉴 때면, 어김없이 회원의 돌아가신 당사자분들이 내게 왔다. 내 일의 특성상 거의 해 뜰 때까지 일을 하기 때문에 옆에 망자들이 있으면 소름과 전율이 계속 끼쳐서 도저히 일을 할 수 없었다. 내게 오는 이유는 대부분 동일했다. '나는 잘 있으니까 너무 걱정하지 말고, 너무 슬퍼하지 마라'는 메시지를 남겨진 가족들에게 전해달라는 것이었다. 요청대로 충분히 내용을 담아서 댓글을 달았지만, 문제는 이분들이 내 사무실에서 안 나간다는 것이다. 이곳에 오는 분들끼리 서로 친해져서 이야기꽃을 피우는 일이 잦아졌다. 많을 때는 한꺼번에 8명이 오기도 했다. 망자의 수가 너무 많으면 전율이 드는 걸 넘어서 어지럼증과 구토증세가 났다. 할 수 없이 망자분들을 모아놓고 내 사정을 얘기했다. 그리고 카페를 탈퇴했다. 대부분 내 상황을 이해하셨고 점차 오는 분들이 줄었는데, 유독 한 분이 끈질기게 오셨다. 어쩔 수 없이 유체이탈하여 그분을 만났다. 어머님이셨는데, 그분의 따님은 자신의 실수로 어머님이 돌아가셨다고 믿고 있었다. 이 어머님께서 다음과 같은 메시지를 전달해줄 것을 요청하셨다.

"네 잘못이 아니야. 그러니 너무 자책하지 말거라~ 난 지금이 너무 홀가분하고 좋단다. 그러니 내 걱정은 이제 그만하거라."

그 따님과 전화 통화를 해서 메시지를 전달했지만, 그 따님의 슬픔과 자책은 그치지 않았다. 직접 들으면 좋겠지만 아무래도 다른 사람을 통해서 이야기를 전달받다 보니 실감이 나지 않았나 보다.

자신의 잘못으로 가족이 돌아가셨다고 믿는 사람들이 자책을 많이 한다. 그런데 사람이 죽는 날짜는 거의 오차가 없다. 의학이 너무 발달하다 보니 어쩔 수 없이 보살피는 분들의 눈을 잠시 가리든지 혼을 어둡게 하여 데려가는데 이런 사정을 모르는 분들은 자신의 잘못으로 돌아가신 줄 알고 자책하면서 괴로워한다. 자책할 때마다 망자분들은 더 힘들어한다. 그러니 그렇게 자책하지 않아도 된다.

몇 년 전의 일이다. 새벽 1시경 사무실 의자에 앉아서 가벼운 잠을 청하고 있었는데, 예전에 막내삼촌에게 투자했던 둘째삼촌이 갑자기 사무실 안으로 들어오셨다. 나는 놀라서 소리쳤다.

"어? 삼촌, 왜 왔어요? 혹시?"

삼촌은 다급하게 내게 도움을 청하셨다.

"완비야, 빨리 내 아이들에게 가봐라."

"네?"

눈을 떴다. 어안이 벙벙했다. 순간 꿈인가? 유체이탈인가? 분간하기가 어려웠다. 꿈이라면 괜찮지만, 유체이탈이었다면 나는 삼촌의 영혼과 대화를 한 것이다. 새벽이라 전화를 해볼 수도 없고,

'만일 삼촌이 돌아가셨다면 연락이 왔겠지.'

이렇게 생각하면서 놀란 가슴을 쓸어내렸다. 위가 좋지 않아서 병원 다니고 있다는 말은 들었지만 젊으셨고 아직도 활발하게 사회생활을 하고 있어서 그렇게 걱정이 되지 않았다. 억지로 꿈일 것이라고 믿었다. 그런데도 찜찜함이 계속 밀려왔다.

갑자기 전화가 울렸다. 새벽 2시다. 발신자를 보니 아버지였다.

'아뿔싸! 하~'

긴장하면서 휴대폰을 들었다. 역시나 삼촌이 갑자기 돌아가셨다는 소식이었다. 자식들에게서 전화가 왔다는데 너무 울기만 해서 대화가 되지 않는단다. 내가 있는 곳과 가까우니 나보고 가서 상황을 파악하고 장례식장을 어떻게 할 건지 알아보라고 하셨다. 급하게 차를 몰아 병원 장례식장에 도착했다. 그곳에는 숙모와 두 남매가 우는 것을 넘어 통곡을 하고 있었다. 삼촌이 내게 온 이유를 알게 되었다. 시신 안치소에서 삼촌을 보고 장례식장과 여러 절차들을 계약하고 마무리 지을 수 있도록 도와줬다. 남겨진 가족들을 집까지 데려다주고 오는 길에서야 숨을 돌릴 수 있었다. 그러자 갑자기 울음이 터지고 말았다. 삼촌이 돌아가셨다는 게 실감이 되었다.

3일 동안 장례식장을 지키고 있었는데, 그곳에 삼촌도 같이 있었다. 그날 일정이 끝나고 삼촌 식구들을 집에 데려다주면 삼촌도 같이 차에서 내려 집으로 가족과 함께 들어갔다. 느낌으로 알 수 있었지만, 순간 피식하고 웃음이 나고 말았다. 평소에도 행사가 있을 때마다 삼촌은 내 차를 얻어 타고 같이 다니기를 좋아했기 때문이다.

숙모와 큰딸, 작은아들은 경황이 없어 보였고, 삼촌이 그 지경이 될 때까지 신경 쓰지 못한 것에 대해 자책만 하고 있었다. 나는 어깨를 토닥이며 위로를 해줬다.

"너무 자책하지 마. 아버지 옆에 계셔."

30
고요히 강가에 앉아서, 2024년

'앙갚음하지 마라. 복수하지 마라. 고요히 강가에 앉아있기만 해라. 그럼 강물 위로 떠내려오는 원수의 시체를 보게 될 것이다.'

이 말은 중국에서 속담처럼 내려오는 격언이다. 흔히 노자의 말이라고 잘못 알려져 있는 말이기도 하다. 핵심은 우주 대법칙인 카르마의 법칙을 나타내는 말로, 인과응보의 법칙인 것이다. 내가 굳이 복수하지 않더라도 카르마의 법칙에 의해 원수는 그에 상응하는 벌을 받는다는 뜻이다. 나는 그냥 강가에 앉아서 물멍이나 때리면 된다는 것인데, 최근에 이 카르마의 법칙을 아주 찐하게 경험했다.

내가 납품하는 업체 중에 아주 악질인 업체기 있었다. 납품 대금을 차일피일 미루면서 최대한 늦게 주는 업체다. 이 업체는 사원 수를 대폭 늘리고 회사도 좋은 곳으로 확장하면서 정작 납품업체들에게는 온갖 갑질과 횡포를 부리는 악독한 업체다. 이 업체와 한 번 거래를 하면 내 회사의 자금계획이 모두 꼬여버리게 되어 무척 스트레스받는 상황이 된다. 제때 돈을 주지 않기 때문이다.

이번에도 발주서가 와서 생산하는 와중에 미수금에 대해서 그 업체와 언쟁이 있었다. 나는 미수금을 해결해주지 않으면 현재 신규 개발 중인 프로젝트를 안 하겠다고 포기선언을 했다. 이렇게 되면 이 업체는 무척 곤란해진다.

결국 이 업체는 지금 생산이 거의 완료되어 포장 중인 제품을 받지 않겠다고 했다. 이제는 막 나가자는 것이었다. 나는 변호사를 선임하여 내용증명을 보내고, 그 업체 거래은행 통장을 가압류했다. 그리고 공정거래위원회에 제소도 했다. 공정거래위원회는 준사법기관이라 여기서 승소하면 본안소송에서 유리해지기 때문이다.

내가 제품을 만드는 데 들어간 비용이 4천만 원이고 납품이 이루어졌다면 8천만 원을 받아야 하는데, 실제로 납품이 이루어지지는 않았기 때문에 청구할 수 있는 금액은 4천만 원이었다. 우리 같은 작은 회사에서 4천만 원은 큰 액수다.

공정거래위원회에서 나와 갑질업체 사장을 불러 조사가 이루어졌다. 과천정부청사 대기실에 갑질업체 사장과 그 회사 연구소장이 왔다. 왜 대기실에서 가해자와 피해자를 같이 있게 하는지 정말 이런 상황이 싫었다.

얼굴을 보자마자 살의가 올라왔지만, 아무리 미워도 괴물은 되지 말자면서 인내하고 인사를 건넸다.

"안녕하세요."

이 사장 놈은 뜻밖에 내가 인사를 해서 그런지 무척 당황해했다. 내게 눈도 마주치지 못하고 연구소장과 대화만 했다. 연구소장은 그래도 예의를 차릴 줄 아는 사람이었다. 나와는 이메일과 전화로 숱하게 싸웠지만 내 인사를 웃으면서 받아주었다.

"아휴, 왜 이렇게까지 되었을까요?"

이 말에 나도 그동안 쌓였던 앙갚음의 마음이 다소 누그러졌다. 말 한마디로 천냥빚을 갚는다는 속담이 떠올랐다. 공정위에서 악독업체 사장은 마치 자신이 피해자인 양 진술을 했다. 조사관이 큰 소리로 호통을 쳤다.

"당신은 법을 당신 맘대로 판단하고 해석합니까?"

사장은 얼굴이 홍당무처럼 빨개졌고 아무 말도 못하고 어버버거리기만 했다. 너무도 통쾌했다.

1년 뒤, 공정위에서 승소를 했고 그동안 못 받았던 미수금과 지급이자까지 모두 돌려받았다. 이제는 납품하지 못한 내 제품의 원금 4천만 원을 받기 위한 손해배상청구를 하면 모든 게 끝나는 상황이었다. 본안소송만 남은 것이다. 이 소송을 위해서 공정위에 제소를 한 것이니까.

그러나 문득 이런 생각이 떠올랐다. 카르마의 법칙에 한 번 맡겨볼까? 지금까지 자잘한 행위나 실험으로 카르마의 법칙을 증명

했지만,

'그래도 제대로 실험하려면 이 정도 큰돈이 걸린 일로 실험을 해야 하지 않을까?'

이런 마음이 올라오기 시작했다.

두 마음이 속에서 뒤엉켜 싸움을 하기 시작했다.

'그래도 내가 도 닦는 사람인데 이 정도도 못해? 아니 그건 그거고 왜 하필 큰돈이 걸린 일을 굳이 실험을 해?'

이런 상황을 아내에게 물었다. 거의 다 되었는데 말도 안 되는 소리 하지 말라고 하면, 못 이기는 척하고 소송을 할 생각이었는데 돌연,

"소송에 또 신경 쓰기보단, 다른 일에 집중하자. 할 일이 많잖아. 그리고 카르마에 맡겨봐."

이러는 것이었다. 나는 속으로

'이 사람이 미쳤나? 4천만 원이 걸린 일이라고.'

평소에 나보고 주댕이만 도사라고 구박하던 사람이 갑자기 이렇게 나올 줄 몰랐다. 용기를 내서 카르마의 법칙에 맡기기로 하고 변호사에게 소송을 하지 않겠다고 했다. 변호사는

"아니 다 된 밥을 왜? 변호사 비용도 받아낼 수 있고요. 정신적 피해보상이랑 이것저것 다 붙여볼 수 있는데. 왜 안 해요?"

난 쓰린 맘을 달래며

"아, 제가 지금 매우 중요한 실험이 있어서요. 테스트해볼 게 많아서 도저히 시간이 안 나네요."

이렇게만 둘러대고 말았다. 뭐 실험은 실험이니까.

6개월 후, 이 업체는 전국 일간지에 공정위 사건이 기사로 나와서 대내외적으로 큰 망신을 당했다. 물론 이 일로 정부 과제를 따내는 것도 지장이 있을 것이고, 여러모로 사업상 안 좋은 이미지가 쌓였을 것이다.

설을 맞아 처갓집 형님댁에 집들이 겸 왔다. 충주 목계라는 곳인데 앞에 남한강이 흐르고 있다. 이 강가에 앉아서 하염없이 강물을 쳐다보고 있었다. 원수의 시체라도 떠내려올까 하염없이 강물만 쳐다봤다.

나쁜 놈들은 그에 상응하는 벌을 받게 된다. 그런데 내가 받은 피해는? 카르마의 법칙은 맞는데 세부적으로 따져보면 내가 받은 피해는 어떻게 보상을 받지? 라는 생각이 났다. 회계상으로 4천만 원이 펑크가 난 것이니까. 아무 일 없이 납품을 했더라면 늦게 받더라도 8천만 원을 응당 받을 수 있는 돈인데 뭔가 찜찜함이 계속 올라왔다. 카르마의 법칙이 맞는 것은 알겠는데 실험치고는 너무 큰돈이 들어간 것만 같았다.

이렇게 씁쓸한 마음을 다잡고 다시 일상으로 돌아왔다. 개발일로 정신없는 나날이었다. 며칠 전 유튜브를 보면서 쉬고 있었는데 무슨 알고리즘에 떴는지 계속 H○B가 어쩌고 저쩌고 하는 영상이 뜨는 것이 있다.

'H○B? 어디서 많이 들어본 이름인데?'

영상을 틀어보니 H○B란 회사가 표적항암제를 개발해서 미국 FDA에 심사를 한다는 내용이었다.

'어? 이거 내가 3년 전에 사놓은 종목인데?'

난 놀라서 부랴부랴 HTS를 실행했다. 너무 오랜만에 실행을 해서 그런지 인증서도 재발급받아야 하고 주식 프로그램이 잘 켜지지 않았다. 간신히 실행시켜 얼마를 벌고 있는지 확인해봤다. 오 마이 갓!!! 8천만 원이 수익 중이었다.

'아~ 이런 방법으로 보상을 받게 되나?'

카르마의 법칙에 대해 살짝 서운함이 있었던 그 찜찜한 부분이 완전 해소가 되었다. 난 흥분해서 이 사실을 아내에게 보여줬다.

"오! 완비, 주식 좀 하네? 이런 재주가 있었어?"

"그럼. 내가 주식 좀 하지. 혹시 텐배거라고 들어는 봤나?"

카르마의 셈법은 현실의 셈법과 다르다. 아니 다른 게 아니라 카르마의 셈법은 칼같이 정확하다. 주식이야 어차피 들어올 수익이라고 생각할 수 있지만, 내 일의 특성상 주식을 사놓고 잊어버리는 경우가 다반사여서 이때 인지하지 못했다면 저런 수익이 나지는 못했을 것이다. 예를 들어 누구에게 돈을 꿔주고 받지 못하고 있다면, 카르마 셈법으로는 그 액수만큼 다른 경로를 통해서 들어온다. 그러나 현실 셈법에서는 꿔준 돈은 계속 받을 돈으로 남아 있는 것이다. 이런 원리를 모르면 계속 게거품 물고 잘 수밖에는 없는 노릇이다. 만약 끝까지 받지 못한다면 애초에 내 돈이 아니거나 전생에 내가 꾼 돈을 지금 갚은 것이다.

나는 직접 겪는 여러 가지 영적인 문제를 이렇게 실험으로 꼭 검증을 한다. 직업이 연구원이라 그런지 이런 실험과 테스트가 몸에 배서 그런가 보다. 물론 과학적이고 보편적 검증은 될 수 없다. 이러한 영적 검증은 오로지 개인적으로만 가능하다.

이 일을 계기로 이렇게 또 한 발자국 성장을 할 수 있었다. 카르마의 법칙, 인과응보의 법칙을 제대로 알게 되면 감히 나쁜 짓을 할 수 없다.

며칠 전 아내가 갑자기 천만 원을 보내왔다. 그러면서
"주식 천재 완비님, 이 돈을 열 배로 불려주세요. 할 수 있죠?"
또 다른 카르마가 몰려오기 시작하고 있다. 이 일을 어이할꼬.

31

카르마의 무서움

　카르마가 무엇인지 한 번은 들어봤을 것이다. 아는 사람은 이 카르마가 내게 또는 내 주변에 어떻게 펼쳐지는지 확실히 알 것이다. 갑자기 그리고 무섭게 휘몰아친다. 단지 시간이 걸리기 때문에 우리가 잘 인지를 못할 뿐이다.

　현생에서 퍼즐을 맞춰보다가 그 원인이 없으면 전생에서 온 카르마다. 나라의 카르마도 있고, 가족의 카르마도 있고, 부모에게 물려받는 카르마도 있다. 좋은 원인을 지었다면 선업이 되고, 나쁜 원인을 지었다면 악업이 된다.

　내게 카르마가 오는 것은 카르마를 해소하기 위함이다. 안 좋은 카르마는 부모, 형제, 배우자, 자녀가 요절하여 남겨진 내 자신이 상실감으로 고통받는 것이다. 가족이나 지인 등이 사고사나 병, 자살 등으로 인해 우리 곁을 떠나면 남겨진 사람은 도저히 말로는 표현하기 어려운 괴로움을 당한다. 이런 경우 설명이 안 되고 이해가 되지 않는 상황이라 더 고통스러울 수밖에 없다. 그런데 전생을 보면, 대부분 내가 받는 괴로움은 전생에서 내가 상대에게 준 경우가 많다.

다음으로 안 좋은 카르마는 병마에 오랫동안 시달리다가 죽거나, 자녀가 선천적인 장애를 갖고 태어나는 것이다. 당사자도 힘들지만 옆에서 병수발을 하거나 돌보는 가족들에게도 무척 고된 일이다. 정신적, 육체적 그리고 경제적으로 끝이 없을 것 같은 고통의 연속이다. 이 또한 전생 또는 현생에 자신이 벌인 행위에 대한 갚아야 하는 카르마다. 이런 것을 안다면 아픈 와중이라도 도(道) 공부를 해야 한다. 현생에는 어렵겠지만 다음 생이라도 도(道)와 가까워질 수 있기를 기약해볼 수 있기 때문이다.

그 다음이 병이나 사고로 죽음의 문턱까지 갔다가 살아나는 것이다. 이것은 엄중한 경고다. 그런데 대부분의 이런 경험이 있는 사람들은 천운이나 조상 또는 누군가의 보살핌으로 여기곤 한다. 그래서 안 하던 종교활동을 열심히 하기도 하고 평소 소홀히 했던 운동을 한다거나 몸에 좋은 영양식을 먹기도 한다. 그러나 카르마를 이해하지 못하고 단지 운이 좋아서 내가 살아났다고 생각한다면 큰 오산이다. 전생이나 현생에 만든 카르마에 상응하는 결과를 받는 것이기에, 지금까지 이렇게 살아온 내 자신을 바꾸지 않는다면 이런 재앙은 다시 찾아오고 그때는 돌이킬 수 없게 된다. 카르마는 언젠가는 반드시 찾아오기 때문이다.

안타까운 경우가 주변에 너무도 많이 일어난다. 그러나 슬픔에만 잠겨있지 말고, 빨리 이 원리를 알고 카르마를 없애거나 교정해야 한다. 그런데 전생 포함해서 현생까지 카르마를 한 방에 없애는 방법이 있다. 바로 도(道)를 체험하는 것이다. 도(道)를 체험하면 영계에 보고가 되고 경험상 영계에는 이런 사람들을 관리하는 기관이 따로 있다.

도덕경 62장에 의미심장한 글귀가 있다.

古之所以貴此道者何
不曰 以求得 有罪以免耶
故爲天下貴

'옛부터 이 도(道)를 귀하게 여기는 까닭은 무엇인가? 도(道)로써 구하면 원하는 것을 얻고, 죄가 있어도 도(道)로써 면한다고 하지 않느냐. 그러므로 천하의 존귀한 것이라 하는 것이다.'

도(道)를 체득한 자가 원하는 게 뭐가 있을까. 중요한 부분은 다음 문장이다. 도(道)를 체험하면 전생과 현생의 모든 카르마(죄업)를 소멸시켜 주고, 소멸되어 버렸으니 다음 생에 갚아야 할 카르마가 없게 된다. 그러니 다음 생에 태어나지 않는 것을 의미한다.

달마의 '혈맥론'에도 비슷한 말이 나온다.

一切衆生但見本性

餘習頓滅 神識不昧

須是直下便會

'모든 중생이 본성을 보기만 하면, 남은 습(카르마)이 단박에 소멸되고, 신령스런 의식이 어둡지 않아서, 반드시 곧바로 문득 알아차린다.'[5]

또한 우파니샤드에는 이렇게 나와 있다.

'참 자아를 깨닫고 합일상태에 도달한 사람은 순수한 빛을 발하고 있는 브라만만을 본다. 그는 육체에 관련된 모든 욕망을 버리고 불멸의 브라만과 하나 됨으로써 태어남과 죽음이 반복되는 윤회의 바다를 영원히 건너간다.'[6]

따라서 가족 중에 요절한 사람이 있다면, 슬픔에만 빠져있지 말고 얼른 도(道)를 찾으려 애써야 한다. 그래서 영성공부를 시작해야 하는 것이다. 이 슬픔을 영성공부의 기회로 삼아야 한다. 옆에서 카르마의 무서움을 느꼈다면 응당 이 길을 가야 한다.

2024년 4월에 거래처 사장을 만났다. 우리에게 부품을 납품하는 친한 업체인데 성실하게 일해온 덕분으로 남부럽지 않게 사는

---

[5] 달마어록. 보리달마. 일수 옮김. 불광출판사, 2020. p261
[6] 우파니샤드. 정창영 편역. 무지개다리 너머, 2016. p87

분이었다. 매출이 늘어 아파트도 사고 외제차도 사고 주말마다 부부동반으로 좋은 풍경이 있는 곳과 산해진미를 찾아다녔다. 그분은 8월까지 스케줄이 꽉 차 있다고 했다. 6월 중엔 우리와 같이 꼭 등산이라도 한 번 가자고 하면서 넌지시 얘기를 꺼내봤다.

"사장님은 행복하시겠네요. 이렇게 인생을 즐기니까요."

"그럼요. 요즘 행복하죠. 사장님도 주말에 우리랑 같이 여행가요."

"사장님, 즐기는 중에도 도(道)가 뭔지는 알아야 해요. 이런 세속적인 행복은 한계가 있어요."

"어휴~ 또 그 소리. 전 그런 거에 관심 없어요."

만날 때마다 하는 소리니 잔소리 정도로 여겼나 보다. 불행하게도 그해 여름 이 사장의 아내분이 급성 백혈병으로 갑자기 돌아가셨다. 나이도 우리와 비슷해서 친구처럼 지냈었는데 정말로 황망하기만 했다. 발인하는 날 관을 부여잡고 보낼 수 없다며 울부짖던 사장의 목소리가 아직도 귓가에 선하다. 정말 안타깝기만 하다.

돌아가신 분에 대한 슬픔이 길어지거나, 하늘 어딘가에 잘 계시리라 걱정할 시간이 없다. 깊은 슬픔과 걱정은 또다시 카르마를 만든다. 항상 머릿속에 도(道)를 생각하고 있어야 한다. 나의 언행이 도(道)에 어긋나지 않는지 경계해야 한다. 그러다 보면 순차적인 체험을 할 수 있다. 물론, 조급하게 할 필요는 없지만, 그렇다고 너무 느긋하게 해서도 안 된다.

어~? 하다가 재가 되고 나면 후회하기 때문이다.

32
유교

종교를 공부하다 보면 정통과 사통이 있음을 알게 된다. 진짜와 아류가 있는 것이고, 진짜와 비슷한 사이비가 있는 것이다. 개인적으로 노자의 도가는 진짜요, 도교는 아류로 본다. 다른 종교에도 비슷하게 이러한 경향으로 흘러간다.

그런데 유교는 과연 진짜일까? 결론적으로 나는 아류라고 본다. 그럼 왜 아류라고 단정하는지 그 이유를 찾아보도록 하겠다.

우선, 유교의 기본적인 것부터 알아보겠다. 유교는 중국 춘추시대에 공자로부터 시작되어 전국시대에 맹자와 순자로 이어진다. 진시황이 중국을 진나라로 통일하면서 진나라 이전의 유학사상을 선진유학이라 하고, 이후 송나라 때 주희에 의해 유학이 집대성되면서 성리학으로 발전힌디. 이러한 유학사상(성리학)을 통치기반으로 숭배한 나라가 조선이다.

유교의 기본 사상은 '인, 의, 예, 지'이고, 이것이 본성 즉 도(道)에서 나오는 덕(德)의 구성요소다. 그래서 4덕(德)이니, 신(信)을 더하여 5덕(德)이니 하는 것이다.

그렇다면 도(道)를 현실에 구현하는 이 네 가지 요소인 인, 의, 예, 지를 누가 만들어낸 것일까? 공자는 아니다. 공자는 내가 지어낸 것은 아무것도 없고, 옛것을 말했다고만 했다.

유교의 사서삼경 중 하나인 서경에 보면 도(道)와 인의예지에 대한 기록이 요순시대부터 쓰이고 있음을 알 수 있지만, 상나라의 갑골문에서 도(道)라는 글자는 거의 나오지 않고, 주나라 금문(청동기에 새겨진 글)에서 주로 나오는 것으로 보아 주나라 때 널리 사용된 글자로 보인다. 아마도 주나라 이전인 상나라부터는 도(道)를 의미하는 다른 글자가 있었을 것으로 추측된다. '서경'에 나와 있는 도(道)에 대한 여러 글들도 전국시대 때 작성된 게 많기 때문에 그 당시 사용하던 도(道)에 해당하는 글자를 모두 도(道)와 덕(德)으로 바꿨을 수도 있겠다.

중국의 문화는 주나라 시절 꽃피우는데, 주나라의 통치이념과 사상 등을 집대성한 사람이 바로 공자다. 논어를 보면 도(道)에 대한 설명이 장황하지만 체험은 없다. 더하여 공자의 언행이 좀 왔다 갔다 하는 경향을 발견할 수 있다. 공자가 진짜로 도(道)에 대한 체험이 있었다면 그렇게 '예(禮)'에 대해서 집착하지 않았을 것이다.

공자의 제자 중 한 명인 '재아'가 물었다.

"부모에 대한 삼년상은 너무 깁니다. 위정자가 3년 동안 예식을 시행하지 않으면 예식이 반드시 폐기되고, 3년 동안 음악을 하지 않으면 음악이 전해지지 않게 될 것입니다. 묵은 곡식이 다할 무렵은 바로 새 곡식이 여무는 때입니다. 불씨를 뚫어 불을 피우는 것처럼 1년이면 모든 것이 바뀌는 것이니 1년만 하면 좋지 않겠습니까."

공자가 물었다.

"부모 돌아가시고 1년 만에 기름진 음식을 먹고 비단옷을 입으면 너는 편안하겠느냐?"

"편안합니다."

"네가 편하다면 그렇게 해라. 무릇 군자는 상중에는 음악을 들어도 기쁘지 않고 어디를 거처해도 편안하지 않기 때문에 하지 않는 것이다. 지금 네가 편안하다고 하니 그렇게 해라."

재아가 나가자 공자가 제자들에게 말했다.

"재아는 인(仁)하지 못하구나. 자식은 태어나 3년은 지나야 부모 품에서 벗어날 수 있기에, 무릇 부모를 위해 삼년상을 치르는 것이 천하에 통하는 상례인 것이다. 재아도 태어나서 3년 동안 그 부모에게서 사랑을 받았을 텐데…"

과연 삼년상이 천하에 통하는 상례가 맞는지 의문을 품지 않을 수 없다. 2,500년 전의 재아도 현시대를 살고 있는 나와 동일하게 생각했던 것이다. 거기에다 시묘살이도 해야 했으니, '너무 과한 사상적 가스라이팅이 아닌가?'라고 생각된다.

도(道)에 대한 체험이 있었다면 이런 전통적인 관습인 '예'에 이렇게나 집착했을까? 예수는 전통적인 율법을 철저하게 지켜온 바리새파 사람들에게 독사의 자식이라 했다. 성령(道)은 모른 채 천국 가려는 욕심으로 율법만을 지켰기 때문이다.

천하에 통하는 것은 도(道)[성령]밖에는 없다. 도를 제대로 체험해야 인, 의, 예, 지가 어떻게 현실에 펼쳐지는지 알게 된다. 전통적인 관습만을 따른다고 도(道)가 되지는 않는다.

내가 볼 때, 공자는 그냥 제자백가 중 한 명의 사상가이자 야망가일 뿐이다. 성인으로 보기에는 어렵다. 칼 야스퍼스나 일본에서 4대 성인이라 하여 예수, 석가모니, 소크라테스, 공자를 꼽았는데, 순전히 지역별 인지도에 의한 것이지, 자기네들이 성인을 알아볼 수준이 되지는 않는 것이다.

공자는 노자와 동시대 사람이다. 그렇다면 노자는 공자를 어떻게 보았을까? 사기에 공자와 노자의 만남에 대한 기록이 있다.

공자가 노자를 찾아간 것은 노자가 한때 주하사(柱下史·주나라 장서실을 맡아보던 관리)였기 때문이다. 주나라를 이상국가의 모델로 생각했던 공자는 노자가 주나라의 예절과 법도를 잘 알고 있으리라 생각했다. 공자가 노자를 찾아가 예를 물었다.

노자는 이렇게 대답했다.

"당신이 말하는 성현들은 이미 뼈가 다 썩어지고 오직 그 말만이 남아있을 뿐이오. 또한 군자는 때를 만나면 관리가 되지만, 때를 만나지 못하면 바람에 이리저리 날리는 다북쑥처럼 떠돌이 신세가 되오. 훌륭한 상인은 물건을 깊숙이 숨겨 두어 아무것도 없는 것처럼 보이게 하고, 군자는 아름다운 덕을 지니고 있지만 모양새는 어리석은 것처럼 보인다고 나는 들었소. 그대의 교만과 지나친 욕망, 위선적인 표정과 끝없는 야심을 버리시오. 이러한 것들은 그대에게 아무런 도움도 되지 않소. 내가 그대에게 할 말은 단지 이것뿐이오."

공자는 돌아와 제자들에게 이렇게 말했다.

"나는 새는 잘 난다는 것을 알고, 물고기는 헤엄을 잘 친다는 것을 알며, 짐승은 잘 달린다는 것을 안다. 달리는 짐승은 그물을 쳐서 잡을 수 있고 헤엄치는 물고기는 낚시를 드리워 낚을 수 있으며 하늘을 나는 새는 화살을 쏘아 잡을 수 있다. 그러나 용이 어떻게 바람과 구름을 타고 하늘 위로 올라가는지 나는 알 수 없다. 오늘 나는 노자를 만났는데, 마치 용과 같은 존재였다."

공자는 도(道)에 대한 체험이 없이 예전부터 전통적으로 내려오던 것을 단지 공부해서 알게 된 학자일 뿐이지만, 노자는 도(道)를 체험한 사람이다. 예에 대해 물은 공자의 물음에 제대로 답하지 않고, 욕망과 야심을 버리라는 말만 한다.

공자가 말하는 예의 정의는 예기의 예운편에 잘 나타나 있다.

'예라는 것은 군주가 나라를 지키는 큰 권병이다. 또한 예는 혐의를 판별하고 미세한 것을 밝히며, 귀신에 대하여 제도를 상고하고 인의(仁義)를 분별하는 것이며, 정사를 다스리고 군주의 몸을 편안하게 하는 것이다.'

도(道)는 절대적인 사랑 이외에도 절대적인 평등이 있다. 예는 절대적인 평등 안에서 이루어져야 하는 것이지 위아래를 구분하거나 귀신에 대해서 공경하거나 군주를 안락하게 하는 행위가 아닌 것이다. 군주의 행차 길에 갑자기 천민이 나와서 큰절을 하면, 응당 군주도 가마에서 내려와 평등하게 천민에게 큰절을 하는 것이 진정한 예다.

주나라에서 행하던 예를 그대로 지키려고만 하는 공자의 행위를 노자는 천국 가려고 율법만을 지키려 했던 바리새파나, 인도의 신들에게 올리는 제사를 독점한 브라만 사제와 마찬가지로 예에 미친 정신병자로 봤을 것이다. 공자는 또한 '나는 싸우면 반드시 이기고, 제사 지내면 반드시 복을 받는다. 왜냐하면 그 도(道)를 얻었기 때문이다'라고 했다. 공자의 수준을 알 수 있는 대목이다. 내가 볼 때, 노자는 공자와 대화 자체가 되지 않았을 것이다. 대화라는 것도 서로 영성 수준이 맞아야 가능한 것이다.

유교사상에서 그나마 학문적으로 체계를 잡으며 연구한 사람이 맹자다. 그렇다고 맹자가 도(道)를 체험했다고는 볼 수 없다. 도(道)의 구성요소인 인, 의, 예, 지를 실생활에서 어떻게 구현되는지 관찰하고 연구한 학자일 뿐이다. 그래서 인의예지의 확장판인 사단이 나온 것이다. 사단은 측은지심(인), 수오지심(의), 사양지심(예), 시비지심(지)으로 이것을 양심(良心)이라 한 것인데 즉, 도(道)를 한 번에 본 게 아니라, 현상에 펼쳐지는 모습을 연구해서 역으로 추적하여 들어간 것이며, 나아가 성선설까지 주장했다.

맹자 또한 도(道)에 대한 체험이 없기 때문에 상당히 거칠고 정밀하지 못하다. 맹자는 부도덕한 군주를 쫓아내고 새로운 왕조를 세우는 것을 정당화하는 사상인 역성혁명론을 주장했지만, 도(道)를 체험했다면 이런 말을 할 수 없다. 왜냐하면 도(道)를 체험하여 이에 대해서 잘 아는 사람은, 군주 한 명보다는 오히려 많은 백성이 도(道)를 체험하기를 원하기 때문이다. 도(道)를 깨친 군주가 치국하여 나라를 부국강병하게 하고 태평성대를 이룬다면 참으로 이상적인 모습이다. 그러나 이것은 너무 단편적이다. 그 다음의 군주가 같으리란 보장이 있는가? 도(道)는 비단 군주 하나에게만 요구되는 것이 아니다. 모든 인간은 도(道)대로 살기를 지향해야 한다. 그리하여 백성은 태평성대를 이룬 군주는 칭송하고 부도덕한 군주는 지탄할 줄 아는 도(道)의 지혜만 있어도 되는 것이다.

언제가 될지 모르지만 마치 메시아나 미륵이 세상에 다시 오기만을 기다리듯이 도(道)에 대해서 잘 알고 덕(德)을 현실에 잘 펼치는 군주가 나오기를 기다리면 된다. 이것이 천명이지 부도덕한 군주를 인위적으로 갈아엎는 것이 천명이 아니다. 성인이라고 일컬어지는 예수, 석가모니, 소크라테스, 노자가 현실정치를 하지 않는 이유다. 학자나 사상가는 역성혁명론 같은 말을 할 수 있지만, 성인은 하지 않는다.

도(道)에 대한 체험이 없기 때문에 유교에서 말하는 '도덕'과 도가에서 말하는 '도덕'이 다르다는 말도 나온다. 또한, 그 시대의 '도덕'과 지금의 '도덕'이 다르다는 말도 한다. 도(道)는 영원불멸하기 때문에 시대와 문화에 따라서 달라질 수 없다. 모두가 도(道)에 대한 체험이 없으니 그 무지에서 생겨난 결과다. 그래도 본성과 본능을 구분하지 못하는 순자(성악설)보다는 맹자가 더 정밀하게 접근했다고 본다.

결론적으로, 도(道)를 체험하지 않은 철학이나 사상은 아류로 갈 수밖에 없다. 진리가 아니라 그냥 이론이나 사상으로 남는 것이다. 조선시대 500년 동안의 유교사상이 현시대까지 뿌리박혀 전반적인 사회구조나 개인의 가치관에 영향을 미치고 있음을 우리는 경험을 통해 잘 알고 있다.

도(道)에는 신분제도도 없고, 제사상에 뭘 올려야 한다는 규정도 없으며, 상복을 얼마 동안 입어야 한다는 예송논쟁도 없고, 삼년상이나 시묘살이도 없고, 밥 옆에는 반드시 탕이나 국이 있어야 한다는 관습도 없다. 삼종지도도 없고, 남녀칠세부동석도 없다.

각 나라도 하나의 개인으로 볼 수 있는데, 개인도 절대적 평등의 바탕 위에 상호 존중이 있듯이 국가도 절대적 평등 위에 있어야 한다. 그래서 국가 간 의전이 강대국이건 약소국이건 서로 동등하다는 조건에 의해 행해지는 것이지 강대국이라고 강대국의 예를 행하지 않는다. 국가 간 협상 테이블에 약소국이라고 동일한 의자를 내놓지 않고 낮고 허름한 의자를 내놓으면 상당한 결례가 된다. 그렇기 때문에 노자도 강대국은 약소국에 몸은 낮추고 세심하게 배려해야 한다고 했다. 공자나 맹자였다면 분명 강대국의 예로 대하는 것이 맞다고 했을 것이다.

그러나 우리는 안타깝게도 이러한 유교를 몇 백 년간 고수해온 나라고 국민들도 유교적 가스라이팅에 알게 모르게 세뇌당해 왔다. 대규모로 가스라이팅이 되면 결국 이데올로기가 된다. "나는 그런 꼰대 같은 유교적 가스라이팅에서 벗어났고, 선입견과 편견이 없는 열린 사람이라서 제사도 지내지 않는다"라고 해도, 극단적인 예를 들면 '글쎄?'라고 할 것이다. 만약 당신의 자녀가 성인인데 당신 앞에서 담배를 입에 문다면 어떻게 할 것인가? 이 질문은 내가 많은 사람들에게 해보았지만 대부분은 그럴 수 없다고 한다. 왜? 라고 물으면 답을 못하거나 돌아오는 답변은 그것이 예에 맞지 않기 때문이라고 한다. 하물며 담배는 유교적 교리에 있지도 않다. 그럼 여자는? 여자가 담배 피는 것은 괜찮은가? 오히려 여자는 괜찮다고 말하는 사람들이 있다. 그러나 20년 전만 해도 여자가 길거리나 휴게실에서 담배를 피우면 감히 여자가 담배 핀다고 손가락질받던 시대였다.

담배는 17세기 초 약재로 조선에 들어왔는데, 이 당시 조선에 억류되었던 네덜란드인 하멜(1630~1692)의 '하멜 표류기'[7]를 보면 '네다섯 살짜리 아이들을 포함하여 담배를 피우지 않는 사람을 찾아보기 힘들다'고 되어있는 것으로 보아 조선에서는 담배를 남녀

---

7   하멜 표류기. 헨드릭 하멜. 유동익 옮김. (주)미르북컴퍼니, 2023. p91

노소 할 것 없이 피는 가벼운 의약품이나 기호품으로 즐겼다는 것을 알 수 있다. 그러나 조선 후기 두 양란(임진왜란, 병자호란 등)과 기근으로 지배층에 대한 불신과 양반을 근간으로 한 신분제도가 위협받으면서 고조된 지배층의 위기감이 당시를 대표하는 기호품인 담배에 투영되었다. 지배층은 남녀노소, 상하귀천에 따른 규율을 만들어냈는데, 양반들은 긴 담뱃대를 사용하며 하인이나 노비에게 불을 붙이게 하였고, 평민들은 길이가 짧은 담뱃대를 사용하도록 했다. 남녀는 서로 담뱃대를 빌려줄 수 없었고, 지위가 낮고 천한 사람은 지위가 높고 귀한 사람 앞에서는 담배를 피우지 못하였다. 윗사람 앞에서 아랫사람이 담배를 피우다가 시비가 일어나는 경우도 있었다.[8]

현재는 양반도 없고 조선시대가 아님에도 불구하고 아직도 유교가 낳은 이데올로기와 가스라이팅에서 벗어나지 못하고 있다.

2000년대 초반 회식자리에서 과장이 따라준 술을 먹지 않는다고 핀잔을 주던 동료에게 "먹기 싫다는데 일부러 먹이는 것도 폭력이야"라고 한 적이 있다. 빠른 출생연도를 따져서 위아래를 나누고, 남녀를 나누고 압존법을 따지고 나아가 학벌을 따지고 재산이 얼마인지를 따지는 서열문화가 아직도 많다. 모두 도(道)와는 거리가 먼 것들이다.

도(道)에서 나온 예(禮)는 절대적 평등을 바탕으로 상호 존중의

---

[8] 신경미. 2022. 조선 후기 담배에 대한 인식 변화와 그 영향, 지역과 역사, 50, p271-298

의미가 있는 것이지 위아래를 따지기 위해 존재하는 게 아니다. 따라서 도(道)에 대한 체험이 없고, 이러한 불완전한 사상으로 정치를 했으며, 지금까지도 민중에게 헛된 예(禮)를 가르쳤던 유가와 유교는 정통이 아니다. 그냥 도(道)의 아류인 것이다.

33

절대적 사랑, 세속적 사랑

도(道)는 '절대적 사랑' 그 자체이다. 흔히 도(道)는 분별심이 없어서 선악이 없다고들 하는데, 이는 도(道)를 체험하지 못해서 나온 말이다. 엄밀히 말하면 도(道)는 선(善) 자체이기 때문에 분별할 게 없을 뿐이고, 도(道)에서 나오는 순간 악이 생겨 선과 악으로 구분지어질 뿐이다.

세속적 사랑은 남녀 간의 사랑도 있고, 부모자식 간의 사랑도 있다. 그리고 대부분 카르마에 엮여 있는 경우가 많다. 반면에 절대적 사랑은 카르마도 없고, 불교에서 말하는 연기도 없다. 그만큼 세속적인 사랑과 결이 다르고 그 중요도로 따지면 비교 자체가 불가하리만큼 절대적 사랑이 훨씬 중요하다. 절대적 사랑을 체험하면 인연으로 엮어진 부모, 형제, 자식의 사랑은 점점 약해진다. 왜냐하면 체험과 동시에 내 카르마가 점점 없어지기 때문이다. 그리고 다음 생에 환생도 안 하기 때문에 혈육의 정이 무뎌지고 최종적으로 정리된다. 이쪽 길을 가는 사람들에겐 스님이나 가톨릭 사제처럼 미리 가족의 인연을 내려놓기도 한다. 물론, 다른 문화나 관습이 된 원인도 있겠지만.

따라서 절대적 사랑이 있다는 것을 알게 된 이상, 너무 세속적인 사랑에 목맬 필요는 없다. 세속적인 사랑이 세상 전부인 양 알고 살면 그것에 종속되기 쉽다. 호구가 되던지, 집착 또는 상실감의 괴로움에서 벗어나지 못하게 된다. 예수는 절대적인 사랑과 세속적인 사랑에 대해서 명확하게 정의를 내려주고 있다.

'나는 사람이 그 아버지와, 딸이 어머니와, 며느리가 시어머니와 불화하게 하려 함이니, 사람의 원수가 자기 집안 식구리라. 아버지나 어머니를 나보다 더 사랑하는 자는 내게 합당하지 아니하고, 아들이나 딸을 나보다 더 사랑하는 자도 내게 합당하지 아니하며.'
[마태복음 10:34~37]

여기서 예수가 나라고 표현한 것은 성령을 의미하며, 성령(절대적 사랑)에 대한 중요성을 강조하는 것이다.

또한 석가모니도 비슷한 말을 했다.

'만남이 깊어지면 사랑과 그리움이 생긴다. 사랑과 그리움에는 고통이 따르는 법. 사랑으로부터 근심 걱정이 생기는 줄 알고, 무소의 뿔처럼 혼자서 가라. 아내도 자식도 부모도 재산도 곡식도, 친척이니 모든 욕망까지도 다 버리고, 무소의 뿔처럼 혼자서 가

라.'9

　이처럼 세속적 사랑은 절대적 사랑 앞에서는 그렇게 중요하게 여겨지지 않으며, 절대적 사랑에서 파생된 하나의 인자일 뿐이다. 이 대목을 공자가 봤다면 기절초풍했을 것이다.

　그럼 절대적 사랑은 어떻게 현실에 구현될까? 명상에서 현실로 복귀하는 순간, 현실은 '사랑'과 '사랑이 아닌 것'으로 구분되어진다. 당연히 '사랑이 아닌 것'은 멀리하거나 다시 사랑으로 바로잡아야 한다. 이렇게 사랑으로 되돌리려는 마음이 '정의'다. 사랑은 평등과 이어지고 공평, 공정, 공감, 인욕, 보시 등등으로 파생된다. 사랑에서 파생된 여러 가지 좋은 말들과 개념을 따르고 지키면 좋겠지만 현실에서는 쉬운 일이 아니다. 그 기준이 없기 때문이다. 그럼 그 기준은 무엇일까? 그것이 바로 도(道)인 것이다. 그래서 현실에서는 이 명확한 기준인 도(道)와 비교해서 위와 같은 좋은 개념들을 구현해야 한다. 이 구현하는 행위를 필자는 '수행'이라 한다. 불교의 '돈오점수'(頓悟漸修)와 같은 말이다. 도(道)에 대한 체험은 단박에 가능하지만, 도(道)의 뜻대로 사는 것은 점차적으로 체득해야 한다.

　부득이한 경우, 도(道)에서 지혜를 가져와야 할 때도 있게 된다. 이렇게 해서 현실에 펼쳐진 도(道)를 덕(德)이라 하는 것이다. 현재의 '도덕'은 윤리나 케케묵은 관습 또는 불문율 정도의 의미로

9　숫타니파타. 법정 역. 이레, 1999. p26, 31

쓰이지만, 도덕에서 도(道)는 옳고 그름을 분별하는 원천적인 기준이 되는 것이다. 현대의 옳고 그름을 판별하는 기준은 실정법인데, 이 법도 도(道)에서 출발한 것이다. '불변의 인간 본성'에 기초를 둔 자연법에서 법이 출발한 것이며 이 불변의 인간 본성이 바로 도(道)이다. 흔히들 법은 상식에 기반한다고 생각하는데, 상식은 절대적 기준이 될 수 없다. 상식은 시대마다 다르고, 문화권마다 다르고, 지역에 따라 달라지며, 결정적으로 사람에 따라서도 다르다. 내가 상식이라고 생각한 것을 상대는 몰상식이라고 생각하는 경우도 많다.

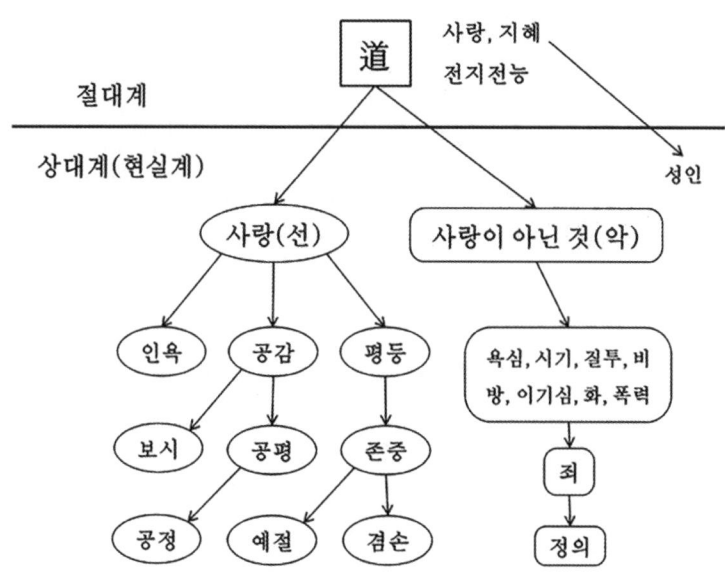

[그림 9] 도(道)에서 파생되는 요소들

도(道)에서 이 지혜를 가져다 쓸 수 있는 사람들을 성인이라 한다. 위의 그림상에 나타나 있는 사랑에서 파생된 여러 개념들은 모두 좋은 뜻이지만, 지혜가 없이는 제대로 구현되지 못한다.

현실계는 상대적인 속성을 갖고 있다. 사랑이 있기 때문에 미움이 있고, 행복이 있으면 불행도 있기 마련이다. 미움과 불행을 전제하지 않고 사랑과 행복만을 추구할 수는 없다. 누군가 사랑과 행복만을 강조하는 사람이 있다면 그 사람의 말을 의심해야 한다. 행복만 있는 세상에선 절대로 행복을 느낄 수 없다. 그러므로 상대적인 이 현실계는 반드시 절대적인 무엇인가(道)에 기준을 세워 나를 맞춰가야 하는 것이다. 필자는 주로 도(道)에 튜닝하라는 말을 한다.

절대적 사랑(道)에는 민주주의도 없고, 사회주의도 없고, 전통과 관습도 없다. 국가, 인종도 없다. 인간이 만든 인위적인 모든 것들이 없는 것이다. 그래서 절대적인 것이다. 만약 도(道)를 체험한 성인이 정치를 한다면 늙어 죽을 때까지 독재를 해도 괜찮다. 하지만 성인은 영계에서 허락하지 않는 한 절대로 현실정치를 하지 않는다. 그래야만 국가의 카르마가 돌아가기 때문이다.

34

절대적인 하나

도(道) 체험하기

언젠가 TV에서 '한강 멍때리기 대회'를 본 적이 있다. 도(道)를 만나기 위한 기발한 아이디어임을 눈치채고 바로 멍때리기를 해 보았다. 신기하게도 도(道)와 만나는 과정을 확실하게 단축시킬 수 있어서 지금도 애용하는 방법이기도 하다. 도(道)를 만나기 위해서는 인위적으로 나의 의식과 오감 등을 없애야 하는데 이게 말처럼 쉬운 게 아니다. 초심자는 평상시 깨어있을 때, 10초 동안 생각을 멈추기조차 어렵다. 눈을 감고 명상이라도 할라치면 별의별 잡생각들이 꼬리에 꼬리를 물고 올라오기 때문이다.

우선은 육체에서 올라오는 날카로운 감각들을 잠재워야 한다. 가장 편안한 자세를 찾아야 하는데 반드시 각 잡고 앉아있을 필요는 없다. 자신에게 가장 편안한 자세를 찾는 게 중요하다. 누워서 해도 되고 서서 해도 된다. 육체에서 오는 어떠한 스트레스도 없어야 하는 게 핵심이다. 물론, 눈으로 들어오는 정보도 없어야 하기 때문에 눈을 지그시 감아야 한다. 그 다음이 의식을 내려놓는 것이다. 올라오는 생각들을 인위적으로 부정하거나 모른다고 막기 시작하면 오히려 잘 되지 않는다. 처음에는 '이런 생각이 올라오고 있구나!' 하고 바라만 보면서 그냥 올라오는 대로 흘려보내야 한다. 또 다른 방법으로는 내 자신을 항복하는 개념이다. 누군가가 내 심장에 총을 들이대고 있다고 생각해보자. 내 모든 걸 내려놓고 항복해야 살길이다. 내 마음을 모두 내맡기어 그냥 항복하는 것이다. 아니면 그저 큰 감사함을 떠올리는 방법도 있다. 감사합니다, 사랑합니다 등의 말들을 간절한 마음으로 생각하고 읊조리다 보면 순간적으로 의식이 끊어지는 지점이 있는데, 그 숙연한 찰나의 마음을 잡는 방법도 있다. 염불이 대표적이다. 그런데 이런 방법들은 사람마다 겪어온 삶의 궤적이 다르기 때문에 이 감각을 예민하게 발견하지 못하면 찾기 힘든 경우가 대부분이다. 그래서 필자가 초심자에게 추천하는 방법이 바로 '멍때리기'다. 멍때리는 느낌만 알고 있으면 육체와 의식의 스트레스를 한순간에 없앨 수 있기 때문에 육체를 이완시키는 과정이 필요 없게 되고 의식도 고요해지게 된다.

'무아상태'에 이르는 길

우선, 명상(멍때리기)의 목적을 분명히 해야 한다. 나는 이 명상이라는 행위를 거창하게 수행이라고 표현하지 않는다. 마치 자전거 타는 법, 수영하는 법 등을 배우는 것과 같은 훈련이자 수련이다. 어떤 사람들은 명상의 목적을 행복을 찾기 위해서, 정신의 안정을 위해서, 뇌를 쉬게 하는 정도로 여기는데, 진정한 명상의 목적은 '나는 누구인가'를 알기 위함이다.

'나'라는 말은 '진짜 나'와 '개체적인 나'로 나뉘는데, 여기서 찾으려는 것이 바로 진짜 나, 즉 불교식 표현으로 '참나'를 찾는 것이다. 명상에서 왜 참나를 강조하냐면, 참나 자리를 찾아야 정확한 '개체적인 나'를 알 수 있기 때문이다. 왜 내가 태어났고, 왜 이 모양 이 꼴로 살고 있는지를 알 수 있다. 이것이 설명이 되어야 인생의 괴로움을 줄일 수 있게 된다. 다른 관점으로 보면 개체적인 나를 더욱 자세히 알고 이해하기 위해서 참나를 찾는 것이라 해도 되겠다.

또한 참나를 찾는 과정에서 여러 가지 신비한 경험과 능력들이 생기는데, 이런 것들에 빠지면 안 된다. 오로지 나는 누구인가만 집중해야 한다. 아이러니하게도 나를 알기 위해서는 나를 지워버려야 알 수 있다. 즉, 오감으로 세상을 인지하는 개체적인 나를 없애야 한다. 이것이 힌두교, 불교, 도가, 기독교 신비주의 등 관련 경전에서 공통적으로 혼(魂)의 요소인 생각, 감정, 느낌을 없애라고 하는 이유이다.

내가 사라지면 이 세상을 인지할 수 없는 상태가 된다. 낮인지 밤인지, 좋은지 나쁜지 아무것도 알 수 없는 상태, 즉 내 자신이 사라진 상태인 '무아상태'가 되는 것이다('무아상태'는 필자가 붙인 이름으로 불교의 '무아'와는 관계가 없다). 내가 없으니 고통도 느낄 수 없고, 어떤 상(이미지)을 만들거나 알 수도 없고, 분별할 수도 없으며 오직 모를 뿐인 상태가 되는 것이다. 존재감 자체도 없고 알아차림도 없다. 이 상태가 멍때리는 상태, 멍하게 있는 상태다. 이 상태를 그림으로 나타내면 아래와 같다.

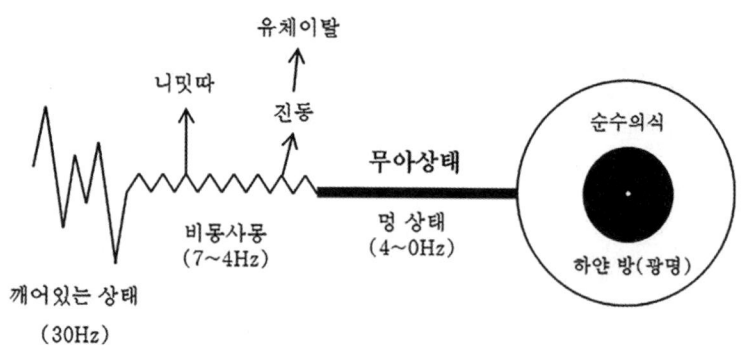

[그림 10] 무아상태

이 '무아상태'에 다다르기 위해서는 명상을 통해서 뇌파를 최대한으로 낮춰야 한다. 우리가 활발하게 움직일 때 깨어있는 상태의 뇌파는 대략 13~50Hz 정도 된다. 이제 명상을 하려고 눈을 감고 앉는다. 잡념이 올라오지 않게 하려고 호흡에 집중한다. 들숨과 날숨을 인식하며 오로지 숨에만 집중해야 한다. 순간적으로 가벼운 물아일체나 무아지경의 느낌이 올 때도 있다. 멋진 풍경 속에서 정좌하고 있다 보면 주변의 나무토막이나 돌멩이와 내가 하나로 합일되는 느낌과 같은 것이다. 즉, 마치 나와 자연이 하나인 것 같은 마음이 든다. 이때가 뇌파로 보면 7~4Hz 정도 된다.

호흡에만 집중하다 보니 인중이나 코끝에서 빛이 보이기도 한다. 안개나 별들이 보이기도 하고 형형색색의 형상들이 환상적으로 느껴지기도 한다. 이 빛은 여러 개로 보이기도 하고 내 의식의 움직임에 따라 이곳저곳으로 이동하기도 한다. 이것을 초기 불교에서는 '니밋따'(Nimitta)라 하는데, 내가 만들어낸 표상(이미지)이라 그냥 무시하고 흘려보내면 된다. 뒤에 만나게 될 진짜 빛과는 확연히 구분된다. 누군가 나에게 말을 걸거나 고함을 지르는 환청이 들리기도 한다.

다시 호흡에만 집중하다 보면 어느새 호흡하고 있다는 의식조차 사라지게 된다. 그런데 갑자기 머리에서 우~웅 하는 진동이 느껴진다. 이 진동이 너무도 강렬해서 처음에는 머리에서만 느껴지다가 이제는 온 몸으로 전달되어 몸 전체가 떨리게 된다. 전율이 오고 붕 뜨는 것 같다. 잘 때 명상을 하다가 이런 현상이 오면 실제로 유체이탈이 된다. 처음 겪는 일이라 공포감이 몰려온다. 이때는 명상에서 나와서 주위를 환기하고 다시 명상을 시작해야 한다.

이 진동에 내맡기면 바로 유체이탈이 되는데, 그럼 앉아있는 내 모습을 바라보게 된다. 내가 처음 명상을 할 때, 이런 현상들을 몰랐기 때문에 오로지 유체이탈만 하려고 했었다.

그런데 호흡수련을 하게 되면 경험상 위 그림의 '무아상태'까지 도달하는 데 너무 많은 시간이 걸린다. 일단 호흡에 집중부터가 잘 되지 않기 때문이다. 반나절은 기본이고 하루 종일 해도 잘 안 된다. 바쁜 현대인들에게는 적당한 방법이 아니다. 그래서 멍때리는 방법을 추천하는 것이다.

인위적으로 이러한 '무아상태'에 이르게 하는 방법도 있다. 누군가 "부처가 무엇입니까?"라고 물으면, 갑자기 귀싸대기를 올려붙이거나 몽둥이로 머리통을 '딱' 치는 것이다. 그럼 순간 멍해져서 이 '무아상태'에 이를 수 있다. 아니면 "뜰 앞에 잣나무니라"거나 "똥 막대기니라." 이렇게 말하기도 한다. 질문에 대해 엉뚱한 답변을 함으로써 '생각'을 정지하게 만드는 것이다. 모두 이 '무아상태'를 경험하게 하는 방편이고, 주로 선불교에서 쓰는 방법들이다.

혼(魂)의 대표적인 기능이 '생각'인데, 이 생각이 정지되면 즉, 기능을 하지 않으면 숨어있던 영(靈)이 드러난다. 영혼이 한 세트로 구성되어 있는 상태에서 혼(魂)의 기능이 멈추면 당연히 영(靈)이 드러나고, 미세하게 남아있는 혼(魂)의 요소가 이렇게 드러난 영(靈)을 감지하는 것이다. 여기서 영(靈)은 참나, 하나님, 도(道)와 같은 의미. 이와 같이 이러한 '무아상태'를 조금씩 늘려가다 보면, 개인적인 느낌으로는 1분에서 5분 정도만 유지하면 바로 하얀 빛이 보인다.

'무아상태'를 설명하기 위해서 명상 과정을 상세하게 설명한 불교의 수행방법을 예로 들면, 불교에서는 최종적인 선정을 모든 의식과 감각, 느낌이 끊어진 단계로 설명하는데, 이를 멸진정 또는 상수멸이라 말한다. '무아상태'는 이러한 멸진정을 인위적으로 미리 체험해보는 단계로 볼 수 있다. 불교수행의 과정은 무색계 4선정 이후에 멸진정의 단계를 거치는데, 필자의 방법은 멸진정을 먼저 체험하고 자연스럽게 무색계 4선정으로 넘어가는 것이라 할 수 있겠다.

'무아상태'는 우리가 숙면을 취하는 것과 같다. 숙면을 취할 때는 꿈도 꾸지 않고 누가 업어 가도 모를 정도로 깊은 잠을 잘 때다. 하루에 한 번은 꼭 이 숙면상태를 경험하기 때문에 숙면에서 나올 때 하얀 빛을 경험할 수도 있다. 그림으로 나타내면 아래와 같다.

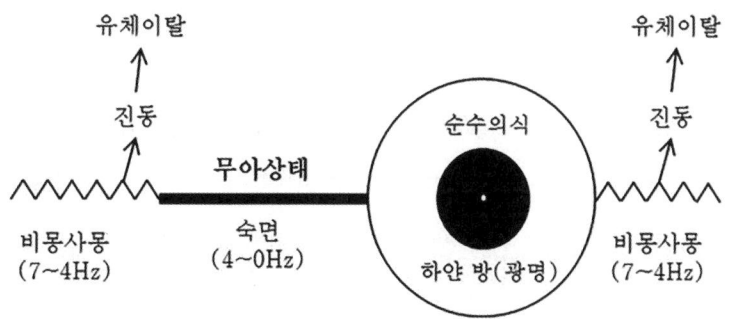

[그림 11] 숙면과 하얀 빛

멍때리는 명상을 해서 인위적으로 '무아상태'에 이르는 것이나 숙면을 통해서 '무아상태'에 이르는 것은 동일하며, 반드시 이러한 '무아상태'를 경험해야 하얀 빛을 볼 수 있다.

그런데 여기서 주의해야 할 점은 이 '무아상태'를 참나로 오해하면 안 된다는 것이다. 단지 이정표를 확인한 단계밖에는 되지 않는다. 아무것도 없고 어떤 것도 인지할 수 없는 자리에서 무슨 깨달음을 얻단 말인가. 이 자리는 지혜도 없고 절대적 사랑도 없는 그냥 진짜로 아무것도 없는 자리다. 생각 이전의 자리일 뿐이고 참나로 가기 위한 징검다리라는 것을 명심해야 한다.

하얀 방

멍하게 있는 행동(무아상태)은 우리가 살면서 무심코 행해지는 행위이기 때문에 그 느낌을 기억하고 인위적으로 멍하게 있는 연습을 하다 보면 언젠가 빛이 보이면서 '하얀 방'에 도달해 있는 자신을 보게 될 것이다. 필자의 경우 이 방법이 가장 간단하면서 수월했기에 추천하는 방법이다. 누군가 이 빛의 만남과 빛과의 합일(하얀 방)을 얘기해주지 않으면 절간에서 평생 참선을 한다 해도 '무아상태' 초입에서만 머물다가 마는 꼴이 되기 십상이다. 그리고선 온갖 되지도 않는 방편으로 설명하려 한다. 수영을 가르치기 위해 준비운동을 하는데, 이 준비운동이 수영이라고 가르치는 꼴이다. 장님이 장님을 인도하면 둘 다 구렁텅이에 빠지고 만다.

여기에 더욱 확실한 노하우를 곁들이면 일정한 시간에 하는 것보다는 조금이라도 행복감이나 만족감을 느낄 때, 멍하게 있으면 더 빨리 빛에 다다를 수 있다. 그만큼 정신적으로 만족감을 느끼고 있는 상태이고 어떠한 결핍감도 없기 때문이다. 경험상 은은한 실내등 불빛 앞에서 하거나 동이 틀 때, 또는 해질녘 해를 마주 보고 할 때 효과가 더 크다. 반드시 기억해야 할 것은 명상 중 '하얀 방' 안에 다다르지 못한다면 그것은 그냥 뇌가 쉰 것일 뿐, 명상은 실패한 것이라는 걸 알아야 한다. 명상의 목적을 심신의 안정을 찾는다거나 머리를 맑게 하는 것에 둔다면 괜찮지만, 도(道)를 찾는 것으로 목적을 삼는다면 반드시 빛을 만나야 한다. 이 빛이 바로 도(道)의 입구이기 때문이다. 이 하얀 방의 바깥에서 본 상태는 아래와 같다.

[그림 12] 하얀 방 앞, 빛을 보는 단계

위의 그림과 같이 너무 밝지도 않고 약간 미세먼지 머금은 태양 같은 그런 밝기의 빛을 본다면 바로 하얀 방 앞에 도달한 것이다. 그런데 이 하얀 방을 보기까지가 어쩌면 명상의 첫 번째 고비라고 할 수 있다. 왜냐하면 우연찮은 기회에 경험하거나 아니면 문헌이나 누군가가 말해주지 않으면, 이 빛을 보고 무척 당황하고 두려움을 갖기 때문이다. 필자의 경우도 강의하면서 정말 생각지도 않게 빛을 만났었기 때문에 이러한 경험이 바탕이 되어 이후에도 하얀 방에 갈 수 있었던 것이다. 이러한 필자의 경험정보를 토대로 독자들에게도 도움이 됐으면 하는 바람이다. 그렇다고 억지로 빛의 이미지를 세뇌시킬 필요는 없다. 단지 하얀 빛을 떠올리기만 하면 된다. 이렇게 하는 것은 진짜로 하얀 빛을 만났을 때 당황하지 않게 하려는 의도가 있는 것이다. 하얀 빛을 보고 그 안으로 빨려 들어갔을 때, 갑자기 의식이 먹먹해지고 외부의 소리가 뚝 끊기는데, 그럼 두려움이 생겨서 명상을 지속하지 못하고 끝내게 되기 때문이다. 어쨌든, 여기까지 여정의 이해를 돕기 위해 아래 그림과 같이 나타내었다.

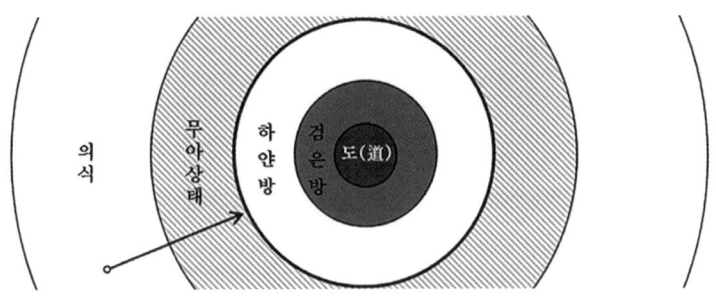

[그림 13] 하얀 방 앞의 도식화

지금은 하얀 방에 들어가기 직전이고 빛을 바라보고 있을 때이다. 여기서부터 '무아상태'에서 없어졌던 내 의식이 서서히 살아나면서 외부 소리가 들리기도 하고 안 들리기도 한다. 의식도 살짝 몽롱해지지만 여기까지 왔다는 안도감에 안정감과 은은한 행복감이 일어나기 시작한다. 그러나 사실 내가 강의할 때 도(道)를 만난 방법인 삼매법을 통하지 않고 제대로 앉아서 명상다운 방법으로 시작을 해보니 하얀 방 앞까지 오는 과정이 쉽지는 않았다. 많은 시도를 해본 끝에 이것도 길을 들이는 과정이 필요하다는 것을 깨닫게 되었고, 어느 정도 감을 잡으니 지금부터가 더 어렵다는 것을 알게 되었다.

하얀 방, 즉 밝은 빛을 바라보고 있고 의식을 저 빛 안쪽으로 뻗어간다(의식의 확장)고 생각하면 바로 저 하얀 방 안에 가게 된다. 여기부터 외부와 단절되는 것 같은 느낌을 받는다. 육체로 느낄 수 있는 오감이 뚝 끊어져 외부에서 나를 흔들어 깨우지 않는 이상 외부의 소란스러운 어떤 소리도 들리지 않게 된다. 또한 의식이 일시 정지되어 먹먹한 상태가 되면서 마치 우주미아가 된 것 같은 그런 느낌만 존재한다. 이때는 온통 사방이 밝은 빛으로 되어있어서 상하좌우 공간의식을 잃어버리게 되어, 당황하거나 겁을 집어먹어 의식을 집중하지 못하고 망설일 수 있는데, 개념치 말고 계속 빛 안쪽으로 뻗어간다고 생각해야 한다. 의식이 일시적으로 끊겨서 나중에 명상이 끝나고 '내가 가본 하얀 방이 도(道)이구나'라고 여겨서도 안 된다. 필자도 명상 초기에는 첫 경험인 프레

젠테이션의 경험부터 여러 삼매법들을 이용하여 이곳까지 와보고 이곳이 도(道)인 줄 알았었다.

그럼 여기서 여러 경전에 나와 있는 하얀 방(빛)에 대한 예를 알아보자. 달마대사의 어록인 '혈맥론'에 보면, [10]

夢若見光明出現過於日輪 卽餘習頓盡 法界性見
'꿈에 만약 광명이 출현하여 햇빛보다 뛰어남을 보면, 곧 나머지 습기(카르마)가 단박에 없어지고 법계의 본성이 나타남이라.'

若有此事 卽是成道之因 唯自知 不可向人說
'만약 이러한 일이 있으면, 바로 도를 이루는 원인이니, 오직 스스로가 알 뿐 다른 이에게는 말할 수 없다.'

或靜園林中 行住坐臥 眼見光明 或大或小 莫與人說 亦不得取 亦是自性光明 或夜靜暗中 行住坐臥 眼睹光明 與晝無異 不得怪 是自心欲明顯
'혹 고요한 동산이나 숲속에서 행주좌와를 행할 때, 혹은 크고 혹은 작은 광명을 눈으로 보게 되면, 남에게 말하지 말 것이며 또한 취하지도 말라. 이 또한 자성의 광명이다. 혹은 밤에 조용한 어

---

[10] 달마어록. 보리달마. 일수 옮김. 불광출판사, 2020. p257

둠 가운데 행주좌와를 행할 때, 눈으로 광명을 보되, 낮과 다름이 없다면 괴이하게 여기지 말라. 이것 역시 스스로의 마음이 밝게 드러나려는 것이다.'

꿈에서 광명을 보았다는 표현은 숙면을 지나 잠에서 막 깨어난 비몽사몽의 상태를 말하는 것으로 뇌파로 치면 4~7Hz 영역을 말하는 것이다. 각 잡고 명상하지 않더라도 이러한 숙면 후 렘수면 상태에서 빛을 볼 수 있다. 내가 사라지는 '무아상태'는 숙면할 때와 같다. 숙면상태도 내가 사라지기 때문이다. 꿈도 꾸지 않고 누가 업어 가도 모른다.

달마는 이 체험을 취하지도 말고 남에게 말하지도 말라고 했다. 이 체험이 대단한 것인 양 내가 얻었다고도 하지 말고, 더욱이 다른 사람에게 발설하지 말라는 말은 기독교 신비주의 전통과도 일맥상통한다.[11] 이런 말을 하면 온갖 시기, 질투의 대상이 될 뿐만 아니라 자칫 잘못하면 목숨도 위태로울 수 있기 때문이다. 만약 지금이 중세 유럽의 종교 국가였다면 나와 내가 쓴 이 책도 같이 불에 내던져졌을 것이다.

기독교 신비주의에서도 빛은 숱하게 나온다. 대표적으로 디오니시우스는 영혼의 상승을 '정화-조명-합일'의 세 단계로 분류했다. 정화의 단계는 영혼을 정결케 한다는 의미로 지금의 명상이라

---

[11] 성해영. 2014. 신비주의란 무엇인가? 인문논총, 71(1), p163

고 보면 되고, 조명의 단계는 내 영혼이 하나님의 빛을 보는 것이고, 합일의 단계는 내가 하나님과 하나가 되는 체험을 말한다. 조명의 단계에서 디오니시우스는 하나님의 빛이 내 영혼을 비춘다고 표현했지만, 디오니시우스는 그의 안에 있는 하나님의 영의 빛을 본 것이라고 해야 정확할 것이다. [12]

신비주의를 연구하는 성해영 교수의 논문을 보면 신비주의에 대해서 좀 더 자세히 알 수 있다. [13]

『고어 비달(Gore Vidal)은 소설 율리아누스에서 로마황제 율리아누스(Julian the Apostate, 331-363)의 체험을 아래와 같이 묘사하고 있다.

'날이 질 무렵 나는 다시 태어나 동굴 밖으로 비틀거리며 나왔다. 그때 그 일이 일어났다. 석양을 바라보고 있을 때 나는 빛에 의해 사로잡혔다. 극히 소수의 사람들에게 주어졌던 체험이 나에게도 주어졌다. 나는 일자(一者)를 보았다. 나는 태양에 흡수되었으며, 내 혈관에는 피가 아니라 빛이 돌았다. 나는 그것을 보았다. 나는 창조의 근저에 자리하는 단순함 그 자체를 보았다. 그것은 언어와 마음을 넘어선 곳에 있기에 신의 도움 없이는 아는 게 불가능하다. 하지만 그것이 얼마나 명료했던지, 우리가 그것의 일부인

---

[12] 김재현. 2022. 위-디오니시우스의 신비신학, 키아츠, p87
[13] 성해영. 2014. 신비주의란 무엇인가?, 인문논총, 71(1), p153-187

것처럼 우리의 부분으로 항상 거기에 존재하는 그것을 어떻게 우리가 여태껏 알지 못했는지 나는 놀라지 않을 수 없었다.'

이 묘사가 자신의 체험을 기술한 것인지 혹은 상상력의 소산인지 알 수 없지만, 그 내용은 종교사에서 낯설지 않다. 이 체험은 보다 정확하게는 '신비적 합일'(mystical union) 체험이라 불린다. 인간이 '궁극적 실재'(ultimate reality)와 하나가 될 수 있다는 주장은 대부분의 종교 전통에서 빠짐없이 발견된다. 우리는 이 주장을 '신비주의'(神秘主義, mysticism)라 일컫는다.』

힌두교 경전인 우파니샤드에는 다음과 같은 글귀가 있다.
'총명한 소년이여, 동서남북 네 방위는 브라만의 네 부분 가운데 첫째 부분에 해당한다. 이 네 방위는 빛의 세계이고, 이 네 방위에 정신을 집중하고 명상하면 존재가 빛으로 가득 차게 될 것이며, 죽어서도 빛으로 충만한 세계로 갈 것이다.'[14]

예수는 요한복음 8장 12절에서,
'나는 세상의 빛이다. 나를 따르는 사람은 어두움에 다니지 않고 생명의 빛을 받을 것이다'라고 설했다. 예수는 자신을 빛이라고 했다. 즉, 빛과 합일된 상태를 말하며, 이 빛이 세상을 밝힐 것이라는 말이다. 빛과 합일된 상태는 성령과 합일되었다는 것으로,

---

[14] 우파니샤드. 정창영 편역. 무지개다리 너머, 2016. p233

나를 따르면 너희들도 생명의 빛인 성령을 체험할 수 있다고 말한다.

대부분의 종교와 경전에서는 이 빛에 대한 묘사가 자주 나온다. 그런데 이 빛의 체험을 하지 못한 사람은 그냥 지혜를 비유한 말이라 생각하고 흘려버리는 경우가 많다. 진짜 빛의 체험을 얘기하는 것이니 주의 깊게 읽어야 한다.

또한, 초기 불교에서는 이 빛을 니밋따에 포함하여 표현하기도 하는데, 엄밀히 얘기하면 이 빛은 내 의식이나 무의식에서 만들어낸 표상이 아니다. 원래부터 내재되어 있는 나 자신이 바로 이 빛이다. 따라서 이 빛은 사람마다 크게 다르지 않고 일정한 색(흰)과 형태를 취한다. 그리고 명상을 일부러 멈추지 않는 한 이 빛은 사라지지 않는다. 끈질기게 따라다니며 나를 비춘다. 만약 사라진다면 그것은 빛의 니밋따일 뿐이다. 빛의 강도가 약하고 내가 무의식으로 만들어낸 빛이기 때문이다. 이를 초기 불교에선 '익힌 표상'(욱가하 니밋따)이라 한다. 이에 반하여 강렬한 빛은 '닮은 표상'(빠띠바가 니밋따)이라 하여 모두 내가 만들어낸 것이라 하는데, 이 빛은 원래부터 내 안에 존재했던 것이지 내가 만들어낼 수 없는 것이다. 따라서 일부러 선명하게 만들 필요도 없고, 또한 내가 계발한다고 또렷하게 변하는 게 아니다.

이 빛을 만나는 순간 내 자신이 선택되어졌다는 느낌이 든다. 사실 그 다음 단계로 넘어갈 사람으로 선택된 것이기도 하다. 도

마복음 50장을 보면,

'예수께서 말씀하셨다. 만약 사람들이 너희에게 "너희는 어디서 왔느냐?"고 묻는다면 저들에게 말하기를 "우리는 빛으로부터 왔다. 빛은 스스로 존재하며, 담대하게 서서 형상으로 자신을 드러내었다"고 대답하라. 만약, 저들이 너희에게 "그 빛이 너희냐?" 하거든 이렇게 그들에게 말하라. "우리는 그 빛의 자녀요, 살아 계신 아버지의 선택받은 자녀"라고 대답하라.'[15]

초기 불교 내에서도 이 빛에 대해서 중요하게 생각하지 않는 부류들도 있다. 마치 이 빛을 보면 신경 쓰지 말고 다시 호흡에 돌아오라는 말을 하기도 한다. 그러나 이 빛을 체험하지 못하면 선정에 들 수가 없다.

미얀마에서 수련하는 파욱 사야도 계열의 단체에서는 이 빛을 이용하여 선정에 드는 것을 설한다. 그런데 그 이후에 대한 설명이 없이 선정에 들면 통찰지를 얻는다고 뭉뚱그려 얘기하고 있다. 하얀 방까지는 자세하게 설명하지만 그 이후는 좀 미흡한 것 같다.

예수나 석가모니의 언행은 제자들에 의해 기록되었는데, 관련 경전들을 읽어보면 일반 제자들에게 설한 것들과 특별히 아끼는 제자들에게만 얘기한 것이 따로 있는 것 같다. 일반 제자들에게

---

[15] 하나의 진리, 도마복음. 구자만. 예술과 영성, 2022. p146

얘기한 내용들은 이렇게 글로 남아 우리가 읽을 수 있지만, 특별한 제자들에게 남긴 말들은 남겨진 기록이 없어서 알 수가 없다. 그러나 필자가 직접 검은 방이나 먼지를 체험해보니 어느 정도 이해는 된다. 지구의 전체 인구 중에 하얀 방에 가본 사람이 얼마나 될 것이며, 이 사람들 중 검은 방에 가본 사람이 또 얼마나 될 것인가. 이중에서 또 먼지(道)를 보는 사람은 더욱 극소수일 것이다. 그러니 도(道)로 가는 입구인 빛만 자세히 설명해도 되리라 여겨진다. 그 다음부터는 일사천리로 먼지까지 볼 수 있기 때문이다.

이 빛을 체험한 사람은 선택되었다는 느낌이 드는데, 그럼 실제로 선택된 것일까? 나는 실제로 선택된 것이라 본다. 내 경험으로는 영계에는 이렇게 수행하는 사람들을 관리하는 관청 내지는 부서가 있다. 그래서 이 빛을 본 사람은 이러한 관청에 등록이 된다. 그리고 이 사람들을 지켜본다. 물론 빛을 보았다고 바로 지금까지의 업(카르마)을 소멸시키지는 않을 것이다. 장기간 두고 보면서 여러 가지 시험을 내리고, 이 시험들을 얼마나 지혜롭게 해결하는지 보면서 점수를 매길 것이다. 내 기억으로는 하얀 방을 체험하고 5년 동안 크고 작은 시험이 있었다. 왜 이런 시험이 있냐면 기본적으로 착한 사람이 아니면 이 빛을 볼 수 없는데, 우리가 일반적으로 말하는 "저 사람은 법 없이도 살 아주 착한 사람이야"라고 해도 영계에서는 그 착함의 기준이 우리와 다르다. 그냥 착한 정도가 아니라 선악을 분별할 수 있는 지혜를 갖추어야 하기 때문이다. 우리는 지금까지 살면서 많은 사람들을 만났을 것이다. 가족, 친지, 친구, 동료 등 이중에서 착하고 지혜로운 범위에 들어갈 수 있는 사람이 몇 명이나 될까? 필자는 1명 있을까 말까다. 이런 극소수의 사람들에게 이 흰 빛을 볼 수 있는 기회가 주어지고 영계에서는 이 사람들이 얼마나 지혜를 계발하는지 두고 보면서 관찰한다. 흰 빛을 본 이후에 지혜를 계발해야 하는데, 즉 영계에서 내려준 시험을 지혜를 이용해 해결해야 하는데도 불구하고, 어떤 사람은 종교에 빠져서 관세음보살이나 천사가 내려준 은혜라고 더욱 종교에 목메거나, 어떤 사람은 삿된 수련에 빠져서 시간을 낭비하거나 영성채널을 만들어 영성가로 나서기도 한다.

그런데 왜 영계에서는 이런 사람들을 선택할까? 영계 입장에서는 흰 빛을 본 사람들은 언젠가는 먼지까지 볼 것이기 때문이다. 먼지를 본다는 것은 우주 삼라만상의 모든 정보를 갖고 있는 우주 서버에 접속할 수 있다는 것으로 이 정보를 어떻게 사용할지 알 수 없기 때문에, 이 사람들을 선택하고 관리할 수밖에는 없는 것이다. 또한 영계의 관청들은 언제나 인력난을 겪고 있는데, 그렇기 때문에 시험에 통과한 사람들은 나중에 영계에 오면 직책을 주어 관리자로 임명될 것으로 본다. 당연히 환생은 자동적으로 되지 않으며, 윤회의 고리를 끊게 될 것이다. 저승사자와 같이 하급관리만 되어도 윤회를 하지 않기 때문이다.

필자의 경우 '무아상태'나 흰 빛을 보는 과정이 길이 나서 이제는 수월하게 도달하는데 독자들의 이해를 돕기 위해 최근에 겪었던 경험을 기준으로 말해보겠다.

수면내시경을 받기 위해서 대학병원에 갔는데, 간호사가 갑자기 보호자(아내)의 전화번호를 물어보았다. 아내의 핸드폰 번호가 생각이 나지 않는다. 멍해지기 시작했다. 눈은 뜨고 있는데 아무것도 보이지 않고 어떠한 생각도 나지 않았다.

습관적으로 눈을 지그시 감았다.
'아! 이러다가 흰 빛까지 보겠는 걸?'
순간적으로 이런 생각이 들었다. 병원의 시끄러운 소리도 들리지 않고 간호사가 내게 물어본 것도 잊은 채 선 채로 계속 이 상태에 머물기만 했다.

간호사가 날 가볍게 탁 쳤다. 눈을 뜨니 간호사가 피식 웃으면서 말했다.

"대기실로 나가서서 아내분 전화번호 적어오세요."

민망했지만 어떤 순간에서도 멍때리는 감각을 유지하기 위해서 그 순간만 되면 그냥 멍하게 있는 게 습관이 되어버렸다.

아내랑 같이 등산을 자주 다니는데, 비대한 몸을 이끌고 산 중턱쯤 올라 바위에 앉아 쉴 때면 바로 멍한 상태가 된다. 온 신경을 정상에 올라야 한다는 생각에 집중하다가 이 집중이 순간에 사라지니 바로 멍한 상태가 되는 것이다. 그럼 지그시 눈을 감는다.

심장은 아직도 쿵쾅거리고 땀은 비 오듯 쏟아지고 새소리도 들리는데, 조금 있으니 순간적으로 모든 것이 사라진다.

'아! 빛이 보인다.'

그런데 아내가 갑자기 툭툭 치면서 이제 다시 올라가자고 재촉한다. 아내는 정상을 정복하기 위해서 등산을 하고, 난 명상을 하려고 등산을 한다.

몇 년 전에 태극권 도장을 다녔었는데, 기공체조가 끝나고 간단하게 명상하는 시간이 있었다. 의외로 혼자 있을 때보다 여럿이서 명상을 하니 즐거운 긴장감이랄까? '무아상태'에 빠르게 도달할 수 있었다. 아무래도 몸을 쓰는 수련이다 보니 빛을 보는 것보다는 대부분 진동이 많이 왔었다.

새벽까지 일을 하다 지친 몸을 이끌고 집에 오면 우선 소파에 앉아서 무의식적으로 TV를 켠다. 멍하니 TV를 보다 보면 TV에서 나오는 화면이 안 보이기 시작하면서 소리도 들리지 않는 상태가 된다. 그럼 눈을 지그시 감는다.

잠이 막 들려는 때나 잠에서 깰 때도 비슷하다. 이러한 감각을 정확하게 인지하고 명상을 해서 '무아상태'로 진입하는 것이다. 내가 명상하는 시간은 30분 안쪽이다. 반드시 빛을 봐야겠다는 마음도 없다. 집착이 되면 오히려 명상이 잘 되지 않는다. 그냥 습관적으로 할 뿐이다.

이 글을 보고 지금부터 시작해보겠다는 분들은 빠르면 몇 개월 안에, 늦어도 5년 안에는 될 것으로 본다. 영성에는 전혀 관심도 없는 내 아내조차도 흰 빛을 봤으니, 빛의 존재를 안 이상 어렵지 않을 것이다.

검은 방과 먼지

하얀 방에서 먹먹한 의식의 한 끈이라도 잡아 '하얀 방의 중심'으로 이동하면 아래 그림과 같이 진짜로 어둡고 거물거물한 공간을 만나게 된다. 여기서부터 진짜로 신묘하다는 느낌이 들기 시작한다.

[그림 14] 검은 방 앞(玄之又玄)

그럼 다시 가장 어두운 부분으로 의식을 확장해 들어가야 한다. 이 검은 방을 도덕경 1장에서 현지우현(玄之又玄)이라 묘사했다.

자, 이제 도(道)의 본체와 가까워지고 있는 것이다. 여기부터 쉬지 않고 달려온 의식은 제대로 평온함을 맛보게 된다. 여기까지의 여정을 아래의 그림과 같이 도식화하였다.

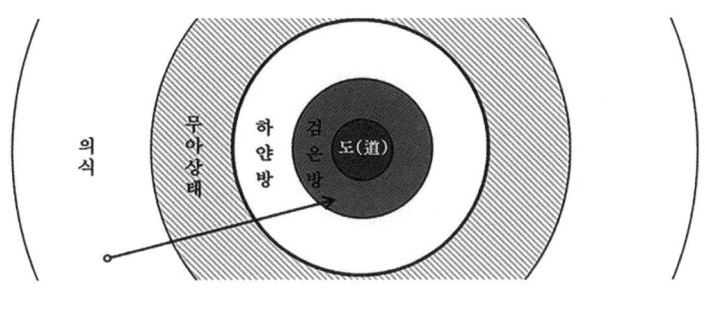

[그림 15] 검은 방

검은 방에서부터 먹먹했던 의식이 다시 또렷하게 잡히는 것을 알게 되면서 호기심이 발동하기 시작한다. 이곳저곳을 둘러보아도 사방이 거물거물하게 검기만 하다. 텅 비어있는 느낌은 바로 여기서부터 들게 된다.

'무아상태'와 '하얀 방'에서는 텅 빈 느낌이 들지 않는다. '무아상태'에서는 아무것도 느끼지 못하고, '하얀 방'에서는 빛으로 충만하다는 느낌이 강하다. '무아상태'나 하얀 방에서의 느낌을 텅 비었다고 설명하는 사람이 있다면 단언컨대, 이곳까지 와보지 못한 사람이다.

검은 방에 대한 묘사는 디오니시우스의 '신비신학'에 잘 표현되어 있는데, 살펴보면 아래와 같다.

'나는 우리가 이제까지 빛을 초월한 이런 어두움에 이를 수 있었기를 기도한다.'

'그 결과로 우리가 존재들 가운데 있는 모든 빛으로부터 숨겨진 그 어두움을, 존재를 초월하여 볼 수 있도록 하기 위함이다.'[16]

디오니시우스는 분명 이 검은 방에 와본 사람이다. 하얀 방에서 검은 방으로 가는 과정을 필자는 '의식의 확장'이라고 표현했는데, 디오니시우스는 '돌진'이나 '돌파'라고 나타냈다.

'만물을 초월하는 분이 거하는 어둠 속으로 돌진하는 자들에게만 명백하게 드러난다.'[17]

그렇게 시간을 보내면서 머물다가 이 검은 상태를 내가 빛을 조정하여 더 투명한 검은색으로 조절할 수 있다는 것을 알게 된다. 더 맑게도 가능하고 더 탁하게도 가능하다. 여기부터가 제일 중요하다. 그러다 보면 티끌(먼지) 하나를 만나게 되는데 주변이 투명하고 검은 상태이기 때문에 이 티끌은 흰색을 띤 먼지와도 같다. 작고 찬란한 빛을 내는 먼지는 우주 삼라만상의 지혜를 갖고 있다.

---

[16] 김재현. 2022. 위-디오니시우스의 신비신학, 키아츠, p49-51
[17] 김재현. 2022. 위-디오니시우스의 신비신학, 키아츠, p46

[그림 16] 지혜의 빛

흰 먼지를 보면서부터 깨달음의 데이터들이 입력되기 시작한다. 검은 방까지 와보고 먼지의 존재를 찾지 못한 사람들은 도는 텅 비었고, 선악이 없다는 말만 되풀이한다.

석가모니가 앙굿따라니까야 경전에서 세상에 있는 네 가지 빛을 설명하는 대목이 나온다. 햇빛, 달빛, 불빛, 그리고 지혜의 빛. 공교롭게도 명상을 하면서 만나게 되는 빛과도 동일하다. 필자가 하얀 방이라고 설명한 부분이 사람에 따라 조금씩 다르게 나타나는데, 햇빛과 같이 강렬하게 나타나는 경우도 있고, 달빛과 같이 은은하게 느껴지는 빛도 있고, 헤드라이트 빛처럼 쭉 뻗는 불빛처럼 느껴지기도 한다. 이것은 낮에 체험했는지, 밤에 체험했는지 시간에 따라서 그 느낌이 살짝 다를 뿐, 본질은 동일하다. 어쨌건 최상의 빛은 삭고 반싹이는 먼시(시혜)의 빛이나.

또한 석가모니는 제자들에게 이 지혜의 빛을 설명하는데,

'비구들이여, 여기 비구는 빛의 지각에 주의를 기울인다. 낮이라는 지각에 집중하여 밤에도 낮과 같이, 낮에도 밤과 같이 빛의 지각에 집중한다. 이와 같이 열려있고 덮이지 않은 마음으로 빛을 지닌 마음을 닦는다. 비구들이여, 이런 삼매를 닦고 많이 수행하면 앎과 봄(지혜)을 획득하게 된다.'

자세히 읽어보면 마지막 부분을 급하게 마무리하는 느낌이 든다. 빛을 지닌 마음의 삼매를 닦고 많이 수행하면 앎과 봄을 획득한다고 했는데, '어떻게'가 빠졌다. 빛 이후의 설명을 자세하게 하지 않는 것이다. 이유는 뒤에 설명하겠다.

티베트 불교의 기틀을 다지고 아미타불의 화신이라고까지 일컬어지는 파드마삼바바는 이 지혜의 빛을 이렇게 설명했다.[18]

『자기 자신의 마음은 공성(空性)의 투명한 빛(흰 빛, 먼지의 빛)이고 법신이며 특성이 없고 구름 없는 하늘과 같다. 그것은 다수(多數)가 아니라 전지(全知)이니, 이 가르침의 의미를 아는 것과 모르는 것 사이에는 참으로 커다란 차이가 있노라.

자기가 자신의 근원이며 영원히 태어나지 않는 이 투명한 빛은 부모가 없는 지혜의 신생아로다. 놀랍구나. 창조되지 않은 그것은 자연적 지혜로다. 놀랍구나. 그것은 절대적 실재이지만 그것을 아는 자 없노라. 놀랍구나.

윤회 속을 방황하면서도 그것은 악(惡)에 오염되지 않도다. 놀

---

[18] 티벳 解脫의 書. 파드마삼바바. 유기천 옮김. 정신세계사, 2000. p340

랍구나. 붓다를 보면서도 그것은 선(善)과 결탁하지 않노라. 놀랍구나. 모든 존재에게 점유되지만 그것은 인지되지 않도다. 놀랍구나. 이 요가(수행)의 성과를 모르는 자들은 다른 성과를 찾노라. 놀랍구나.

실재의 투명한 빛이 자기 자신의 마음속에서 빛나지만 많은 사람들은 다른 곳에서 그것을 찾도다. 놀랍구나. (중략)

이 요가(수행)는 또한 변함없는 위대한 빛의 근원에 이어지나니, 이 변함없는 위대한 빛의 가르침은 여기 밝힌 단 하나의 투명한 지혜로서 여기 밝혀지나니 삼세(과거, 현재, 미래)를 비추는 그것은 '빛'이라 불리누나.』

파드마삼바바는 좀 더 구체적으로 설명했지만, 이 먼지 안으로는 못 가본 것 같다. 왜냐하면 절대적 선을 말하지 않고, 그냥 검은 방의 특성인 선과 악이 없다는 즉, 이원론이 존재하지 않는다는 말을 하기 때문이다. 아니면 가봤으면서도 절대적 선에 대해서 말을 안 했을 수도 있고, 이 말이 기록에서 빠졌는지도 모르겠다. 그렇다고 필자가 파드마삼바바보다 뛰어나다는 말은 아니다. 내 체험과 남겨진 파드마삼바바의 기록이 다르니 당연히 의문을 제기하는 것뿐이다.

[그림 17] 도의 본체

다시 돌아와서 위 그림과 같이 흰 티끌이 보이면 이것을 확대시키려고 집중한다. 그냥 먼지에서 찬란하게 빛나는 빛만 봐서는 안 된다. 이 먼지 안으로 들어가려고 노력해야 하며, 이 먼지와 친해지고 가까워져서 먼지의 활용까지 할 수 있어야 한다. 그래야만 이 먼지가 절대적 사랑이고, 절대적 평등이라는 것을 알 수 있기 때문이다.

그러면 순차적으로 확대되면서 처음에 먼지처럼 보였던 이 티끌이 크고 맑은 텅 비어있는 듯한 수정구슬처럼 보일 것이다. 그러다 이내 마치 스크린처럼 우주가 비춰지는 것을 볼 수 있다. 그리고 반복해서 이 우주가 수정구슬 안에서 다시 확대되면서 태양계, 지구, 결국에는 내 모습으로까지 확장되고, 최종에는 마치 거울을 보는 것처럼 내 얼굴과 마주하게 된다. 그리고 이곳이 종점이고 여정의 마지막이라는 것을 알게 된다. 저 수정구슬 안쪽으로 들어가 본들 완전 의식이 끊기기 때문에 굳이 들어갈 필요를 못 느끼게 될 것이다.

도(道)의 다른 명칭과 무색

도(道)를 칭하는 말은 문화권이나 종교에 따라 다르나, 뜻은 모두 동일하다. 도(道)를 인격화시키면 바로 하나님이나 상제님이 된다. 도(道)라는 절대 진리가 우주에 있고, 지구를 관장하는 영계의 최고 관리자도 있을 것이다. 우리는 이 둘을 혼용하거나 혼동하는데, 엄연히 다른 것이다.

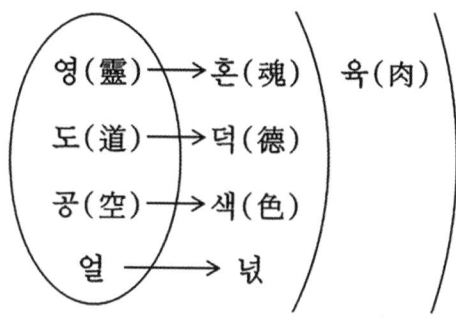

[그림 18] 도(道)의 다른 명칭

절대적 진리는 인간처럼 생각이나 감정이 없다. 오로지 절대적 사랑과 평등을 은은하게 메시지로 우주에 뿌려줄 뿐이다. 그러나 우리는 위에서 설명한 바와 같이 이 절대적 진리에 합일할 수 있다. 이 상태가 인격화된 상태다.

실제로 영계에는 최고 관리자가 있을 것으로 추측한다. 직접 만나보지는 못했지만, 거대한 지구 시스템을 운영하는데, 최고 관리자가 없을 수는 없다. 우리가 도(道)에 합일되면 이러한 최고 관리자와 동급이 된다고 할 수 있다. 그러니 영계에서 이런 사람을 관리할 수밖에는 없을 것이다.

하여튼, 기독교에서는 이 도(道)를 Sprit이라 하고, 한자로는 영

(靈)으로 번역해서 쓰고 있다. 최근까지도 성령을 Holy Sprit 외에 Holy Ghost라고 했던 걸 보면 영(靈)의 개념이 최근에서야 정립된 것 같다.

대승불교에서는 공(空)이란 표현을 했는데, '없다'라는 표현을 한 게 아니라 '비었다'는 의미로 보아 '무아상태'를 나타낸 게 아니라, 도(道)를 지칭하는 것으로 본다. 반야심경에서도 조견오온개공(照見五蘊皆空)이라 했듯이 비춰보니 오온이 모두 비었다는 것을 안 것인데, 그냥 보면 되는데 왜 굳이 비춰본다고 표현했을까? 명상을 해보면 검은 방에서 먼지를 찾으려면 반드시 하얀 방의 빛으로 비춰보아야 한다. 그래야 먼지가 나 자신이란 걸 알게 된다. 어쨌건 봐야만 오온이 모두 공한지 아는 것이다. 의식으로 못 보았다면 이런 표현이 나올 수 없다.

최근에 노벨문학상을 받은 한강의 '흰'이란 소설을 읽다가 눈이 확 떠지는 글귀를 발견했다. 인도유럽어에서 흰 빛(blanc)과 검음(black)과 텅 빔(flame)의 어원이 같다는 글이다.[19] 빛깔로 치면 이 세상의 형형색색의 무지개 빛깔을 모두 합치면 흰 빛이 된다. 즉, 하얀 빛은 모든 빛의 색의 인자를 갖고 있는 것이다. 프리즘을 생각하면 이해가 빠를 것이다.

---

19 흰. 한강. 문학동네. 2018. p81

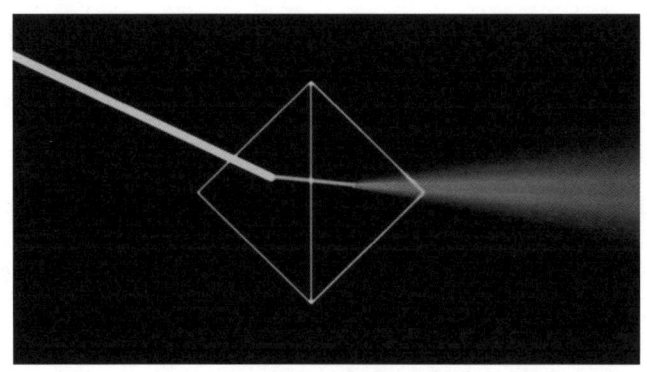

[그림 19] 프리즘을 통과한 빛

그러나 반사된 색깔로 보면, 모든 색을 합치면 검정색이 되니, 검정색은 모든 색의 인자를 갖고 있다고 볼 수 있다. 흰 빛의 파장은 검정에서는 반사하지 못하고 모두 흡수된다. 반대로 얘기하면 검정에서 흰 빛이 생성되어 나온 것이라 볼 수 있다. 그리고 흰 빛에서 모든 색이 나온 것이다.

검은색은 텅 빔을 의미한다. 그래서 공(空)이라고 표현할 수 있으며, 공에서 색(빛)이 만들어졌고, 색을 들여다보면 다시 공이 보인다. 명상 과정에서 만나는 빛(光) 안에 들어가 보면 현(玄)이 나오고, 현(玄) 안에 들어가면 다시 빛(먼지)이 나오는 것처럼 공과 색은 이렇게 반복되는 것 같다. 색즉시공, 공즉시색이다.

먼지에서 나오고, 검은 방에서 나오고, 하얀 방에서도 나오고, 무지(無知)의 영역인 '무아상태'를 건너며, 그때서야 나의 개체적인 의식을 찾게 되는데, 이러한 평상시의 의식에서 억만 겁의 거리만큼 떨어져 있어서 이름도 붙이기 어려운 먼지를 바라보자면 하얀 방이건 검은 방이건 텅 비었건 모두 같을 수밖에는 없을 것이다.

우리가 흔히 색이 없다는 무색은 어떤 색을 의미할까? 허공이나 투명한 색? 그러나 허공의 색이나 투명한 색을 인지할 수 있을까? 색이 없다는 것은 아무것도 인지할 수 없는 상태다. 선천적인 시각장애인은 애초에 색에 대한 개념이 있을 수 없다. 반면에 사고나 질병으로 시력을 잃은 사람들은 정확히 빛이 없는 세계는 검은색이라는 개념을 안다. 우리는 그냥 눈만 감아봐도 안다. 따라서 검은 방에서 느낄 수 있는 유일한 색은 검은색이라는 것을 알아야 한다. 이 느낌을 추상적으로 허공이나 투명하다는 표현을 할 수는 있다. "허공 허공!" 외치면서 삼매에 들기 위한 매개체로도 이용할 수 있다. 그러나 실제로 명상 시 체험해보면 색이 없는 무색은 검정색이다. 밤하늘을 보라. 우주의 대부분이 텅 빈 공간이며, 검정색이다.

도(道)와 의식

그런데 여기까지 오게 된 의식의 여정을 생각해보면, '명상할 때 의식을 반드시 내려놓아야 하는데 어떻게 의식이 끊어지지 않고 그 느낌을 생생하게 그림으로 나타낼 수 있을까?' 하는 의구심이

들 것이다.

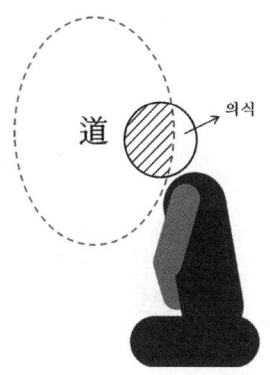

[그림 20] 도(道)에 접속된 모습

    그것은 바로 [그림 20]과 같이 내 의식의 대부분이 도(道)에 접속되고, 남겨진 일부의 의식이 있기 때문에 도(道)를 접했을 때, 그 느낌을 생생하게 묘사할 수 있는 것이다. 물론 의식이 도(道) 안에 백퍼센트 들어가게 되면 내 모든 의식은 끊어진다.

    아래 [그림 21]은 의식이 도(道)에 이르는 과정에 따른 의식의 살아있는 정도를 나타낸 것이다. 여기서 좀 이상한 부분이 하얀 방에서의 의식이다. 마치 핸드폰이 터지지 않는 음영지역 같은 느낌으로 의식의 대부분이 확 없어진다. 왜 그런지는 필자도 모르겠다. 그러다가 얼마 후 다시 의식이 살아나서 안도감을 갖는다. 체험을 하면서 '무아상태'에서는 의식이 완전히 없어지고, 빛을 보면서 의식이 살아나는데, 하얀 방 안으로 들어가자마자 의식이 순간적으로 끊어지니 당황하지 않아야 한다. 초심자를 위해서 자세하게 설명한 것인데, 너무 짧은 시간 동안 벌어지는 일이라 인지를 못할 수도 있다.

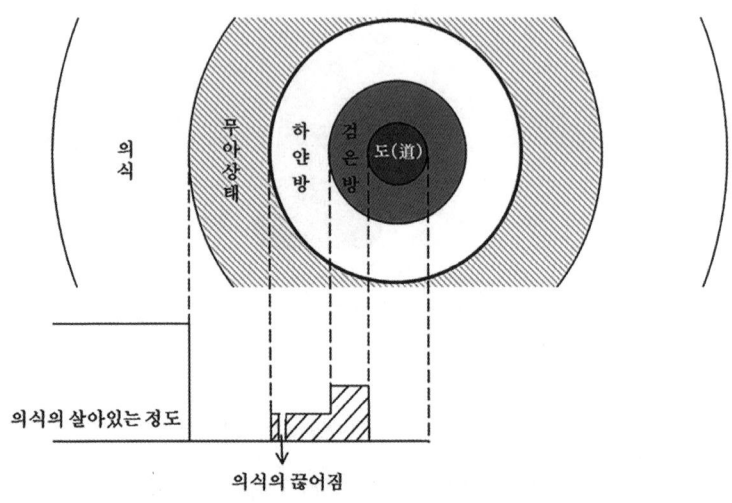

[그림 21] 의식 끊어짐 현상

 하여튼 중요한 것은 도(道)를 만나겠다는 목적이 있으면 반드시 도(道)의 본체인 먼지를 확인해야 한다는 것이다. 도(道)를 만났을 때 밝은 빛만을 보고 그치면, 도(道)의 주변만 머물다 오게 될 뿐이다.
 명상을 해서 도(道)까지 이르는 경로를 요약하자면 다음과 같다. 하얀 방 앞까지는 무조건 가야 한다. 하얀 방 앞에서 밝은 기운만 느끼다 돌아가면 안 된다. 그리고 하얀 방 안에 진입해야 하고 마찬가지로 그 방 안에서 마치 잠수했을 때처럼 의식이 먹먹해지면서 존재감만 느끼게 되는데, 이것만 느끼고 돌아가면 진정 도(道)에서 나오는 지혜를 가져갈 수 없게 된다. 하얀 방 중심에 있는 검은 방을 찾아야 하고 그 안으로 의식을 확장시켜 들어가야 한다. 그리하여 마침내 도(道)를 만나게 되는 것이다. 굳이 하얀 방과 검은 방으로 나누는 이유는 초심자를 위해 도에 이르는 과정을 정밀하게 분석한 것에 지나지 않는다. 명상이 반복되다 보면 밝은 빛을 본 것과 동시에 검은 방에 이르게 되며, 도(道)를 본 이후로는 굳이 검은 방 안에서 먼지를 찾을 필요는 없게 된다. 먼지 안에 들어가면 의식은 끊어진다.

도(道)를 만나는 행위는 마치 자전거를 처음 배우는 느낌과 비슷하다. 자전거를 타려면 직접 페달을 밟아 바퀴를 굴리며 수도 없이 넘어져 봐야 얼추 감이 잡힌다. 답답한 마음에 같이 배우는 옆 친구에게 자전거를 잘 타는 방법을 물어보면 뻔한 답변을 내놓는다.

"우리 삼촌이 그러는데 왼쪽으로 넘어질 것 같으면 핸들을 왼쪽으로 돌리고, 오른쪽으로 넘어질 것 같으면 핸들을 오른쪽으로 돌리라고 했어."

필자는 어릴 때 이 말을 마치 교리나 법칙처럼 철저히 따르려고 노력했던 기억이 있다. 이렇듯 뻔한 말이고 마치 대대로 내려오는 교리나 법칙과 같은 이 말이 바로 우리가 흔히 말하는 자전거 타는 법칙이다. 결국 균형을 잘 잡게 되어 자전거 타는 법을 깨우치면, 고대로부터 전해 내려오는 "왼쪽으로 돌려라. 오른쪽으로 돌려라"라는 말이 자전거를 타는 진정한 방법과는 다소 차이가 난다는 것을 알게 되며, 그 오묘한 균형 감각을 다른 사람에게 설명하기가 무척 난감하다는 것을 깨닫게 된다. 이 글을 쓰고 있는 필자의 마음이 꼭 그렇다. 직접 경험해 보면 도(道)에 이르는 길이 이리 쉬운데… 그러나 막상 이 방법을 설명하면 듣는 당사자는 무슨 법칙이나 교리인 양 죽어라 이 방법만을 따라 해볼 것이다. 이 방법 저 방법 여러 가지를 해보고 자신에게 잘 맞는 방법을 선택해서 도(道)에만 이르면 되는 것이다.

아래에 간략하게 다시 정리해보겠다.

깨달음의 순서

(1) 빛을 보는 단계

'무아상태'를 빠져나오면 바로 의식이 올라오면서 나를 응시하고 있는 은은하면서 강렬한 빛을 보게 된다. 낮에 명상해서 만나면 은은한 느낌이 들고, 밤에 명상해서 만나면 훨씬 강렬하게 느껴진다.

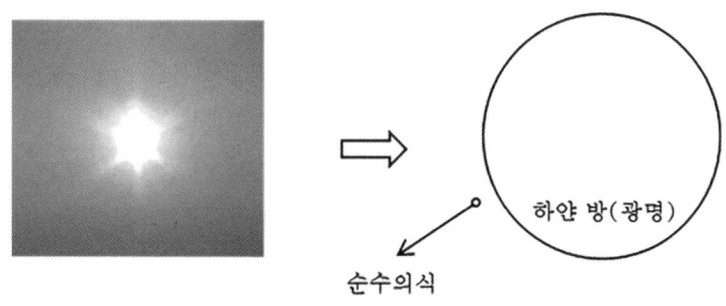

[그림 22] 빛을 봄

'무아상태'에서 사라졌던 내 의식이 다시 살아나는데, 이 의식을 구분하기 위해 '순수의식'이라 하겠다. 순수의식은 점으로 표시하였으며 오른쪽 그림처럼 빛을 바라보고 있는 상태다. 외부에서 발생하는 소리는 들리기도 하고 들리지 않기도 한다.

(2) 빛과 합일하는 단계

순수의식이 빛 안으로 가겠다고 의식하면 내 순수의식은 빛 안으로 들어가게 된다. 즉, 빛과 합일되는 것이다. 그럼 사방이 모두 빛으로 가득 차서 마치 밝은 흰 방에 들어와 있는 것 같다. 나는 빛이라고 선포한다.

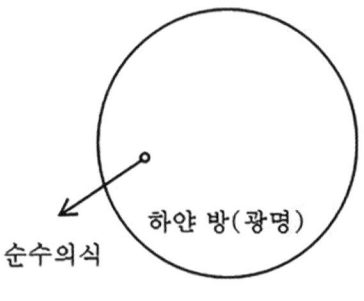

[그림 23] 빛과 합일

(3) 빛의 중심을 보는 단계

순수의식을 하얀 방의 중심으로 이동시킨다. 그림 아래와 같이 중심점이 보이기 시작할 것이다.

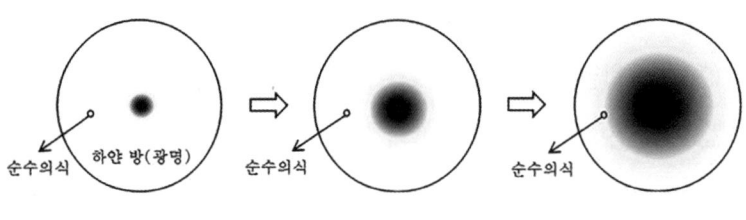

[그림 24] 빛의 중심

그 중심점을 향하여 순수의식을 계속 전진시킨다. 그림 중앙의 검은 점이 점점 커지면서 내 앞에 모습을 드러낸다. 이 검은 영역이 도덕경에서 말하는 현(玄)이다.

이 단계는 도(道)의 입구에 와 있는 단계로 현(玄)이 보이기 시작하는 단계이자 경계를 나타낸다. 불교식 표현으로 현관(玄關)이라 한다. 우리가 현재 쓰고 있는 집의 입구인 현관이 여기에서 나온 말이다. [관, 빗장 관關]

집은 우리가 도(道)를 수련하고 수행하는 최적의 장소이다.

(4) 검은 방과 합일 단계

결국 검은 방으로 들어왔다. 온통 사방이 모두 검다. 아무것도 없이 텅 빈 느낌이 강하게 엄습한다. 이곳이 공(空), 현(玄), 허(虛), 충(沖)이다.

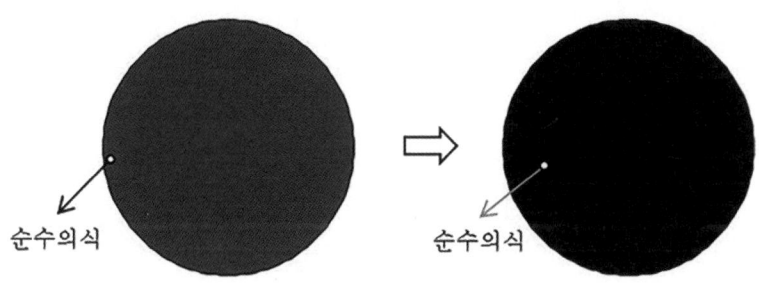

[그림 25] 검은 방

더 중심으로 들어가면 새까맣고 바깥쪽으로 나오면 가물가물하다. 흰 방의 빛과 멀어지면 새까맣고 가까워지면 가물가물하게 느껴신다. 흰 방의 빛에 비추어 봐서 알 수 있는 것이다.

(5) 먼지 발견 단계

순수의식 뒤에 있는 흰 방의 빛으로 광도를 조절해보니(더 들어가 보기도 하고, 나와 보기도 하고, 和其光) 하얀 먼지 하나가 보이기 시작한다.

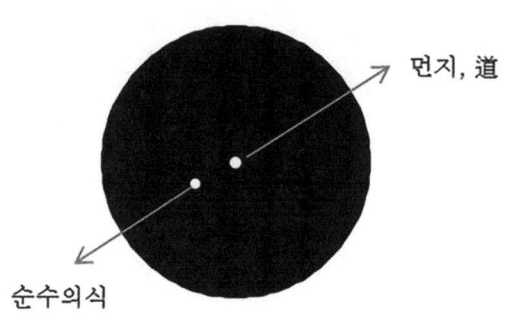

[그림 26] 먼지의 발견

이 먼지를 보는 순간, 먼지나 나나 똑같다는 생각이 들면서 이내 먼지가 나 자신이라는 것을 깨닫게 된다(同其塵). 이때 절대적 평등의 메시지가 들어온다. 그러면서 모두는 절대적인 사랑이라는 것을 깨닫게 된다. 그러나 이 검은 방이 먼지를 만들었는지, 원래부터 같이 있었는지는 확실치 않다.

먼지를 의식적으로 확대해본다(먼지에 가까이 가본다).

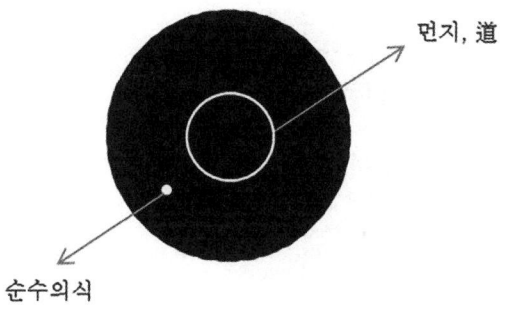

[그림 27] 먼지 확대해보기

먼지 안에 다시 검은 공간이 보이기 시작한다. 의식을 더 안으로 확 들어가면 내 의식이 끊어진다는 것을 알게 된다. 들어가면 꺼지고 나오면 다시 켜지는 것처럼. 그래서 이곳이 마지막이라는 것을 알게 된다.

할 수 없이 위 그림과 같은 상태를 유지하며 안을 이리저리 더 살펴보니 온 우주와 온갖 세상이 모두 나온다. 별들이 나오고 태양계가 나오고 지구가 보인다. 계속 확대해보니 지상이 나오고 내가 머물고 있는 건물이 나오고, 내 자신이 나온다.

먼지 안에 있는 내가 순수의식 상태인 나를 바라보고 있다. 내 의식이 저 의식을 바라보고 있는 것이다. 저것이 나인지 이것이 나인지 모르는 상태가 된다. 순수의식과 먼지 안의 내가 합일되었다(同其塵=玄同). 이것이 진짜로 합일된 '순수의식'이며 '참나'고 '일자'(一者)고 '절대적 하나'인 것이다.

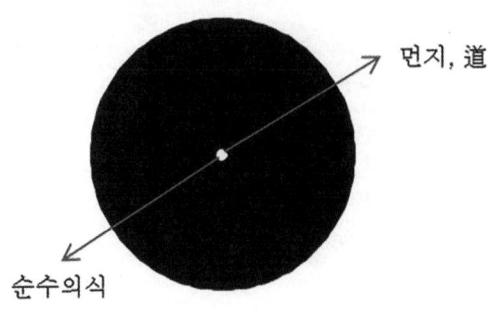

[그림 28] 먼지와 합일

나와 먼지가 합일된 순간, 내가 우주를 창조했다는 것을 알게 된다. 내가 신이라고 선포한다. 모든 것을 알고 모든 것을 할 수 있으며 나의 존재는 스스로 존재한다는 것을 깨닫게 된다. 황홀 그 자체다.

도(道)의 범위

위 깨달음의 순서는 크게 [하얀 방 → 검은 방 → 먼지]로 분류되는데 그럼 어디서부터 어디까지를 도(道)의 범위로 규정해야 할까? 기독교 신비주의 신학과 노자의 도덕경, 그리고 불교의 수행체계를 직접적으로 비교해보고, 대략 어느 지점부터 도(道)라고 칭할 수 있는지 알아보겠다.

수련을 한다는 것은 미세하지만 의식이 살아있어야 가능한 것이다. 이 의식의 제일 처음으로 충격받는 지점이 바로 빛을 보는 현상인데, 노자는 이러한 현상을 구체적으로 설명하지 않았고, 불교 또한 크게 생각하는 것 같지는 않다. 오히려 불교 이전에 우파니샤드로 대표되는 브라만교나 기독교 신비주의, 중국의 선불교 일부에서 이 빛에 대한 체험을 다룬다. 브라만교의 수행체계는 불교의 수행체계와 비슷해서 아래 그림에 넣지는 않았다.

반면에 검은 방에 대해서는 각 종교나 체험자들에게서 공통적인 경험담이 보이고 있고, 검은 방에서 최종적으로 가져오는 것은 사랑(절대적 사랑)과 지혜인데, 이것은 모든 종교가 동일하게 말한다.

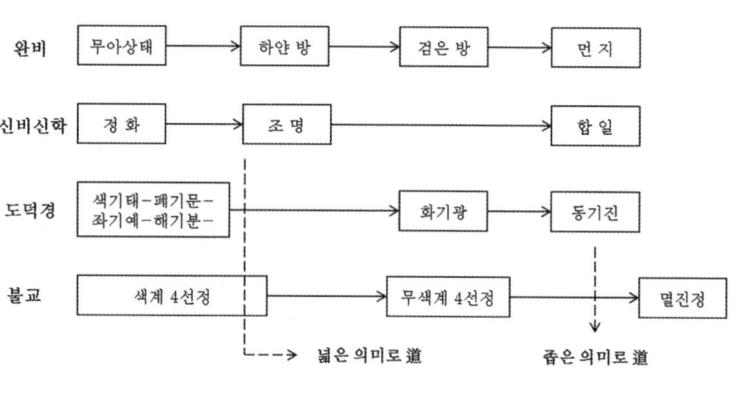

[그림 29] 수련체계

물론, 종교와 체험자에 따라서 강조하는 부분이 조금씩 다르기는 하다. 노자는 주로 겸손, 기독교는 사랑, 불교는 자비와 번뇌의

293

소멸 등, 어떻게 살아야 하는가의 명제에 대한 답으로는 모두 훌륭하다. 그런데 유독 불교에서는 '합일'이라는 체험을 말하지 않는다. 나의 체험과 대비해보면 가장 비슷한 것은 브라만교의 세계관이다. 분명히 나는 내 안에서 아트만(靈)을 찾았고, 이 아트만이 곧 '브라흐만'이라는 것을 체험으로 밝혀냈다. '아트만'과 '브라흐만'의 합일이다. 이 영원불멸의 아트만이 있어야 당연히 윤회를 하기 때문이다. 또한 우주 삼라만상에 이 아트만이 깃들어 있어야 최종적인 지혜를 가져올 수 있는 것인데, 불교는 천안통과 통찰지를 말하면서 이 아트만을 부정하니 논리적으로 맞지가 않다. 브라만교의 윤회는 브라만 사제는 다음 생에 다시 브라만 사제로, 수드라는 수드라로 태어난다는 말로 카스트 제도를 합리화하는 데 이용했다. 진리를 자신들의 안위를 위해 잘못 사용한 것이다. 그렇다고 불교에서 주장하는 12연기와 존재지속심으로 윤회가 이루어지는 것도 아니다. 인과법에 따른 조건에 의해 윤회가 일어난다는 것은 표면적으로는 맞지만 근본적인 해답이 되지는 않는다. 이 인과법을 만들고 관리하는 주체가 아트만이기 때문이다. 뒤에 이 논리를 보조하기 위해 '아뢰야식'까지 나왔지만, 이것만으로도 설명이 미흡하다. 필자의 체험으로는 윤회를 굴리는 주체(아트만=영)가 존재하고 이것을 관리하는 관리자가 영계에 분명히 존재한다. 또한 수천 년 전에는 인구가 적어서 49일 안에 심판과 환생이 정해졌을지 몰라도 현재의 경우, 49일로는 어림도 없다. 상호 복잡하게 얽혀있는 카르마를 정밀하게 맞춰야 하기 때문이다. 그 당시

아라한 이상은 사후세계를 분명히 가봤을 텐데 왜 이러한 논리를 펴는지 필자 입장에서는 잘 이해가 가지 않는다.

어쨌건, 나의 의식이 무조건 도(道)와 합일이 되어야 내가 도(道)라고 선언할 수 있는 것이다.

다시 돌아와서, 하얀 방까지만 가본 사람은 "내가 하나님의 영의 빛과 합일이 되었다"라거나 또는 "나는 빛으로 충만하다"라고 말할 것이다.

이곳의 느낌은 시간을 알 수가 없고 공간도 가늠이 되지 않는다. 그러나 내게는 미묘한 의식이 있고 의식의 흐름이 있기에 시간은 내게만 있다는 것을 알게 된다. 이곳은 언제나 고정되어 있고 변하지 않으며 오래 머물다 보면 행복감과 푸근함 그리고 황홀감을 느끼게 된다. 하지만 필자는 이곳에서 절대적 사랑의 메시지를 느끼지는 못했다.

검은 방까지 가본 사람은 이렇게 말할 것이다.

"검고 검어서 텅 비었으며 아무것도 없다."

이곳의 느낌은 하얀 방과 마찬가지로 시간을 알 수가 없고 공간도 가늠이 되지 않으며 이 방을 느끼는 나는 미묘한 의식이 있고, 의식의 흐름이 있다.

하얀 방과 마찬가지로 이곳도 고정되어 변하지 않으며 오래 머물다 보면 더욱 강힌 행복김과 횡훌김이 올라옴을 일 수 있다. 이곳도 절대적 사랑의 메시지를 얻지는 못한다. 마치 고요한 태풍의 눈과 같다. 태풍의 가장자리는 엄청난 비바람과 천둥번개가 요동치지만 태풍의 가운데는 조용할 뿐이다.

먼지를 발견하고서부터 절대적 사랑의 메시지가 강하게 입력되기 시작한다. 투명하면서 작고 찬란한 빛을 발하는 먼지를 바라보고 있자면, 나와 저 먼지가 같다는 깨달음이 일어난다. 내가 곧 먼지임을 알게 된다.

먼지의 이용방법을 알게 되면서부터 하얀 방과 검은 방에서 느꼈던 행복감과 황홀함은 아무것도 아니었다는 것을 깨닫게 된다. 먼지는 강렬한 행복감과 황홀감 그 자체다. 먼지 안에서는 내가 시간도 만들어내고 공간도 만들어낼 수 있으며 어떠한 서사도 창조해낼 수 있다. 따라서 이 먼지와 합일된 나는 궁극적 실재, 절대적 하나, 그리고 고정된 불변의 진리이면서 반대로 우주 삼라만상의 모든 것들의 씨앗을 품고 있는, 고정되지 않고 언제나 변하는 것이라고 말할 수 있다. 주역에서 말하는 태극과 같다.

그런데 진짜로 중요한 것은 지금부터다. 이 먼지는 삼라만상의 모든 정보를 갖고 있어서, 먼지에 접속하거나 또는 직접 질문하면 궁금하던 모든 것을 알 수 있게 된다. 과거(전생), 현재, 미래도 알 수 있다. 이 먼지는 최고의 지혜를 갖고 있는 것이다.

위에 설명한 깨달음에 이르는 구체적인 순서는 숙달되면 저런 단계가 있는지도 모를 정도로 순식간에 이루어진다. 이렇게 하여 도(道)에서 정보를 가져올 수 있는 것이지, 소위 직관이나 누적된 경험으로 알 수 있는 게 아니다.

금속으로 된 검은 상자가 있다고 가정해보자. 저 상자 안에 무엇이 들었을까? 만질 수도 없고 냄새와 소리도 없으며 X-레이도 무용지물이다. 현재의 어떤 기술로도 저 상자를 열어보지 않고서는 그 안에 무엇이 들었는지 알 수가 없다. 그러나 도(道)에 접속해서 보면 금방 알 수 있다. 이것을 제3의 눈이라고 하던, 지혜의 눈이라고 하던, 뭐라고 부르던 상관은 없다. 상자를 열어보고 아는 게 아니라 그냥 알고 보는 것이다. 다시 말해 도(道)에 물어보면 바로 보여주기 때문이다. 즉, 묻고 답하는 형식을 갖추고 있는 것이다.

묻고 답하는 이러한 형식은 하얀 방, 검은 방, 먼지 모두 동일하게 이뤄진다. 단지 답변의 정밀도가 달라질 뿐이다. 하얀 방에서는 주로 '예'와 '아니오'로 답변이 오기 때문에 될 수 있으면 검은 방에서 묻거나 요청하는 게 좋다. 이곳부터는 스크린을 띄워서 정확한 영상으로 보여주기 때문이다. 따라서 도(道)를 넓은 의미로 정의하면 하얀 방부터라 볼 수 있고 좀 더 정확한 의미로 정의하면 먼지라고 해야 할 것인데, 필자의 개인적인 생각으로는 하얀 방부터 도라고 규정하고 싶다. 수련이 계속되다 보면 결국은 먼지로 빨려 들어가는 것처럼 끝까지 모두 체험할 수 있기 때문이다.

전능과 신통

도(道)는 '전지전능'(全知全能)의 특성을 갖고 있는데, 이제 '전지전능'에서 '전지'(全知)까지는 무리 없이 도달한 것이다. 모든 것을 아는 단계니까. 그렇다면 '전능'은 어떻게 현실에 구현할 수 있을까? 명상상태(먼지 안)에서는 '전능'이 가능하지만, 현실에서는 기껏해야 열 가지 신통을 부리는 정도일 것이다. 유체이탈만 해도 천안통, 천이통, 타심통 정도는 가능하다. 예를 들어 먼 지역에서 화재사고가 났다고 하자. 유체이탈을 하면 당장 그곳으로 날아가서 현장상황을 볼 수 있다. 그러나 화재의 원인은 알기가 힘들다. 그런데 천안통은 내가 직접 가지 않더라도 화재의 원인과 경과 등을 상세하게 스크린을 띄워 보여준다. 즉, 내가 원하는 정보를 실시간으로 보여준다는 것이다. 정밀도에서 차이가 난다.

이러한 신통은 석가모니나 예수에게는 아무렇지도 않게 사용되어지는데, 놀랍게도 노자의 도덕경에도 비슷한 내용이 있다. 도덕경 47장을 보면,

'문 밖을 나서지 않아도 천하를 알고, 창밖을 보지 않아도 천도를 안다. 멀리 나갈수록 아는 것은 더 적어진다. 그러므로 성인은 나돌아 다니지 않아도 알고, 일일이 보지 않아도 훤하며, 몸소 행하지 않아도 이룬다.'[20]

20　노자. 이석명. 민음사, 2020. p442

천안통을 이렇게 잘 설명할 수 있을까? 이 장은 백서본에도 있으며, 백서본은 중국에 불교가 들어오기 전에 제작된 것으로 추정된다. 즉, 불교의 영향을 받지 않은 노자의 자체적인 체험의 기록이다.

또 다른 예로 물 위를 걷는 것이다. 예수도 했고 석가모니도 했다. 우리도 할 수 있을까? 지금까지의 경험을 미루어 보면 도(道)에 물 위를 걷겠다는 나의 결심을 내어 요청하면 '전지'와 마찬가지로 가능할 것으로 본다. 그러나 이 부분은 필자도 감히 해볼 엄두를 내지 못했다. 나의 수준으로는 될 것 같지도 않고 만약 된다고 하더라도 뒷감당이 되지 않기 때문이다.

불교의 초기 경전들을 읽다 보면 자세하게 설명하지 않아도 되는 부분을 너무 자세하게 설명한 경우가 있고, 반드시 설명해야 하는 부분은 대충 얼버무리고 넘어가는 경우가 있는 것 같다. 아마도 석가모니나 예수도 이 위험성 때문에 대충 넘기거나 비밀리에 극소수의 제자들에게만 전한 것 같다. 하여간 호기심으로 이 부분을 수련하는 어리석은 마음은 갖지 않는 게 옳은 것 같다. 또한, 신통이나 초인적인 능력을 행하는 것은 카르마를 건드려야 할 때도 있거니와 반드시 영계 높은 곳에서 인가를 얻어야만 할 것으로 추측된다. 그래서 석가모니가 빛 이후의 설명을 자세하게 하지 않은 것이라고 생각된다.

또한 이 방법을 이용해서 나의 욕심을 채우는 데 이용하면 안 된다. 그리고 체험을 했다고 해서 나는 깨달았다거나 교만해서도 안 된다. 앙드레 신선이 강하게 강조한 부분이기도 하다. 지금부터 시작이라는 것을 명심해야 된다.

현실로 나오면 진정 앞으로 어떻게 살아야 하는지 알게 된다. 삿된 욕심을 부리지 못하고 도(道)의 뜻대로 살게 된다. 이 도(道)의 뜻대로 살려는 행위를 '수행'이라 표현하고 싶다. 수행도 수련만큼이나 어렵게 갈고 닦아야 이룰 수 있다. 현실에 나와서도 나는 신이라고 떠벌리고 깨달았다고 경거망동하여 내가 재림예수라고 하거나, 미륵불이라고 하며 혹세무민하여서는 절대 안 된다.

자면서 도(道)에 이르는 방법

육체적인 감각과 정신적인 의식이 하루에 한 번 없어지는 시간이 있다. 바로 숙면을 취할 때이다. 깊은 잠에 빠지면 누가 업어 가도 모른다고 하듯이 그 시간만큼은 기억도 없고 꿈도 꾸지 않는다. 그럼 이러한 점을 명상에 이용할 수는 없을까? 당연히 얼마든지 이용할 수 있다.

위에서 언급했듯이 도(道)를 만나기 위한 명상의 첫 번째 과정이 바로 육체의 감각을 없애는 것인데 잠이 막 들려고 할 때, 육체의 감각이 없어지는 느낌을 우선 알아차려야 한다. 몸이 다리부터 뻣뻣하게 굳는 느낌이 들면 그때부터 육체의 스트레스가 없어지는 상태가 되면서 의식이 점점 희미해지는 것을 알 수 있다. 그런데 여기서 집중을 못하여 육체와 의식이 동시에 없어지게 된다면, 다음날 그냥 상쾌한 아침을 맞이하게 될 뿐이다. 분명하게 잠에 이르는 과정을 또렷이 알아차리고 있어야 한다. 육체가 잠들고 그 다음 의식이 가물가물해질 때 오로지 도(道)를 만나겠다는 일념만큼은 집중하면서 잡고 있어야 한다. 그러면 위에서 설명한 하얀 방을 바로 만날 수 있게 된다. 잠을 잘 때 하는 명상법이 낮에 하는 명상보다 하얀 방에 도달하는 경우가 더 많다. 아무래도 외부의 시끄러운 스트레스가 덜하고 몸을 확실히 잠재울 수 있어서 더 수월한 것 같다. 한동안 명상을 안 하다가 오랜만에 하게 되면 의외로 기존에 있던 감각이 없어져서 하얀 방에 도달하기 쉽지 않은 경우가 있는데, 이럴 경우 이 잠자는 명상법을 이용하면 수월하게 도(道)에 도달할 수 있게 된다. 그러나 잠자는 명상법에는 치명적인 부작용이 따른다.

35
명상의 부작용

명상의 부작용이라 말할 수 있는 것 중 대표적인 것은 바로 무의식의 체험과 유체이탈이다.

무의식 세계

최종 목적지인 도(道)를 만나기 위한 의식의 여정은 먼저 깨어있을 때의 의식(생각)을 잠재우는 게 첫 번째 과정이고, 이 과정을 지나면 잠재의식을 만나게 되는데 지금까지 살아오면서 안 좋았던 기억이나 트라우마 같은 의식의 찌꺼기들이 올라오는 것을 알게 된다. 이 또한 무시하다 보면 이내 무의식의 세계에 도달하게 된다.

무의식 세계의 특징을 몇 가지로 정리해보면, 첫 번째는 내가 지금까지 살아온 정보의 보관창고이다. 사람이 태어난 이후로 현재까지 경험한 모든 정보를 저장한 공간이라 해도 무리가 없을 것이다. 인식한 정보뿐만 아니라 인식하지 못했지만 저장된 정보도 있고, 인식했지만 잊고 있었거나 의식적으로 지워버린 정보도 있다.

두 번째는 육체성에 해당되는 것으로 유전적으로 물려받은 정보나 심장박동, 호흡과 같이 생각하지 않아도 몸을 자동으로 유지시켜 주는 자율신경계가 여기에 해당된다. 또한 감정은 자율신경계와 서로 영향을 주고받기도 하는데 극도의 공포감을 느끼면 식은땀이 나는 현상과 자율신경계에 이상이 있을 시 감정에 나타나는 여러 불안장애 등이 여기에 해당된다. 그리고 생존을 위한 본능적인 욕구도 포함되는데, 의식주에 해당되는 것과 성욕, 수면욕 등이다.

세 번째는 이루지 못한 욕망이다. 이것은 주로 결핍감에서 오는 요소로 주로 상상력 부분을 담당하고 꿈으로 표현되기도 한다. 예수도 만나고 부처도 만나고 신선도 만나서 서로 얘기도 나누고 위로의 말도 듣는다. 자신이 선택받은 사람인 양 간증도 하고 여기저기 떠벌이기 바쁘다.

네 번째는 강력한 힘에 의하여 프로그래밍된 정보로 이것은 카르마(업)에 의해 프로그래밍된 것이라 임의로 이 부분을 정화한다고 해도 없어지지 않는다. 무의식을 정화하면 병이 낫는다거나 운명이 바뀐다거나 하는 그런 기적은 일어나지 않는다. 단지 잠깐 동안 없어진 것처럼 느껴질 뿐이다.

이러한 네 가지 무의식의 특성은 서로 얽히고설키어 우리의 생각과 감정을 지배한다. 우리는 우리의 자아를 독립된 개체로 인식하지만 실상은 이러한 무의식의 세계가 나라는 개체적 자아의 상당 부분을 차지한다는 것을 잊으면 안 된다. 이러한 무의식의 요소들은 외부에서 내게 영향을 미치는 카르마와 합쳐져 내 운명을 결정짓는다.

따라서 명상을 할 때 이러한 무의식 세계의 두께를 뚫고 하얀 방으로 진입하기란 무척 어렵다. 의식적이고 주로 낮에 하는 평범한 명상일 경우 전반적으로 도(道)에 이르는 횟수가 적지만 무의식의 세계를 크게 느끼지 못하는 경향이 있다. 반면에 잠잘 때 하는 명상은 도(道)에 이르는 횟수가 증가하지만 무의식의 세계에 빠질 확률도 높아지게 된다. 그 이유는 다음과 같다.

첫째, 육체를 잠재우고 도(道)에 이르겠다는 한 생각만을 남긴 채 의식의 대부분을 잠재울 때, 도(道)에 이르겠다는 의식이 약해져서 바로 무의식에 빠지거나, 하얀 방 입구에서 의식이 흐려져 무의식에 빠지는 경우이다.

둘째, 하얀 방 앞에서 살짝 유체이탈이 되었다가 다시 몸으로 복귀하여 무의식에 빠지는 경우이다.

셋째, 하얀 방 입구에서 하얀 방 안으로 진입하지 못하고 내 의식 전체가 외부로 튕겨 나가는 유체이탈이 발생하는 경우이다.

넷째, 하얀 방과 검은 방을 지나 도(道)에 다다랐다가 돌아오면서 무의식에 빠지는 경우이다.

첫 번째의 경우, 대부분 그냥 꿈을 꾸게 되며 자각몽처럼 이것이 꿈이라는 것을 알면서 꾸게 되고 잠에서 깨어났을 때도 내가 꿈을 꾸었다는 것을 확실히 알게 된다.

두 번째는 우리 몸에서 살짝 유체이탈이 되었다가 다시 나도 모르게 몸으로 복귀하여 무의식에 빠지는 경우로, 주로 유체이탈이 된 것으로 착각하여 무의식 안을 돌아다니며 꿈을 꾸게 된다. 이것을 '유사 유체이탈'이라 한다. 이것은 유체이탈이 되면 기본적으로 두려움이 생기는데, 이러한 이유로 몸 밖으로 제대로 유체이탈시키지 못하고 다시 몸 안으로 들어와 여러 가지 신비한 현상들과 만나게 되는 꿈을 꾼다.

세 번째가 진짜 유체이탈로 내 영혼이 몸 밖으로 빠져나가는 현상이다.

여기서 가장 안타까운 게 네 번째 경우로 도(道)에 다다라서 원하는 정보를 얻었는데, 돌아오면서 무의식의 세계와 섞이는 바람에 그 정보가 왜곡되는 경우이다. 예를 들어 도(道)에 이르러 내 전생의 정보를 알았는데 이 정보가 무의식에서 꾸는 꿈과 합쳐져 사건이나 인물이 추가되어 내용이 각색되는 경우이다. 인물이 추가된다는 것은 예를 들면 갑자기 예수나 관세음보살이 등장한다거나 천사, 문수보살 등 내가 평소에 친근감 있게 여겼거나 존경하고 흠모했던 인물들이 등장하는 경우를 말한다.

따라서 잠자는 명상을 하게 될 경우, 도(道)를 만났다면 반드시 의식을 깨워 복기를 해야 한다. 전용 노트나 일기장에 기록을 하고 분석을 하여 도(道)를 만났는지, 유체이탈이 되었는지, 무의식의 세계에서 꿈을 꾼 것인지, 도(道)에서 어떤 지혜를 얻어왔는지 등을 상세하게 기록으로 남겨놓아야 한다. 그리고 깨어있을 때 하는 명상으로 다시 재확인하여 내가 가져온 정보가 맞는지 점검해야 한다.

유체이탈의 종류

(1) 가유체이탈

'가유체이탈'은 유체이탈과는 비슷하지만 진짜 유체이탈은 아니다. 유체이탈은 대부분 진동소리를 동반하며 터널을 빠져나오는 체험이 뒤따른다. 그러나 가유체이탈은 이러한 현상들이 없이 유체이탈이 되는 것으로 얼굴 앞까지만 유체이탈이 되는 현상이다. 즉, 영혼의 이동은 없이 눈과 귀의 기능만 살아있는 상태다. 그래서 사물의 형태와 소리만을 인식하는 특성이 있다.

학생 때 이른 저녁 나는 내 방에서 방문을 열어놓은 채 자고 있었고 거실에서는 식구들이 TV를 보면서 담소를 나누고 있었다. 이때 나는 가유체이탈이 되어 열린 방문으로 TV를 보고 있는 식구들의 모습이 보이고, 서로 나누는 대화 내용을 들을 수 있었다. 나도 대화에 끼어들고 싶어 몸으로 복귀한 후 바로 몸을 깨우려 했지만 몸이 말을 듣지 않았다. 바로 가위에 눌려버린 것이다. 때로 가유체이탈 현상은 몸과 영혼의 분리는 쉽지만 몸으로의 복귀가 어려운 경우도 있다. 주변에 물어보면 이러한 경험을 가진 사람들이 의외로 많다는 것을 알 수 있다. 대부분의 경험자들은 이러한 현상이 유체이탈의 한 종류라는 것은 모르고 그냥 가위에 눌린 경험으로만 기억하고 있다. 주로 12세부터 20대 중반까지 나타나는데 그 이후로는 이러한 현상은 없어지거나 빈도수가 현저히 줄어든다. 이렇게 살짝 유체이탈이 되었을 때 귀신을 만나면 본능적으로 두려움이 생겨서 몸을 깨우려고 발버둥을 치게 된다.

(2) 강제 유체이탈

이 현상은 외부의 어떤 강한 힘에 의하여 유체이탈이 되는 현상으로 주로 수면 초기 렘수면 상태에서 자주 발생하는데 이 현상은 주로 필자에게 일어난 현상이었다. 그렇다고 빈도수가 많지는 않았고 약 3~4회 정도 되었다. 이 존재들은 일반 귀신들이 아니고 훨씬 높은 지위의 사람들이다. 주로 내게 어떤 메시지를 줄 때 나를 강제로 유체이탈시키곤 하였다.

짐자는 명싱법을 하다 보면 무의식을 긴니고 유체이밀도 넘어서야 빛을 만날 수 있는데, 이러한 무의식과 유체이탈의 복병을 만나 건너뛰지 못하고 엉뚱한 곳을 헤매고 다닌 인물이 있다.

 옛날 중국에 잠자면서 도를 닦는 도사 진단(陳搏, ?~989)이라는 사람이 있었다. 수공법(睡功法)이라 하여 한 번 잠에 들면 수개월 동안 깨지 않는 수련을 하는 것인데 전해오는 문헌을 보면

  보통 사람들에게는 소중한 게 없네,
  오직 잠이 곧 소중한 것이라네.
  온 세상 사람들이 숨 쉬고 있다지만,
  혼이 몸을 떠나 움직이지도 않네.
  잠이 깨어도 아는 바가 없어,
  알려 들지만 마음만 더욱 요동치네.
  속세에서도 천상의 웃음 짓지만,
  육신이 곧 꿈이라는 것을 알지 못하네.
  至人은 본래 꿈을 꾸지는 않지만,
  그 꿈이라는 게 선계를 유람하는 것이라네.

  眞人 또한 잠을 자지는 않지만,
  그 잠이라는 게 선계를 부유하는 것이라네.
  화로 속에는 장생불사의 약이 들어있고,
  호리병 속에는 별유천지가 있다네.
  잠결 중의 꿈속 사실을 알고자 한다면,
  인간 세상이 가장 현묘한 것이라네.

큰 꿈은 큰 깨달음을 이루고,
작은 꿈은 작은 깨달음밖에 얻지 못하네.
나의 잠은 참다운 잠이라네,
나의 꿈은 참다운 꿈이지, 세속의 꿈이 아니라네.[21]

위의 시를 읽어보면 진단이 어떤 상태인지 알 수 있을 것이다. 유추해보면 진단은 유체이탈을 해서 선계를 갔다 왔거나, 무의식 세계에 빠져 선계에서 노닐다 온 것으로 볼 수 있다.

도교적 입장에서는 태식호흡을 통한 양신출태를 한 것이라 거창하게 설명하지만, 필자의 눈에는 많이 봐줘야 유체이탈한 것밖에는 되지 않는다. 정작 만나야 하는 도(道)는 만나보지도 못하고 의식이 튕겨 나가거나 무의식에 빠진 것밖에는 안 되기 때문이다. 필자도 단전호흡이나 내공수련을 해보았지만 대번에 옳은 길이 아님을 알고 그만두었다. 단전호흡을 하면 기를 단전에 쌓아야 하는데 이를 위해서 절대로 호흡을 놓치면 안 된다. 이것이 문제다. 호흡을 잊고 내려놓아야 '무아상태'로 갈 수 있는데, 절대로 호흡을 놓을 수 없는 것이다. 백(魄)이나 기(氣)를 다루는 수련은 육체성을 띠고 있기 때문에 곧바로 갈 수 있는 깨달음의 길을 한참 돌아가게 된다.

도교 수련이 건강에 도움이 될 수는 있다. 그러나 내 수명을 단

---

21 최상용. 2007. 希夷 陳摶의 睡功法, 동양학연구 제3집 원광대학교 동양학연구소, p201-232

하루도 연장할 수는 없다. 영계에서 정해놓은 내 운명을 호흡을 늘린다고 바꿀 수는 없다. 필자가 도교를 사통(似統)으로 보는 이유이기도 하다.

36
영성이 올라가면
생기는 변화(유도자)

유도자(有道者)라 함은 도(道)를 체험한 사람을 말한다. 영성공부를 시작한 이래로 언젠가는 유도자가 될 것인 바 내 경험을 바탕으로 도(道)를 체험하고 지금까지 삶이 어떻게 변했고, 어떤 것들을 깨닫게 되었는지 기술해보겠다.

(1) 운명은 정해져 있음

비통하게도 운명이 정해져 있다는 것을 알게 된다. 필자도 이 사실을 알고 얼마나 좌절했는지 모른다. 그러나 이 사실을 알고 나니 삿된 욕심을 부리지 않게 되고, 그렇다고 해서 대충 대충 살게 되지도 않는다. 왜냐하면 내 운명이 정해져 있지만 어떻게 전개될지는 모르기 때문이다. 그러니 모든 일에 최선을 다하게 된다. 물론, 맘만 먹으면 내 운명과 미래를 다 알 수 있다. 그러나 미래를 안다는 것이 과연 좋을까? 내 앞에 미래를 보여주는 스크린이 있다고 해서 망설임 없이 그 스크린을 자신 있게 켜볼 수 있는 사람이 얼마나 될까?

운명의 '운'자는 움직일 운(運)자로 숙명과 달리 움직이며 바꿀 수 있다. 그러나 대부분의 사람들은 바꾸지 못한다. 운명을 조금이라도 바꿀 수 있으려면 무조건 도(道)를 체험해야 한다. 유도자는 도(道)의 뜻대로 살기 때문에 운명의 스위치를 누르지 않는다. 운명의 스위치를 누르려다가도 도(道)의 기준에 맞춰 다른 스위치를 누른다. 따라서 운명에 끌려가지 않는다.

운명에 끌려가는 사람들은 이렇게 말한다. 내 마음이 세상을 창조하고 운명을 결정짓는다고. 이렇게 말하면서 자신도 모르게 카르마에 끌려가는 것이다. 성공하는 법칙 수만 가지를 알고 있어도 성공하는 사람은 따로 있다. 우리에게 있는 자유의지는 도(道)를 선택할 것이냐 말 것이냐 이것밖에는 없다.

내가 남들보다 성공했고 재산과 명예도 있으며 똑똑하다고 우쭐대지 말아야 한다. 내 노력과 능력으로 해낸 것 같지만, 실상은 단지 운명일 뿐임을 잊으면 안 된다. 이것을 반드시 명심해야 한다.

(2) 비밀은 없다

혼(魂)의 일거수일투족을 영(靈)은 다 알고 있다. 영은 도(道)와 같은 말이다. 영은 우주서버와 같아서 삼라만상의 모든 정보가 이 영에 저장된다. 그래서 영은 내 머리카락 개수도 안다. 도(道)를 체험한다는 말은 다시 말해 영이라는 우주서버에 접속한다는 말이기도 하다. 접속하면 모든 정보를 열람할 수 있다. 영계에서도 이렇게 접속해서 다 아는 것이다. 결국, 도(道)와 영계에서는 내가 하는 생각과 언행 모든 것을 알고 있기 때문에 도저히 나쁜 행위를 할 수가 없다.

소시오패스들은 내 범죄가 밝혀지지만 않으면 무죄라고 생각하는데, 참으로 우매한 생각이다. 실제로 영성이 낮은 사람들 중에 고학력자와 재력가들이 상당히 많은데, 필자가 대화를 나눠본 경우로는 법에 걸리지 않는다는 전제만 있으면, 살인도 죄가 되지 않는다는 말을 서슴없이 하는 사람들도 봤다.

도덕경에 '천망회회 소이불실'(天網恢恢 疏而不失)이라는 말이 있다. 하늘의 그물은 엉성한데도 놓치는 게 없다는 뜻이다. 하늘의 그물은 인도 신화에 나오는 인드라망을 연상시킨다. 인드라신이 사는 궁전 위를 끝없이 덮고 있는 그물인데, 그물코 사이에는 서로를 비출 수 있는 구슬이 달려있어서 세상 끝에서 어떤 일이 벌어지면 반대 세상 끝에서도 이 사실을 실시간으로 알게 된다고 한다. 마찬가지로 삼라만상은 모두 영의 인자를 갖고 있고, 서로를 비추고 있기 때문에 모든 정보를 다 알고 있게 되는 것이다.

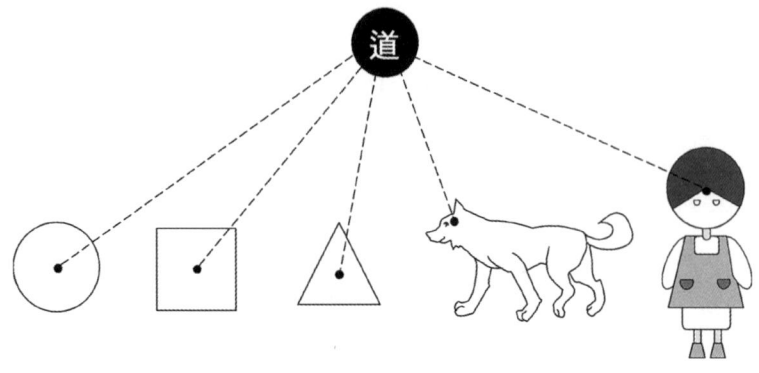

[그림 30] 삼라만상에 존재하는 도(道)

그러므로 고정불변이고 궁극의 실재인 도(道)와 합일이 되어야 알 수 있는 것이고, 이것을 최고의 지혜라고 말할 수 있다.

(3) 시험이 주어짐

영계에서 내려주는 시험은 종류가 다양하다.

'지금까지 공부하느라 수많은 시험을 치렀는데 또 시험을 본다고?'

그렇다. 시험은 지속적으로 오며 따지고 보면 우리가 태어난 것도 시험의 일종이다. 달리 말하면 영계보다 높은 천상계에서 살 자격이 있는지 확인해보는 것 같기도 하다.

영계에서 시험을 내려줄 때는 도(道)와 욕심 중 반드시 어느 것 하나를 선택하게끔 한다.

(4) 귀신, 망자, 영계

귀신이나 망자의 존재를 체험해도 어느 정도의 정보는 알게 된다. 일부러 체험할 필요는 없지만 명상하는 과정에서 자연스럽게 알게 된다. 이들의 존재와 특성 정도는 알고 있어야 한다. 우리도 죽으면 모두 망자가 되고, 어찌 보면 영성공부의 첫 출발이라고 해도 무리가 없다. '영혼육'에서 육이 분리되면 영혼이 남는데, 이런 특성을 경험하고 이해하는 측면에서는 필요하다.

또한 영계에 대한 정보도 알게 된다. 이곳을 관장하는 관리자들이 있고 관리자들이 근무하는 여러 개의 관청과 부서가 있다는 것도 알게 된다. 즉 영계는 지상세계와 마찬가지로 위계와 질서가 있고, 지상을 관장하는 시스템이 있다는 것을 알게 된다.

(5) 신과의 합일

명상을 통해서 '나는 누구인가'를 알게 된다. 신과의 합일로써 내가 신이라는 것을 자각하게 되는데, 이것은 도(道)에 접속할 때만 나타나는 일시적인 자각을 말하는 것이다. 즉, 접속해야만 알 수 있는 조건적인 자각인 것이지, 현실로 나와서까지 내가 신이라고 하거나 현실은 내 자신이 창조한다고 말하면 안 된다.

신과의 합일은 불교 이전의 종교인 브라만교의 '범아일여'와 같은 말이다. 종교가 없는 필자의 입장에서는 필자의 체험에 의지할 수밖에 없는대 신과의 합일, 범아일여, 동기진, 현동으로 묘사되는 체험은 충격적인 체험이라 이 체험을 기록으로 안 쓰고는 못 배

긴다.

노자는 이 체험을 도덕경 4장에서 '상제보다 먼저인 것 같다'고 얘기했고, 예수는 요한복음 8장 58절에서 '내가 아브라함보다 먼저 있었느니라'고 했다. 이 체험은 상상도 견해도 아니며 사상 또한 아니다. 실제 체험일 뿐이다. 대승불교에서는 불성, 여래장, 참나 등으로 설명하는데 초기 불교에서는 거의 언급이 없다. 물론 초기 불교가 브라만교에 반하여 일어난 종교이기 때문에 어느 정도 이해는 가지만, 초기 불교를 공부하는 사람들이 체험은 없이 석가모니가 구체적으로 언급하지 않았다는 이유로 불멸의 자아, 우주적 의식, 궁극적 실재, 참나와 같은 것은 애초에 없다고 하면 이것조차 잘못된 견해에 빠져있는 것이다. 필자는 이렇게 말할 수밖에 없다.

'좀 더 깊은 수행을 경험해보면 이해가 될 것이라고.'

그리고 이렇게 참나가 없다고 공공연히 떠벌리고 다니면 되돌릴 수 없는 큰 죄를 짓는 것임을 명심해야 한다. 예수는 도마복음 44장에서 이렇게 말했다.

"아버지(하나님)를 모독하는 자도 용서받을 것이다. 아들(성인 : 예수, 석가모니, 소크라테스, 노자)을 모독하는 자도 용서받을 것이다. 그러나 성령(참나)을 모독하는 자는 하늘에서나 땅에서나 용서받지 못할 것이다."

자신이 체험하지 못했으면서 없다고 단정해 버리면 그 말을 듣고 체험할 수도 있는 많은 사람들의 앞길을 막아버리는 큰 죄를 짓는 것이기 때문이다. 하지만 이들은 개의치 않을 것이다. 단지 나를 이단이자 외도로 치부하면 편해지니까.

(6) 도에 맞는 것만 좇게 된다

도(道)라는 게 무엇인지 확실하게 맛을 봤기 때문에 도(道)에 맞는 것은 좋아하게 되고, 맞지 않는 것은 싫어하거나 멀리하게 된다. 왜냐하면 나는 절대로 내 개체적인 자아에서 벗어날 수 없다는 것을 깨닫기 때문이다. 도(道)를 보았어도 어쩔 수 없이 산은 산이고 물은 물일 뿐이며 현실은 절대로 환상이 아니라는 것을 뼈저리게 알게 된다. 몇 끼만 굶어봐라. 이 부분은 긴 설명이 필요 없다.

도(道)를 만남으로 인하여 새롭게 깨닫게 된 것은 내 혼(魂)이 이렇게 생겨 먹었단 걸 잘 알게 되고, 내 육체를 벗어나 보았으니 이 육체를 어떻게 써야 한다는 것을 알게 되는 것이다. 그렇기 때문에 외부에서 인가되는 고통을 이해하게 되고 받아들이게 되는 것이다. 성인이라도 현실계에서는 이 번뇌와 괴로움에서 완전하게 벗어날 수 없다. 에고를 버릴 수 없음을 명심하자.

개인적으로 느끼는 것은 자연스럽게 기존의 인간관계가 정리되기 시작한다. 도(道)에 맞지 않는 가족, 친척, 친구, 거래처 등을 멀리하거나 관계를 정리하게 된다. 상대방 입장에서는 친해지고 싶어도 친해지지 않는다. 그러다 보니 자연스레 자신의 영성과 맞는 사람들끼리 관계를 이어 나가게 된다.

(7) 영계에서 온 관리자

내 영성이 높아지면 응원 차원에서 영계의 관리자가 방문한다. 칭찬을 해주고 용기를 북돋아준다. 공부가 무르익으면 관리자가 교육, 훈육, 경고 등을 해주고 이론교육부터 현장실습까지 시켜준다. 그리고 제일 중요한 것은 너의 공부는 어디까지 왔다고 인가를 해주는 것이다.

많은 시간을 들여 수련을 했음에도 불구하고 유체이탈을 경험하지 못했다면 영계의 관리자를 만날 가능성은 희박하다. 최소한 몇 번의 경험이라도 있고, 이 개념을 정확하게 알고는 있어야 영계에서 온 관리자를 만날 수 있다. 물론 꿈에서 나와 인가해줄 수도 있지만 꿈은 정확하다고 볼 수 없다. 이 관리자를 내 무의식이 만들어낼 수도 있기 때문이다. 하여튼 이렇게 인가받지 않은 사람이 함부로 도(道)에 대해서 떠벌린다면 그것은 수박 겉핥기와 다름이 없다.

(8) 영계에서 관리받음

내 생계를 책임져 준다. 즉, 먹고 살게는 해준다는 것이고 안위를 보살펴 주는 것이다. 카르마가 점점 지워지기 때문에 사건사고를 당할 운명이어도 안팎으로 지켜주고 평균 수명은 보장해준다. 생존에 대한 생각이 훨씬 여유로워지고 오로지 도(道)만 바라보게 된다. 이 좋은 걸 왜 안 하냐며 주변 사람들에게 말하고 다니지만, 주위에선 사이비 교주로 여긴다.

(9) 윤회

윤회라는 시스템이 있어서 우리는 기억이 지워진 채 다시 환생하고, 생을 살고, 다시 죽고 하는 과정을 끊임없이 반복해야 한다는 것을 알게 된다. 이것은 내가 주체적으로 할 수 있는 게 아니고 도(道)에서 정한 법칙이다. 그렇기 때문에 내가 전생을 알지 못하면 이번 생에 받는 인과의 결과가 억울할 수밖에 없는 것이다. 도(道)를 체험하면서부터 나의 전생도 보게 되고 그로써 윤회에 대한 확신이 들며 개체적인 나의 존재에 대해서 더 자세히 알 수 있게 된다. 필자의 체험을 바탕으로 윤회를 논해보면 아래 그림과 같다.

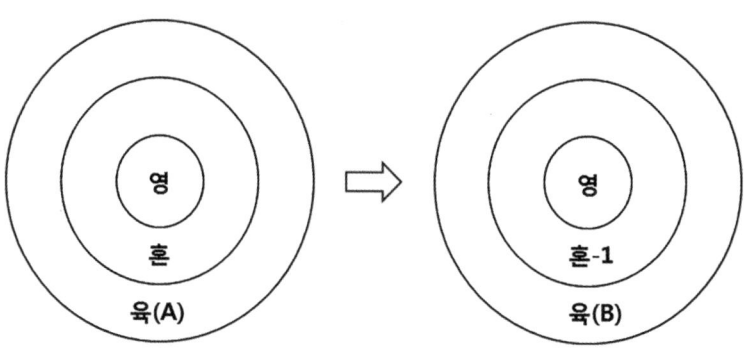

[그림 31] 윤회 시 영혼육의 변화

이번 생의 영, 혼, 육은 다음 생의 영, 혼, 육과 어떻게 다른가? 육체(A)는 당연히 소멸하고, 다음 생에 새로운 육체(B)를 받는다.

혼은 사후세계까지는 유지되다가 다음 생에 기억이 모두 소멸되면서 새로운 '혼-1'로 등장한다. 마치 컴퓨터를 포맷하는 것과 같다. 영은 전생이나 현생이나 다음 생에도 그대로다. 영원불멸의 존재이기 때문이다. 그럼 논리적으로 윤회를 굴리는 주체는 가운데서 아무런 변화 없이 혼과 육체를 변화시키는 영이 되는 것이다. 마치 태풍의 중심인 태풍의 눈과 같다. 이러한 나의 생각은 독일 신학자 마이스터 에크하르트(1260?~1327)의 생각과 동일하다. 에크하르트는 신과 합일된 나는 모든 사물을 운동시키는 부동(不動)의 원동자(原動者)라고 했다.[22] 즉, 신은 움직이지 않지만 움직이는 모든 것들의 근원이며 모든 움직임의 주체라는 뜻이다. 그러나 실제로는 이러한 원리를 보조해주는 관리자가 영계에 존재해서, 여러 사람이 얽힌 카르마의 시간대를 맞추는 역할을 한다.

혼에 저장된 데이터는 모두 영(靈)에 백업 데이터로 남아있는데, 숙명통으로 전생을 알게 된 사람은 영(靈)에 접속하여 백업 데이터를 가져온 것이라 할 수 있다.

(10) 카르마

이러한 윤회 시스템은 모두 카르마에 의해 돌아간다는 것을 알게 된다. 이번 생에 나는 전생의 나로 기인하는 것이며, 따라서 이런 카르마에 의해 이번 생의 운명이 기본적으로 정해져 있어야만

---

[22] 마이스터 에크하르트. 게르하르트 베어. 이부현 옮김. 안티쿠스, 2012. p177

되는 것이다. 또한 정해져 있는 운명과는 별개로 새로 짓는 카르마도 있고, 이것이 다시 다음 생의 나에게 영향을 미친다는 것도 알고 있어야 한다.

나의 전생을 보게 되면, 이번 생에 내게 주어진 고통을 이해하게 된다. 그래서 앞으로 좋은 카르마를 짓도록 노력하게 된다. 이번 생에 내가 풀어야 할 숙제이자 사명과 같은 카르마를 잘 관리하게 되고, 이것이 영계에서 내려준 시험 중 하나라는 것을 깨닫게 되면 최선을 다해 풀어가야 한다는 것을 알게 된다. 카르마가 녹으면 이 건으로는 카르마가 다음 생에 발현하지 않는다.

(11) 나 자신을 사랑하기

나 자신을 사랑한다는 것은 내게 물질적인 선물을 해주는 게 아니다. 그동안 고생했으니 명품이나 외제차를 내 자신에게 선물해 주는 것도 아니고, 번뇌나 결핍감이 없는 안정감이라는 정서적 위안을 주는 것도 아니다. 맛집 탐방을 다니거나 해외여행을 가거나, 좋은 음식과 좋은 풍경을 보는 것도 아니다. 내 안의 자라지 못한 어린 나를 보듬어 주는 것도 아니다. 이런 것들은 모두 도(道)와는 상관없는 속세의 사랑이다. 도(道)를 본 이후에 나를 도(道)에 맞게 보살피고 검증하는 것이 내 자신을 사랑하는 것이다. 내 자신을 도(道)로써 경영하는 걸 수신(修身)이라 한다. 수신이 돼야 올바르게 가정을 보살필 수 있고, 나아가서 나라도 다스릴 수 있게 되는 것이다. 이름하야 '수신제가치국평천하'다. 많이 들어본 말이고 흔히들 사용하는 말이다. 고리짝 같은 격언 정도로 알고 있지만, 사실 유교 경전인 '대학'과 도덕경에 나오는 글귀이기도 하다. 아마도 그 시대에도 지금처럼 널리 쓰이는 격언이었나 보다. 하여튼, 누가 한 말인 게 중요한 게 아니라 저 말은 '어떻게 살 것인가'에 대한 훌륭한 답이 된다. 그런데 도(道)를 못 본 상태에서는 제대로 된 수신 자체가 어렵다. 그러므로 사람을 판단할 때에도 제일 중요시해야 하는 것이 바로 도덕성이다. 도덕성이 결여된 사람은 수신도 안 되고 제가도 안 된다. '신언서판'[23]이 아무리 뛰어나도 도덕성이 부족한 사람은 무조건 걸러야 한다.

(12) 도(道)의 앎과 활용

도(道)는 절대적 사랑이라는 것을 알게 되며, 이 절대적 사랑은 누구에게나 평등하게 대해주는 것이지 나와 친하다고 더 신경 써주지는 않는다. 그래서 많은 사람들이 사고나 전쟁, 재해로 죽어 나가도 눈 하나 깜빡하지 않는 것이다. 그러니 '하나님, 하나님, 그렇게 하지 마시옵소서(맙소사).' 해봤자 아무 소용이 없다.

또한 절대적 사랑과 절대적 평등이 현실계에 어떻게 파생되고 실현되는지 수행을 통해서 알게 되고 이에 맞게 내 삶을 조정하게 된다.

도(道)의 활용으로는 주로 정보를 가져오는 데 사용한다. 삼라

---

23 중국 당나라 때, 인재를 등용하는 기준으로 몸가짐(身), 언변(言), 글솜씨(書), 판단력(判)을 말함

만상의 모든 정보를 가져올 수 있지만, 필자가 주로 가져온 정보는 전생의 정보들이었고, 미래의 정보는 겁이 나서 가져오지 않는다.

영성공부가 올라가면 신비한 능력들이 생기는데, 석가모니의 육신통을 기준으로 하면 유체이탈만 해도 가벼운 천안통, 천이통, 신족통, 타심통이 가능하고, 먼지를 사용하는 능력을 알면서는 천안통, 천이통, 타심통, 숙명통 등이 정밀해지며, 최종적으로 번뇌를 끊고 윤회의 수레바퀴에서 벗어나는 누진통은 죽어봐야 아는 것이라 당장은 뭐라고 말은 못하겠다. 이러한 능력들은 영성공부를 하는 중에 자연스럽게 생기는 것인데, 주객이 전도되어 호기심으로 이런 능력만을 추구하고 영성공부를 뒷전에 두는 어리석은 우를 범해서는 안 될 것이다.

37
도(道)에 맞게 산다는 것

도(道)에 맞게 산다는 것은 앞서 설명했듯이 도(道)의 뜻대로 산다는 것이며, 기독교식으로 말하면 하나님 뜻대로 산다는 것이고, 일반적으로는 착하게 산다는 말이다.

도(道)는 절대적 사랑과 절대적 평등이라고 했듯이 도(道)에는 이런 것들로 가득 차 있다. 그리고 이러한 도(道)는 현실을 살아가는 우리들에게 절대적 기준이 된다. 도(道)에 맞으면 옳은 것이고, 도(道)에 맞지 않으면 그른 것이 된다.

절대적 사랑은 한자로 표현하면 착할 선(善)이다. 착하게 산다는 말은 사전적 정의로 언행이나 마음씨가 곱고 바르며 상냥하거나, 어긋남이 없고 옳고 바르다는 뜻이다. 그러므로 도의 뜻에 맞게 산다는 말과 같다.

착하다의 어원은 만주어 '착 스러'(Cak Sere)에서 왔다고 한다.²⁴ 병자호란 때 청나라로 끌려간 사람들이 60만이 넘었고, 이들이 수년간 만주에서 머물면서 만주어를 익혔을 것이다. 그리고 돌아와서 착하다는 말을 사용했다고 한다. 문헌에도 착하다는 표현은 이때부터 등장한다.

만주어 '착 스러'는 여러 가지 뜻이 있지만, 주로 엄격한, 분명한 상태의 의미를 나타내었다. 예를 들어 물건이나 일의 진행이 정확하게 들어맞는다는 말과 같은데, 아귀가 들어맞으면 착착 맞는다거나, 일이 착착 척척 진행된다거나 차근차근 등으로 사용될 수 있다. 이러한 '착'이 우리말 부사 '딱'과 비슷하다. 딱 맞다, 딱 잘라 말하다, 딱 그치다 등으로 사용되는데, 먼 과거에는 만주족도 우리 민족이나 다름없었을 테니 '착'이나 '딱'이나 같은 의미로 쓰였다 해도 무리가 없어 보인다. 어쨌건, 이렇게 도(道)에 딱 맞게, 착 들어맞게 살아야 하는 것이다. 이것이 착하게 사는 것이다.

그러나 착하게 산다는 말은 얼핏 쉬워 보이지만 우리가 따라 하기에 그렇게 쉽지만은 않다. 도덕적으로 강한 사람만이 지킬 수 있는 것이다. 도(道)를 모르는 사람이 착하기만 하면 그냥 순진하거나 우유부단해지기 때문이다. 도덕적인 능력이 없는 사람들은 편법을 쓰거나 온갖 악행을 저지르게 되어있다. 그래서 착하다의 반대말은 나쁘다가 되는 것이다.

예수는 마태복음 7장 21절에서 이렇게 말했다.

---

24 김양진. 2015. '착하다'의 어휘사. 한국 언어문학(93), p33-54

"나더러 '주여, 주여' 하는 자마다 천국에 다 들어갈 것이 아니요, 다만 하늘에 계신 내 아버지의 뜻대로 행하는 자라야 들어가리라."

믿기만 하면 천국 가는 게 아니고, 성당, 교회, 절에 개근한다고 천국, 극락 가는 게 아니라는 것을 종교인들은 새겨들어야 한다. 하나님 뜻대로 도(道)의 뜻대로 착하게 살아야 한다.

38
유사 영성

도(道)를 체험하고 나서부터는 이 기쁜 마음을 어떻게 해서든 타인들에게 전해주려고 애쓸 때가 있었다. 신심이 가득했었다. 친척들에게도 거래처 사람들에게도 틈만 나면 도(道) 얘기를 꺼내니 처음에는 들어주는 척하다가 이내 지쳐가는 모습이 보였다. 그러니 내 가족은 얼마나 지겨웠을까? 내 입에서 도(道)라는 입 모양이 만들어지는 모습을 보면 아내와 아들은 귀부터 막고 난리다. 순간 소크라테스가 스쳐 지나갔다. 소크라테스에게 걸린 사람들은 장시간 그의 얘기를 들어야 했으니 소크라테스의 친구들과 가족들도 무척 고달팠을 것이다. 책을 읽을 때는 소크라테스가 좀 집요하다는 생각까지 했었는데, 이제는 그의 마음을 조금이나마 알 것 같다.

아내는 차라리 종교를 하나 만들어서 나가라고까지 했다.

"그래 내가 만들고 말겠어."

난 오후에 출근을 한다. 사거리를 건너자마자 젊은 처자 둘이 내게 말을 걸었다.

"저… 잠깐 말씀 좀 드리려고요. 너무 인상이 좋아 보이세요."

"네?"

"혹시 도(道)를 아세요? 인상이 너무 선하게 생기셔서요. 좋은 말씀 좀 드리려 하는데 시간 괜찮으세요?"

"도(道) 얘기라면 시간이 없어도 만들어야죠. 긴 얘기가 될 것 같은데 여기 커피숍에 들어가서 말씀 나누시죠. 제가 내겠습니다."

가뭄에 단비라고 이렇게 기쁠 줄이야. 이 둘을 데리고 난 많은 얘기를 했다. 30분가량 내 얘기를 토해내니 슬슬 이들의 얼굴이 굳어지기 시작했다. 갑자기 내 뒤에 할머니가 보인다고 했다.

"돌아가신 제 할머니요? 네, 잘 알죠. 지금 어떤 모습으로 계신 가요?"

이들의 눈동자가 흔들리기 시작했다. 그러더니 갑자기 할머니께 제사를 드려야 한다고 했다.

"에이, 괜찮아요. 저는 할머니랑 제사 때 많은 얘기를 나눠서 또 안 드려도 됩니다. 제사의 기원에 대해 알려드릴까요?"

이렇게 두 시간을 떠들고 난 만족한 웃음을 띤 채 회사로 가벼운 발걸음을 옮겼다.

전철역을 건너가고 있었다. 조용한 역사에서 불쾌한 소리가 들렸다. 에스컬레이터 옆에서 붉은 조끼를 입은 할아버지가 큰 소리로 "예수 믿고 천국 갑시다"를 외치고 있었다. 조용한 공공장소에서 떠드는 소리가 듣기 싫어서 순간 "조용히 좀 말하세요"라고 했더니 그 할아버지는 노기 띤 얼굴로 날 노려보면서

"뭐 인마? 야! 너 몇 살이나 처먹었어?"

"나? 오백세 살이오."

"허 참! 별 미친놈을 다 보겠구먼."

난 전생을 기억하니 오백세 살이라고 했다. 같이 에스컬레이터를 타고 가던 사람들이 키득키득거렸다.

회사에 도착해서 커피 한 잔을 하고 있으려니 벨이 울렸다. 문을 열어보니 아주머니 두 분이 얇은 잡지 몇 개를 들이밀었다. 천연색의 잡지는 맹수들과 사람들이 평화롭게 앉아있는 모습이었다.

"시간 되시면 잠깐 말씀 좀 드려도 될까요?"

"어떤 말씀이요?"

"여호와 하나님 말씀 좀 드리려고요"

"네, 들어오세요. 믹스커피 괜찮으세요?"

회사가 상가 건물에 있다 보니 많은 사람들이 찾아온다. 매몰차게 보낼 수 없어서 이야기를 나눈다.

"전 하나님을 만나봤어요. 그리고 제가 하나님과 하나가 됩니다."

이들은 당황해했다.

"하나님은 영이라면서요? 제가 영을 만나봤거든요."

다음날 세 명이 찾아왔고 며칠 뒤에는 다섯 명이 왔다. 교회의 높은 사람들을 차례로 데리고 온 모양이었다.

"근데, 수혈은 왜 안 하고 군대는 왜 안 갑니까?"

나의 날선 질문과 논리적인 대답에 이들은 성경 말씀만 되풀이했다.

"성경을 그렇게 교리주의로 해석하니 교파가 현재 2만 개가 넘어요. 하나님을 바로 봐야지 그렇게 문자에 빠지면 안 됩니다. 하나님을 문자나 언어로 표현할 수 있을까요?"

이제 이들은 천연색의 잡지도 안 준다.

전철역 앞에는 많은 종교단체에서 나와서 포교활동을 한다. 재수 좋으면 주변 교회에서 나눠주는 빵과 요구르트를 받을 수 있고 물티슈를 받기도 한다. 하루는 어떤 책을 공짜로 준다기에 역 앞에 서서 책을 훑어봤다.

"이 책은 너무 급하게 만들었나 봐요. 모든 종교가 다 들어있네요."

기독교, 유교, 도교, 불교, 힌두교, 동학 등 좋다고 하는 것들은 모두 가져와서 짜깁기가 되어있었다. 결정적으로 상제님이 사람으로 내려왔다는 오류가 있었다. 상제님은 하나님인데 절대로 직접 내려오시지 않는다. 성인을 지상에 태어나게 할 뿐이다. 기독교의 삼위일체를 잘못 이해한 것 같았다. 또한 국수주의로 변질될 우려도 있어 보였다.

여동생에게서 전화가 왔다.

"오빠, 혹시 끌어당김의 법칙 알아? 요즘 핫한 영성 분야야."

"어휴, 머리끄덩이를 확 끌어당길까? 카르마가 있는데 뭘 끌어당겨. 끌어당겨서 될 거면 카르마가 돌아가겠냐?"

"그건 그렇고, 내가 가입한 카페에서 외국에서 유명한 영성인이 한국을 방문한다는데 거기 가볼까?"

"가봐. 뭐 가서 들어보면 나쁠 것도 없지."

"근데, 참가비가 60만 원이야."

"야, 내가 특강해줄 테니까 그 돈 나 줘. 절대 가지 마."

영성 분야도 괜찮은 비즈니스 모델이다. 서양이나 인도에서 유명한 영성인들은 많은 부와 명예를 누리고 있다. 세계적으로 종교는 쇠퇴하는 상황이고 그 빈틈을 뉴에이지 영성이나 명상 비즈니스가 차지하고 있는 실정이다. 내용을 들여다보면 인간의 욕심을 실현시킬 수 있다거나 우주가 날 중심으로 돌아간다는 이상한 것들이 많다.

무엇보다도 영성에 터무니없이 많은 돈이 들어간다면 반드시 재고해야만 한다. 돈을 벌려는 삿된 욕심이 있는 곳에 진리는 없다. 필자도 삿된 새주를 믿고 영성사업을 하려 했었고, 생계를 유지하려는 생각까지 했었기 때문에 이러한 유혹에 많이 시달렸다.

마침 영계에서 몇 분들이 오셔서 경고와 교육을 해줬기 때문에 잘 이겨낼 수 있었다. 이 지면을 통해 감사의 마음을 전한다.

청정도론[25]을 보면 '생계의 청정에 관한 계'라는 말이 나오는데, 핵심은 미천한 재주로 생계를 유지하지 말라는 내용이다. 점을 치거나 예언을 한다거나 그 외에 영성에 관련된 모든 행위를 생계를 위해 이용하지 말라는 것이다.

갑자기 아들이 신나서 물었다.
"아빠, 그럼 이름은 뭐로 할 거야?"
"음. 멍때리는 종교니까 '댕교' 어때?"
"댕교? 푸하하. 내가 1호 신자가 되어줄게."
"진짜? 좋아. 널 1호 신자로 받아들이겠어."
"조건이 있어. 요즘 신생 종교는 기존과 좀 달라야 해. 즉 헌금을 받는 게 아니라 돈을 주면서 나오라고 하는 게 어떨까?"
"용돈 떨어졌어? 아, 그냥 종교는 만들지 말아야겠다."

지금도 종교는 너무 많다. 기존 종교에 새로 생기는 종교까지. 여기에 나까지 보탤 필요는 없어 보인다. 성인들이 돌아가시고 그 뒤에 종교는 정치나 권력에 이용당하거나 이데올로기에 빠져서 이념이 되고 절대적인 사상이 되었다. 종교는 보편적인 검증이 어렵기 때문에 철저하게 개인적인 체험에 의한 검증이 이루어져야

---

25 청정도론 1. 붓다고사. 대림 옮김. 초기불전연구원, 2004. p159

지 맹목적인 믿음에만 의지하면 안 된다. 과학을 체험 없이 믿기만 하면 과학도 종교가 되고 만다.

우리는 종교를 포함하여 모든 영성 관련 글들 중에서 진리를 콕 집어 읽어낼 힘이 없다. 그래서 유사 영성에 휘둘리는 것이다. 그렇기 때문에 끊임없이 의심하고 되물어야 한다. 필자의 글도 믿음으로 받아들이지 말고 끝까지 의심하길 바란다. 몸소 직접 체험하고 경험해서 완비의 말이 맞는지 스스로 맞춰봐야 한다.

출근을 하려고 사거리에 섰다. 길 건너 낯익은 두 처자가 보였다. 반가운 마음에 얼굴에 미소가 번졌다. 그런데 이들은 날 보자마자 황급히 자리를 옮겼다. 마침 파란불이 되어 서둘러 걸으면서 외쳤다.

"아니 처자분들, 어딜 그렇게 급히 가시오? 제가 갑니다. 조금만 기다리세요."

39
영성과 거리가 먼 사람들

　　오로지 사람 간의 관계를 위아래로만 나누려 하는 사람들이다. 나이가 많은지 적은지, 재산이 많은지 적은지, 학벌이 좋은지 나쁜지, 남자인지 여자인지, 직급이 높은지 낮은지, 인물이 좋은지, 집안이 좋은지, 똑똑한지 등… 이런 걸 따지는 사람들은 생사윤회를 벗어날 수 없고 영원히 육도윤회를 돌 것이다.

　　이런 사람들은 상대가 나보다 나으면 그 사람을 질투하고 시기하며 앞에서는 웃는 척하다가 뒤에서 험담하기 일쑤다. 욕심이 많고 이 욕심을 이루기 위해서는 수단과 방법을 가리지 않는다. 거짓말과 처세술에 능하고, 나보다 약자면 괴롭히고 강하면 설설 긴다.

　　또한 1차원적인 욕망을 좋아하고 이기적이며 자신밖에 모른다. 깊은 성찰이 없기 때문에 원인 너머의 진짜 원인을 찾으려 하지 않고 오로지 문자에만 빠져서 이 문자가 진리인 줄 알고 신봉한다.

그럼에도 불구하고 사람들 앞에선 자신이 선한 척 온갖 위선을 떠는 사람들은 도대체 누구일까? 그런데 위에 써놓은 것들은 모두 나를 가리킨다. 한때의 내 모습이었다. 난 더 위에 서기 위해 노력했다. 성공을 위해서, 돈과 명예를 위해서 달렸다. 10층에 있는 회사에서 창밖을 바라보면 수많은 아파트 중에 내 것 하나가 없었고, 숱하게 보이는 외제차 한 대도 없었다. 그것들을 갖기 위해 앞만 보고 내달렸다. 저런 것 하나 없이 '도대체 난 왜 살고 있을까?'라며 자괴감에 시달리기도 했다.

'우리나라에서 남들처럼 산다는 게 쉬운 게 아니구나!'

이런 푸념으로 하루하루를 버텨갔다. 도(道)를 찾기 전까지는 말이다. 그러나 내 삶에 도(道)만을 바라보고 도(道)의 뜻대로 살면서부터 변하기 시작했다. 지금까지 내가 모두 잘못 알고 있었던 것이었다. 제대로 멈춰보니 지금까지 달려온 내 생각의 방향이 잘못되었다는 것을 알아차린 것이다.

40

Q&A

 마지막으로 이 장은 질문이 나올 것으로 예상되는 사항이나 예전 영성카페에서 잠시 활동했을 때 주로 나왔던 질문들에 대한 답변으로 간단하게 적어보았다.

 (문) 사후세계는 지상세계와 같은 3차원 세상이라 하셨는데, 다른 임사체험 관련 글들을 읽어보면 사후세계는 시간 개념이 없어서 과거로도 갈 수 있다 하는데 어떤 게 맞는 것인가요?
 (답) 제가 가본 사후세계는 현실과 동일했습니다. 단지 에너지 밀도만 다를 뿐입니다. 사후세계는 에너지 밀도가 무척 낮아서 비물질계라고도 하는데, 엄밀히 따지면 사후세계도 에너지 밀도만 낮을 뿐, 물질계에 해당합니다.
 시간을 돌려 과거로 가거나 미래로 가는 제가 모르는 방법이 있을지도 모르겠지만, 제 체험으로는 과거나 미래로 갈 수 없었습니다. 유체이탈을 하면 현실과 동일합니다. 그래서 3차원 세계라고 한 것입니다. 한 번은 밤에 유체이탈을 해서 사후세계를 간 적이 있었는데 그곳은 낮이었습니다. 그런데 나중에 알고 보니까 고도가 달라서 그렇게 느껴졌던 것이었습니다.

(문) 사람이 죽으면 먼저 돌아가셨던 가족이 오는지 저승사자가 오는 것인지 어떤 게 맞나요?

(답) 최근에 지인분이 돌아가셨는데, 1년 후 돌아가신 분의 아버지께서 돌아가셨습니다. 저희 부부는 장례식장에 가야 할지 말아야 할지로 고민하고 있을 때, 지인분이 제 아내 뒤에서 제 아내를 감싸 안으며 "왜 안 와요? 빨리 와야지." 하는 모습을 느낌으로 알았습니다. 제가 얼른 아내 뒤로 가서 "아휴~ 그렇다고 사람을 이렇게 안으면 어떡해요. 갑니다 가." 그래서 장례식장에 다녀왔습니다. 자기 아버지가 돌아가시는 날 먼저 고인이 된 딸인 그 지인분이 오신 것이지요. 저승사자는 무척 바쁩니다. 그래서 아마도 영계에 미리 가 있던 가족들이 내려오는 것 같습니다. 대부분의 장례식장에는 저승사자 사무실이 있습니다. 아내는 망자와의 접촉으로 이틀 동안 몸살로 고생을 했습니다.

(문) 영계에도 직업이 있나요?

(답) 네, 있는 것 같습니다. 제가 하루 알바할 때, 그 공장의 직

원들을 보았습니다. 그러나 지상처럼 강제적인 느낌이 들지는 않았고, 반드시 직업을 가져야 한다는 것도 없었습니다. 영계는 자본주의 세상이 아닙니다. 따라서 돈이라는 개념도 없습니다.

(문) 자살한 사람들은 지옥에 가나요?

(답) 제가 지옥은 가보지 못했습니다. 굳이 지옥까지 가볼 생각은 들지 않더라고요. 또한 제 주변에 가까운 사람이 자살을 한 경우가 없어서 직접 이야기를 듣지 못했습니다. 다만, 거래처분이 24년도에 자살을 하셨는데, 한 달이 지나서 제가 부르니 왔었습니다. 그렇게 친한 사이가 아니라서 말은 안 하고 그냥 제 마음을 전달했을 뿐입니다. 만약 이분이 지옥에 있었다면 제가 불러도 못 왔을 것입니다.

따라서 제 경험이 아니라 단지 생각을 말씀드리면, 자살을 한 사람은 그런 결정을 내리기까지 얼마나 힘들었겠습니까? 그렇게 상황을 몰고 간 사람들과의 악연이 있을 것입니다. 이런 것들이 카르마로 엮여서 다음 생에 그에 맞는 결과로 환생할 것으로 봅니다.

(문) 최근에 '천국보다 아름다운'이란 드라마를 봤는데, 완비님의 글과 많이 비슷한 것 같습니다. 어느 정도로 비슷한가요?

(답) 그 드라마가 시작될 쯤, 주변에서 계속 전화가 왔었습니다. 어떤 사람은 저보고 그 드라마 작가냐고 묻기도 했습니다. 제가

유튜브에서 잠깐 봤더니 정말로 제가 얘기한 것들과 많이 유사하더군요. 하여튼 그 작가분들도 자료수집을 많이 하신 것 같았습니다. 물론 제 글을 봤을 수도 있겠고요. 제가 느끼기에 제 경험과 약 70퍼센트는 맞는 것 같았습니다. 특히 자신의 나이를 선택하는 장면은 저도 생각지 못한 신선한 아이디어 같았습니다. 그러나 실제로는 어디서 신청하는 게 아니라 자신이 스스로 정하는 것입니다.

(문) 물건을 옮기고 형광등이 깜빡거리는 폴터가이스트 현상이 진짜로 있나요?

(답) 제가 유체이탈을 하면 어두워서 습관적으로 불을 키려고 스위치에 손을 갖다 대는데 스위치가 만져지지 않습니다. 유체이탈을 하면 망자의 조건과 같아집니다. 아마 망자도 물건을 움직이거나 만지거나 할 수 없을 것입니다. 저희 집 형광등은 겨울에 유독 깜빡입니다. 온도 차에 의한 센서의 오작동이거나 습기로 인한 부식으로 형광등의 접촉면이 안 좋아서 깜빡거리는 것입니다. TV나 가전제품도 마찬가지입니다. 습기나 EMI/EMC(불요파)의 문제입니다.

일반사람들보다 제게 오는 망자들이 엄청 많습니다. 이쪽에서도 소문이 좀 난 것 같습니다. 폴터가이스트 현상이 있다면 젤 먼저 제게 일어났겠지요.

(문) 다음 생에 내 가족이 동물로 환생할 수 있나요? 특히 내 집

안에 고양이나 강아지로 오는 경우는?

(답) 인간이 동물로 환생하는 경우는 정말 큰 죄를 지어야 가능합니다. 그런데 가족이 집안의 반려동물로 온다는 것은 매우 희박한 확률입니다. 거의 없다고 보시면 될 것 같습니다. 나랑 가족으로 맺어진 인연은 다음 생에 다시 가족으로 맺어집니다. 동물로 다운그레이드가 되어 맺어지는 것은 불가능할 것입니다. 그러나 동물이 사람으로 태어나는 것은 종종 있고, 키우던 반려동물이 사후 다시 나의 반려동물로 오는 경우는 있습니다.

(문) 여러 종교들 중에서 유독 유교를 싫어하시는 이유가 무엇인가요? 반면에 노자는 높게 보시는 것 같은데요?

(답) 제가 종교가 없다 보니 많은 종교를 자유롭게 비판하고는 합니다. 특히 교리나 사상이 도(道)에 맞지 않을 경우 그렇습니다. 예수님이나 부처님은 깨우치신 분들이니 딱히 말씀을 갖고 크게 비판하지는 않으나, 공자나 맹자는 제 기준에서 보면 깨우친 분들도 아니고 성인의 반열에 넣기는 힘든 분들입니다. 그리고 이분들의 사상이 우리에게 많은 안 좋은 영향을 주었기 때문에 더욱 비판하는 것이고요. 제가 도(道)를 보기 전까지는 거의 유교보이였습니다. 도(道)를 보고 나니 유교의 허상이 보이기 시작한 것이지요. 반면에 도가의 노자는 종교색이 없습니다. 또한 도덕경은 성인이 직접 기술한 책이라 더욱 신뢰가 가는 것이고요. 물론, 유교 경전인 대학과 중용에 좋은 말들이 많지만 이것들이 유교의 것들

이라 보지는 않습니다. 그 이전에 있었던 사상을 단지 정리한 것일 뿐이라고 봅니다. 사실 도덕경을 읽다가 대학, 중용을 읽으면 유치원 수준의 책처럼 느껴집니다. 도가의 장자도 도덕경을 뛰어넘는 수준은 되지 못합니다.

(문) 제사를 꼭 지내야 하나요?

(답) 내키지 않으시면 지내지 않으셔도 됩니다. 단지, 기일엔 삼가는 마음만 있어도 됩니다. 망자분들은 모두 이해하십니다. 또한 제사 당일 꼭 자시에 지내지 않아도 됩니다. 내가 언제 지내겠다고 다짐하는 순간 영계에 모두 전달이 됩니다. 그리고 그날 내려오시지요. 소박하게 하셔도 되고, 여건이 안 되면 '이번에는 이러저러한 이유 때문에 생략하겠습니다'라고 생각만 해도 다 알아들으십니다. 제사에 소홀했다고 자손을 탓하거나 해를 끼치는 조상은 없습니다. 만일 있다면 그건 조상신이 아닌 악귀이지요.

(문) 돌아가신 분이 만약 환생하시면 제가 영계에 갔을 때 만나지 못하나요?

(답) 네, 안타깝지만 만나지 못합니다. 영혼은 한 세트라 내 혼의 일부를 영계에 남겨놓는다던지 하는 경우는 없습니다. 만약, 질문자님께서 다행히 환생을 안 하시고 장기간 영계에서 머물게 되신다면 돌아가신 분이 다시 영계에 오실 때 만나실 수 있습니다. 하지만 만남의 기쁨은 그리 오래가지 않습니다. 그러니 너무

그리움에 매몰되지는 마시기 바랍니다.

(문) 유체이탈을 하시는 능력을 공개적인 장소에서 검증하는 것은 어떻게 생각하시나요?

(답) 예전에 어떤 분이 제 글을 읽고 제가 자기 앞에서 유체이탈하는 모습을 증명해주면 평생 절 따라다니면서 뒷바라지한다고 했었어요. 헛웃음이 나와서 웃고 말았는데, 영성사업을 준비할 때 질문하신 물음에 대비해서 많은 경우의 실험들을 예상하고 미리 해보기도 했습니다. 뭔가 큰 이슈가 있어야 인지도도 올라가고 고객이 늘어날 테니까요. 그러나 앞으로 제가 어떤 프로그램에 출현해서 검증하거나 하는 일은 없을 겁니다. 영계에서 좋아하지 않기 때문입니다. 영계에서는 지상에 사는 사람들이 영성이 올라가는 것을 허락할까요? 카르마가 꼬이기 때문에 방관하지 않을 것입니다. 그냥 이대로 내버려 두는 게 나을 겁니다. 사실 이 책을 6년간 쓰면서도 손을 부들부들 떨면서 타이핑을 했습니다. 제가 이런 글을 쓰는 게 맞는지 모르기 때문입니다. 그냥 단지 기록으로 남겨 놓기만 하자는 생각으로 썼을 뿐입니다. 그래서 제목도 '완비영성록'이 되었습니다.

(문) 저는 항상 하고자 하는 일이 잘 안 됩니다. 제 동생은 손대는 일마다 모두 성공하는데, 저는 도대체 왜 이런 걸까요?

(답) 전생에 지어놓은 공덕의 양이 적어서 그렇습니다. 그러니

이번 생에는 공덕을 많이 지어야 합니다. 이 부분에 대해서 심도 있는 통찰이 필요합니다. 이런 깨달음이 없으면 앞으로도 진전이 없을 것입니다. 우선 많이 웃으시기 바랍니다. 시련이 닥쳐도 웃는 것입니다. 공덕이 별 게 아닙니다. 작은 것부터 실행하는 것이지요. 동생이 잘 되는 게 보기 싫어도 질투하지 말고 축하해주고 웃으시기 바랍니다. 로또나 주식이나 일확천금을 얻는 것에 신경 쓰지 마시고 오로지 작은 공덕을 짓는 연습을 해야 합니다. 님의 카르마를 관장하는 관리자가 갸우뚱하게 해야 합니다. '저 친구는 뭐가 좋아서 저렇게 웃고 있지?' 하게끔 해야 합니다. 만약 어리석은 욕심을 부리거나 좌절하고 화를 내거나 또다시 어리석은 생각을 한다면 관리자는 생각할 것입니다. '카르마대로 잘 돌아가고 있군.' 이렇게요. 그러니 저런 탐진치의 고리를 끊어내시고 오로지 공덕을 짓겠다는 생각과 실천을 하시기 바랍니다. 동시에 바른 영성공부를 하시면 더욱 좋고요.

(문) 카페활동도 잠시 하셨다고 했는데 왜 탈퇴하셨나요? 그리고 앞으로 카페나 유튜브 채널에서 활동할 생각이 있으신가요?

(답) 제가 만든 카페는 앙드레 신선 만나고 바로 폐쇄했고, 우연히 다른 카페에서 활동을 했는데 탈퇴한 첫 번째 이유는, 책에서도 썼듯이 너무 많은 망자들이 제 사무실로 찾아왔기 때문입니다. 어떤 상담자가 우리 어머니가 작년에 돌아가셨는데 좋은 데 가서 잘 계신가요? 라고 물으면 제가 성의껏 답변드립니다. 그럼 곧

바로 그 망자분이 제 뒤에 오셔서 절 바라보고 계세요. 또 다른 분을 상담하면 이제는 두 분이 제 뒤에 계십니다. 이렇게 6~8분이 매일같이 제 사무실에 상주하면서 계세요. 서로 친해져서 잘 가지도 않으시고요. 제 사무실은 망자카페가 되었던 것이지요. 두 번째 이유는 온갖 괴상한 쪽지와 스토킹에 시달려서입니다. 말기 시한부라고 하는 사람부터 조현병 환자까지 제게 쪽지와 문자로 테러를 합니다. 자살하겠다는 사람도 네 명이나 설득했습니다. 이런 문제로 제 생업에 지장이 생기더라고요. 세 번째 이유는 제가 사이비 종교를 퍼뜨릴 목적으로 왔다고 음해하는 사람들이 은근히 많아서입니다. 그리고 결정적으로 제가 상담해드린 분이 감사의 표시로 돈을 보내주기에 깜짝 놀랐습니다. 앙드레 신선이 경고한 일이 발생했기 때문이죠. 이러한 이유들로 인해서 앞으로도 제가 세상에 모습을 드러낼 일은 없을 것입니다.

(문) 경쟁은 이 세상의 근본 진리라고 생각하는데, 그렇다면 완비님은 경쟁을 부인하시는 건가요?

(답) 네, 저는 부정합니다. 저는 누구보다도 경쟁에 자신이 있습니다. 처세술과 순간적인 순발력, 정치력, 법정 다툼, 업체 간 BMT, 특허분쟁 등 어디서도 져본 일이 별로 없습니다. 제게 싸움을 거는 사람이나 업체는 수단과 방법을 가리지 않고 싸워서 이깁니다. 그러나 도(道)를 본 이후로 이러한 경쟁은 하지 않습니다. 부질없는 짓이지요. 그냥 최선을 다할 뿐입니다. 도(道)에 맞지 않

으면 미련 없이 과감하게 포기합니다. 대기업과의 거래도 불공정 하거나 도(道)에 맞지 않으면 그냥 버립니다. 제가 이렇게 살기로 다짐을 하니 그래도 먹고 살게는 해줍니다. 어설프게 과학을 아는 사람이 과학이 진리인 줄 알고 맹신하고, 어설프게 경쟁을 하는 사람이 경쟁이 진리라고 생각합니다. 질문자님께서도 처절하게 경쟁을 해보세요. 그럼 경쟁이 답이 아니란 걸 알게 될 것입니다.

(문) 완비님의 체험은 브라만교의 전변설이라 불교를 믿는 저로서는 외도의 삿된 견해라고 여겨지는데 어떻게 생각하시는지요?

(답) 질문자님께서는 빛, 공(空), 도(道)의 체험이 있으신가요? 없으시면 한 번 체험해보시기 바라겠습니다. 체험해보면 지금까지의 믿음체계가 바뀌실 것입니다. 어설프게 체험해서는 안 됩니다. 저는 믿음을 별로 좋아하지 않습니다. 오로지 실험과 체험을 중시하죠. 그래서 종교도 없고요. 브라만교는 선정의 결과로 지혜를 가져옵니다. 불교도 지혜를 가져오는 것이고, 제 체험도 지혜를 가져옵니다. 결론이 같지요. 그 과정이 좀 상이한 것입니다. 삼라만상의 모든 정보를 갖고 있는 브라흐만과 합일이 되지 않으면, 그 정보를 가져올 수 없습니다. 표현이 다를 수는 있습니다. 직관이라거나, 통찰로 본다거나, 그러나 사실은 문답에 의해서 브라흐민(먼지)으로부터 가져오는 것입니다. 예를 들면, 전생의 정보도 기억해내는 것이 아니라 브라흐만으로부터 가져오는 것입니다.

345

그래서 천안통도 가능해지는 것이고요. 이러한 논리와 제 체험이 같다는 말씀을 드린 것입니다.

(문) 그럼 완비님은 힌두교 신자신가요?

(답) 전 종교가 없습니다. 관련 경전들을 읽다 보니 브라만교의 교리와 제가 체험한 것이 매우 흡사하다는 것을 알게 된 것뿐입니다. 저는 체험이 있은 후, 종교 관련 경전들을 보았기 때문에 어떤 종교에 영향을 받지도 않았습니다. 아무리 교리가 논리적으로 맞다 하여도 그 행위가 옳지 않으면 수용될 수는 없습니다. 윤회를 카스트 제도를 위해서 이용하거나, 1억 원짜리 천도재를 지낸다거나, 어마어마한 사원을 짓는다거나 하면 그냥 삿된 종교일 뿐이지 진리가 완성되지는 못한 것입니다.

(문) 각 종교마다 수행체계가 어떻게 다른가요?

(답) 기독교는 가톨릭에서 묵상기도 또는 관상기도를 합니다. 오직 하나님에게만 집중하는 기도입니다. 불교의 삼매와 같은 방법이지요. 그러면 하얀 방에 갈 수 있게 됩니다. 예수님은 주로 하얀 빛에 대한 말씀을 하셨고, 검은 방이나 먼지에 대한 말씀은 안 하셨습니다. 아마도 추측해보면 비밀리에 아끼는 제자에게만 말씀하신 것 같습니다. 불교는 주로 호흡을 관찰하면서 집중합니다. 그러다가 호흡이 끊어지면서 무색계로 진입하죠. 이것이 본삼매입니다. 부처님은 무아, 빛, 통찰지를 말씀하셨는데, 중간에 검은

방과 먼지의 합일은 말씀하시지 않았습니다. 검은 방은 무색계 4 선정을 말씀하신 것 같은데, 설명이 좀 애매모호합니다. 실제로 스님들은 이 부분의 체험을 제대로 설명하지 못하고 경전의 내용과 똑같은 말만 합니다. 저는 직접 체험해봐서 진짜로 이 부분을 체험했는지 알 수 있습니다. 신을 부정하기 때문에 신(먼지)과의 합일이란 표현을 안 하시고 지혜의 빛까지만 말씀하십니다. 즉, 지혜의 빛과 합일된다는 표현을 피하시는 것이지요. 결론적으로 노자 포함해서 모든 종교의 수행체계는 공통적입니다. 대상의 집중과 집중이 끊어진 '무아상태', 빛, 검은 공간(어둠), 지혜의 빛, 지혜를 얻는 단계지요.

제가 인정하지 않는 수행은 믿음만을 강조하거나 고행을 하거나 단전호흡과 같이 육체적인 수련을 하는 행위입니다. 성인들은 마지막으로 갈수록 구체적인 수행이나 체험을 굳이 말씀 안 하시는 것 같습니다. 아마도 여기까지 도달하는 데 위험이 따르기 때문인 것 같습니다.

(문) 49재나 천도재는 정말로 효과가 있나요?

(답) 제 경험으로는 거의 없다고 봐야 할 것입니다. 그냥 우리들의 희망사항일 뿐입니다. 망자들 중 영계로 갈 망자들은 천도재를 안 지내도 잘 가고, 안 가는 망자들은 도력이 높은 분이 지내도 안 갑니다. 좋은 곳에 태어나게 해달라고 아무리 빌어도 영계는 눈 하나 깜빡이지 않습니다. 카르마에 따라서 처리할 뿐입니다. 제

친척이나 친한 지인이 사경을 헤매고 있을 때, 제가 아무리 부탁해도 들어주지 않습니다. "그럼 넌 뭘 줄 건데?" 이렇게 묻습니다. 그렇다고 제 수명을 깎아서 이어줄 수는 없잖아요.

(문) 아내분께서 말씀하신 지 며칠 만에 하얀 방을 만나셨다는데 사실인가요?

(답) 네, 그런데 이 질문에는 좀 설명을 드려야 합니다. 저는 거의 하루 건너 하얀 방이니 검은 방이니 이런 말들을 하다 보니 아내는 실제로는 십 년 넘게 귀에 딱지가 앉을 정도로 들었습니다. 25년 4월 28일 아침입니다. 아침에 부스스 일어나면서,

"여보. 나 아무래도 하얀 빛을 봤나봐."

"뭐라고? 어땠는지 자세히 설명해봐."

"잠에서 깨서 의식이 생기자마자 저 앞에서 강한 햇빛이 날 비추더라고."

"그래서? 그 안으로 들어갔어?"

"아니, 귀찮아서 계속 피했어. 근데 피해도 안 돼. 계속 날 따라오면서 비추는 거야. 그때 당신이 평소 하던 말이 생각났어. 아, 이것이 그 하얀 빛이구나!"

"그렇지. 계속 따라다니지. 근데 귀찮아서 피했다고? 아이고, 이 친구야. 다른 사람들은 이 빛을 보려고 얼마나 노력하는데. 아! 이제야 퍼즐이 맞춰지네. 다음에 또 만나면 그때는 반드시 그 안으로 들어가봐. 그래야 다음 생에 안 태어나지."

"왜? 난 태어날 건데? 근데 무슨 퍼즐이 맞춰져?"

"아니, 난 다음 생에 안 태어나는데, 그럼 당신만 태어나게 되는 거잖아. 그래서 좀 이상하다고 생각했거든. 우리 둘의 카르마가 소멸되었는데, 당신이 또 태어나서 혼자서 뭐 남겨진 카르마를 해소하려나? 이렇게 의아한 생각이 들었었지. 그런데 이제 여보도 하얀 빛을 보았으니 우리 둘 다 태어나지 않는 거잖아. 그러니 퍼즐이 맞는 거지."

"허이구, 난 또 태어날 거야. 아직 해보고 싶은 일이 얼마나 많은데."

"그럼 그때 가서 잘 얘기해봐. 뭐 해줄지는 모르겠지만."

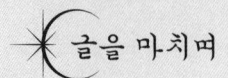
글을 마치며

맺음말을 멋지고 고상하게 쓰고 싶었지만, 그냥 솔직한 심정을 토해내겠다. 앙드레 신선이 아니었더라면 이 책은 이미 6년 전에 세상에 나왔을 것이다. 6년 동안 내가 쓴 글들을 만지작거리면서 언제나 고민했다.

'이 책을 세상에 내보내도 되나? 앙드레 신선에게 허락을 받아야 하는 게 아닌가?'

그러나 그분을 더 이상 만날 수 없었다. 그래서 단지 나의 영성기록으로만 남겨놓기로 했다. 그래도 이 정도로만 남겨놓으면 훗날 이 길을 가는 사람들에게 많은 도움이 될 것 같다는 생각이 든다.

돌이켜보면 지난 30년 동안 참으로 많은 유체이탈을 했었던 것 같다. 그중 인상에 남거나 뭔가 교훈을 주는 에피소드만을 이 책에 실었다. 그 외에 이야기들은 단편적인 것들이 많아서 굳이 넣지는 않았다. 예를 들면 나랑 동갑이었던 이종사촌이 중국 출장 중 병으로 급사했는데, 1년 뒤 내 집에 왔었다. 나는 가유체이탈 상태로 이 친구와 눈이 마주쳤다. 평소 왕래도 없었고 친하지도 않았기 때문에 반갑게 인사하거나 말을 주고받지는 않았다. 단지 표정만으로 이 친구의 한이 서리고 애증의 마음상태만을 알 수 있었다.

또 어느 날은 가유체이탈 상태에서 옆을 돌아보니 돌아가신 아내의 큰아버지가 자고 있는 아내의 얼굴을 쓰다듬고 있는 모습을 본 적이 있다. 어릴 때부터 유독 아내를 귀여워하셨단다. 하지만 산 사람의 몸을 망자가 저렇게 만지면 안 되는 것이다. 나는 무례를 무릅쓰고 아내의 큰아버지께 심한 말을 했다. 큰아버지는 깜짝 놀라서 그냥 가셨다. 다음날 아내는 얼굴이 퉁퉁 부어서 거울을 보며 걱정을 했다. 이런 에피소드들은 평소에도 자주 겪는 일이고 너무 많아서 지면에 쓰지는 않았다.

독자들은 내 글을 보고 소설이거나 지어낸 이야기라고 할 수도 있을 것이다. 하지만 이런 경험을 30년 동안 하고 있는 나는 나의 이런 상황이 별로 달갑지는 않다. 잘 때마다 습관적으로 가유체이탈이 되고 이 고비를 잘 넘기면 '이제야 숙면을 취할 수 있겠구나!'라고 안도감이 드는 것도 잠시, 어느덧 눈을 떠보면 천장에 딱 붙어있는 나를 발견하게 된다. 의도치 않게 유체이탈이 되는 것이다. 이제는 이럴 때면 너무 화가 나고 짜증이 난다.

요새는 수면유도제를 먹고 자는데, 왜 진작 이런 약물의 도움을 받지 못했는지 후회가 막심하다. 사람이 잠을 잘 잔다는 게 얼마나 축복받는 일인지 새삼 깨닫고 있다.

대신에 이런 나의 경험들은 또 다른 세계의 정보들을 알 수 있게 도와주었다. 어쨌거나 풍부한 정보는 생각의 범위를 넓히는 데 많은 이로움을 준다. 살아가는 데 생각의 여유로움을 주는 것이다.

일반인들도 내 글을 읽고 나면 많은 괴로움이 사라질 것으로 예상된다. 사후세계가 있다는 것만으로도 큰 위안이 되니까. 나아가 영성공부까지 할 수 있다면 서로에게 큰 공덕이 될 것으로 본다.

살다가 너무 힘들면 이런 생각이 든다.

'도대체 난 왜 태어난 걸까? 태어나지 않았더라면 이렇게 힘들지 않았을 텐데.'

내가 삶의 이유를 모르고 방향성을 잃었다면 모든 걸 정지해야 한다. 그런데 모든 걸 놓기가 쉽지 않다. 지금까지 살면서 무엇인가를 계속 해오기만 했지 멈춰보고 정지해보지 않았기 때문이다. 이제는 어떻게 정지해야 하는지조차도 모르게 된 것이다. 정지를 할 수 있게끔 도와주는 것이 이 책의 가치라고 생각한다. 정지를 하면 다시 방향이 보이기 시작한다. 다시 힘을 낼 수 있는 것이다. 이 책은 성공하는 방법을 알려주지 않는다. 다만 멈추는 방법이 들어있을 뿐이다.

백무산의 시로 맺음을 대신한다.

시간을 멈추는 힘, 그 힘으로 우리는 미래로 간다

무엇을 하지 않을 자유, 그로 인해 무엇을 해야 할 것인가를 안다

무엇이 되지 않을 자유, 그 힘으로 나는 내가 된다

정지에 이르렀을 때, 우리는 달리는 이유를 안다

씨앗처럼 정지하라, 꽃은 멈춤의 힘으로 피어난다

이 책이 세상에 빛을 볼 수 있게
묵묵히 내 옆에서 탈고를 도와준 아내에게 이 책을 바친다.

2025년 6월 26일
부천 연구실에서 **완비**